Memorias de un exnazi

David
Saavedra

Memorias de un exnazi

SINE
QUA
NON

Papel certificado por el Forest Stewardship Council®

MIXTO
Papel | Apoyando la
silvicultura responsable
FSC® C117695
FSC
www.fsc.org

Penguin
Random House
Grupo Editorial

Primera edición: mayo de 2021
Primera reimpresión: noviembre de 2023

Printed in Spain — Impreso en España

ISBN: 978-84-666-6960-3
Depósito legal: B-4.773-2021

Compuesto en Llibresimes, S. L.

Impreso en Liberdúplex
Sant Llorenç d'Hortons (Barcelona)

BS 6 9 6 0 A

*A mis padres, a quienes más amo
y debo todo cuanto soy*

En medio del odio, descubrí que había dentro de mí un amor invencible. En medio de las lágrimas, descubrí que había dentro de mí una sonrisa invencible. En medio del caos, descubrí que había dentro de mí una calma invencible. Me di cuenta de que, a pesar de todo, en medio del invierno había dentro de mí un verano invencible. Y eso me hace feliz. Porque no importa lo duro que el mundo empuje en mi contra, dentro de mí hay algo más fuerte, algo mejor empujando de vuelta.

ALBERT CAMUS,
El verano, 1953

Índice

Introducción

Admiré la Alemania que creó Adolf Hitler. Me rapé el
pelo al cero y adopté la estética skinhead. Me tatué la espalda con un enorme retrato de Rudolf Hess, lugarteniente del Führer. Contribuí a crear diversos grupos NS,
nacionalsocialistas. Elaboré un censo de judíos en la ciudad
de Pontevedra. Defendí la supremacía de la raza blanca.
Me enfrenté a militantes antifascistas. Creí que el papel
de la mujer se limitaba a dar hijos sanos a la patria. Me
preparé físicamente para la batalla, participando en entre-
namientos físicos extremos en la sierra de Madrid. Odié
a los camaradas que preferían hablar en lugar de actuar.
Igual de rápido que ascendí hasta la cima de la organización, me despeñé por un precipicio que me situó a las
puertas del terrorismo. Un día empecé a dudar. Inicié un
proceso que me vació por dentro y por fuera. Me quedé
sin amistades, sin bares a los que acudir, sin ideas en las
que refugiarme. El cañón de una pistola metido en la boca
fue la señal de que había tocado fondo. Poco a poco empecé a remontar. Aún sigo remontando, porque el proce-

so de desconexión es tan largo que, creo, nunca acabaré de completarlo.

Si hace diez años me hubieran dicho que acabaría escribiendo este libro, sin lugar a dudas me habría arrojado de un puente para evitarlo. Decir que pasé dos décadas en la ultraderecha no reflejaría lo que viví. La realidad es que, durante ese largo periodo, la ultraderecha fue toda mi vida. Fue mucho más que asumir una ideología. Mis amigos, los lugares de ocio que frecuentaba, los libros que leía, la música que escuchaba, la información que recibía..., todo era parte de lo mismo y respondía a idénticos objetivos. Al igual que les ocurre a los miembros de una secta o a los fanáticos de cualquier causa, mi mundo era una burbuja, y así lo llamaré a partir de ahora: «la burbuja». Dentro de ella estábamos los puros, los que, a diferencia de los demás, sabíamos cómo salvar al planeta de un enemigo todopoderoso. Fuera quedaban todo y todos los que no comulgaban con unos principios que yo consideraba bellos y justos. Mis motivaciones en ese tiempo fueron sinceras. Verdaderamente creí formar parte del único baluarte defensivo de nuestra civilización frente a los pérfidos intereses que trataban de imponer unos oscuros poderes.

Este no es un libro antifascista ni tampoco pretende ser una crítica radical y despiadada de la ultraderecha. No es un libro «progre» ni responde a un encargo periodístico. No es un libro antiespañol o antipatriótico. Quien lo escribe ha estado veinte años dentro del llamado nacionalismo duro. De hecho, si he dado este paso es por mi sentido de lealtad y amor a España y porque considero que no se debe permitir que manos indignas corrompan nobles ideales. No he adoptado una postura contraria que sustituya a la inicial. Los procesos mentales que he superado me han permitido desarrollar una nueva personalidad sobre y no contra la anterior.

La esencia de esta obra se acerca más a una radiografía de la extrema derecha española. Partiendo de mis propias vivencias, analizo desde dentro cómo piensa y por qué, y cuáles son las palancas que la llevan a remar en cada dirección. Democracia Nacional, Hogar Social Madrid, Alianza Nacional, Falange, CEDADE, Vox o Ultras Sur: diferentes ladrillos de un mismo edificio que puede adoptar distintas formas pero que, sin embargo, es fácilmente reconocible una vez se comprenden sus líneas maestras. Es un mundo nada homogéneo que engloba un amplio abanico de ideas y posiciones no siempre bien avenidas y, en ocasiones, irremediablemente enfrentadas. Existen algunos puntos de encuentro en los que toda la extrema derecha parece estar a priori de acuerdo: la defensa de España, de sus valores y de su cultura occidental.

Sus integrantes se ven a sí mismos como una suerte de santos e incorruptibles cruzados que se enfrentan en solitario a ocultos poderes que solo ellos alcanzan a distinguir. En ocasiones son ambiguos al señalar al enemigo, como cuando nos hablan del «sistema», pero otras veces afinan más el objetivo apuntando al «progresismo» o al «feminismo».

Aunque no lo parezca, el duro discurso, firmemente defendido, está repleto de inseguridades y sobre todo de contradicciones. De entrada, un nacionalsocialista nunca iría a un acto de Vox por diversas razones: su apoyo al Estado de Israel, su herencia franquista, su defensa del nacionalcatolicismo... Sin embargo, tras el *sorpasso* a Podemos en las elecciones generales celebradas en noviembre de 2019, muchos fascistas olvidaron estos principios básicos para inscribirse en la formación que lidera Santiago Abascal. En su favor jugaba el hecho de ser el primer partido político de este espectro ideológico, desde la desaparición en 1982 de la ya muy debilitada Fuerza Nueva, que rompía la tradicional marginalidad y lograba entrar en las instituciones democráticas surgidas de la Constitución del 78. A partir de ese momento las reglas del juego cambiaron completamente en la ultraderecha y, salvo algunos irreductibles, los diferentes sectores parecieron enterrar sus viejas rencillas para unirse bajo las siglas del partido.

Es cierto que siempre había existido una línea dura dentro del Partido Popular, de la que surgió Vox. Sin embargo, el día en que los diputados de Abascal llegaron al Parlamento introdujeron en la sede de la soberanía nacional un discurso que hasta entonces nunca había traspasado las puertas de las sedes y los bares en los que nos reuníamos los ultras más radicales. La normalización del relato antiinmigración, antifeminista, antinacionalista —excluyendo el nacionalismo español— y conspiranoico supone una doble amenaza. Primero por lo que representa y el efecto que provoca en la sociedad. Segundo, y no menos grave, porque está abonando el terreno para que otras formaciones ultras, de ideología aún más extrema, puedan irrumpir próximamente en el panorama político español. Normalizado el discurso, desaparecen las barreras que frenan la expansión de las organizaciones que luchan contra la supuesta trama urdida para exterminar a la raza blanca. Una trama orquestada por los poderes económicos, los partidos políticos, las ONG y los medios de comunicación. Por si fuera poco, en el contexto de la pandemia mundial que nos ha tocado vivir surgieron toda suerte de teorías conspiranoicas y creencias que, en la línea del discurso de Vox, actuaron y actúan como argumento para «demostrar» la existencia de la gran conspiración que mueve todos los hilos de poder en nuestro planeta. Una supuesta amenaza sin la que es imposible comprender la dimensión en la que orbita la auténtica extrema derecha.

Quiero dejar claro en este punto, en el que comienzo a compartir mis análisis, que no soy sociólogo, ni politólogo, ni psicólogo. El valor que puede tener esta obra radica en que yo formé parte de ese mundo, al que entregué mi identidad, emociones y raciocinio. Estas páginas no están escritas por un observador externo, categoría en la que entrarían los periodistas o policías infiltrados, que por mucho que logren integrarse en este tipo de organizaciones siempre conservan una mentalidad ajena y contraria a lo que puedan ver y escuchar en la burbuja. Mi caso es diferente. Pocos mostraban una determinación y un fanatismo mayor que el mío. Para bien o para mal, todo cuanto he pensado, leído o sentido me ha llevado a convertirme en la persona que actualmente soy y creo que puedo aportar numerosos elementos para responder a la pregunta clave: ¿por qué? La mayoría de los estudios sobre la extrema derecha abordan, con mayor o menor acierto, el «cómo», pero no logran explicar, en mi humilde opinión, los motivos por los que, a pesar de los no tan lejanos horrores que trajo al mundo el fascismo, estamos al borde de un nuevo reinicio.

Según mi experiencia personal y la de la mayoría de los ultraderechistas a los que conocí, una de las claves está en el modo en que funciona nuestra mente, más aún en los tiempos actuales. La sensación de sentirse desamparado personal y socialmente puede llegar a adquirir categoría de norma en una época en la que el individualismo y la falta de tejido social provocan estragos. Ahora que las nuevas tecnologías nos llevan a toda velocidad y a la deriva en un eterno e imparable fluir de opiniones, clics, noticias, estados de WhatsApp y *likes* en Facebook e Instagram, las ideologías políticas extremas a menudo actúan de salvavidas o tronco flotante al que agarrarse. Un discurso lleno de conceptos como «comunidad», «camaradería», «patria», «fortaleza», «unión» o «seguridad» emociona y gana adeptos. La literatura fascista, encubierta bajo la apariencia de sesudos estudios históricos y académicos, hace el resto al reforzar la credibilidad y el impacto de los mensajes.

Si a una personalidad con carencias importantes le ofrecemos una fraseología en la que absolutamente todo está reducido a un nivel de alevín con discursos de conspiraciones, formidables enemigos del mundo, patriotismo idealizado, combates heroicos y resistencia, tendremos lo inevitable. A este proceso de ruptura con la realidad contribuye un lenguaje que fomenta los lazos con el grupo y genera desprecio hacia todo aquel cuyo pensamiento no se sitúa en estas líneas marginales, elevadas a la categoría de «lo único verdadero». El hermanamiento y la complicidad que se establecen entre los miembros de la extrema derecha sustituyen a los vínculos sociales rotos. Cuanto mayor sea la fractura, sentida como un profundo vacío interior o soledad, mayor será la violencia con la que se defienda ese islote rodeado de mar embravecido. Debe quedar claro que cuando hablo de «carencias» no solo me refiero a problemas afectivos, complejos o traumas infantiles. Muchos de los nacionalsocialistas que conocí eran personas introvertidas, no pocos habían sufrido *bullying*, y una buena parte provenía de familias desestructuradas. Sin embargo, un porcentaje muy superior eran chicos y chicas que no habían tenido ninguno de esos problemas. Quizá el denominador común de las «carencias» de quienes se dejan llevar por estas ideologías era la falta de conocimiento histórico. Nos encontramos por primera vez con los mensajes ultras sin que en la escuela, en el instituto o en casa nos hayan explicado mínimamente lo que supuso para este mundo el auge del fascismo.

Una vez que has entrado en la burbuja, se activa un proceso mental que me gusta comparar con el archiconocido, aunque ya casi obsoleto, videojuego del Tetris. En él iban apareciendo en la pantalla diferentes figuras geométricas que debían encajarse en la parte inferior con el objetivo de rellenar líneas horizontales que desaparecían a medida que se completaban. Una mentalidad abierta analiza la realidad y va encajando cada una de las fichas que se presentan en la vida, sin importar su forma, para que cuadre perfectamente con las demás. El fascismo, sin embargo, en una pantalla de ese Tetris mental levanta un muro que solo pueden atravesar las figuras que tengan una forma determinada. Todas las demás son consideradas ajenas y aberrantes, aunque la palabra que se suele emplear en la burbuja para definirlas es «antinatural». Cualquier noción que se sitúe fuera de sus coordenadas no atenta contra sus ideales sino contra la naturaleza misma. No debe aparecer en la pantalla. No cabe en el mundo. Así es como se va elaborando ese férreo «nosotros». Todo lo demás es «ellos» y se identifica con el mal, con lo antinatural que promueven los poderes oscuros. Esta lógica se lleva hasta sus últimas y más terribles consecuencias. Si de algo he de enorgullecerme en lo personal es de no haber participado en actividades violentas, más allá de puntuales encuentros con antifascistas.

Difícilmente alguien podrá enseñarme nada sobre el potencial destructivo que determinadas ideas y formas de razonar pueden desencadenar. No ya en la sociedad, como demuestra la historia y los hechos que empezamos a vivir, sino sobre todo en el ámbito personal. El peaje que dichas ideas se cobran en la vida de los radicales y de sus familias solo es comparable al odio desmedido que nos consume. Estoy convencido de que los patrones que se establecieron firmemente en mi cabeza son muy similares a los de un integrista religioso e incluso a los de un terrorista. La frustración acumulada durante incontables campañas propagandísticas infructuosas. El tiempo perdido en intentar motivar a legiones de jóvenes que se acercaban a nuestras formaciones para desaparecer poco después. La impotencia que todo esto me generaba, año tras año. Nació entonces, al final, la firme convicción de que el camino emprendido no servía y no quedaba más que la lucha armada. Cualquier medio estaba justificado para alcanzar la victoria contra ese conglomerado llamado «el sistema». Esa fue la conclusión a la que llegaron también Anders Breivik y Brenton Tarrant antes de asesinar, respectivamente, a 77 personas en Noruega y a 51 en Nueva Zelanda. Esa es la causa del incremento de atentados violentos perpetrados por supremacistas blancos en Estados Unidos o por organizaciones nazis en diversos países de Europa.

Sabiendo, por tanto, hacia dónde pueden derivar estas dinámicas de pensamiento y comportamiento, es importante conocer cómo empiezan, qué las motiva y qué las sostiene. Dado que yo mismo he participado en todos estos procesos, creo ser capaz de resumir su espíritu en tres elementos principales que se retroalimentan entre sí: el sesgo brutal que toma la información que se recibe dentro de esos círculos, una actitud de constante victimismo y el comodín de la conspiración para explicar cualquier cosa que requiera una mínima formación o reflexión. A lo largo de los años se ha hecho un esfuerzo por reforzar, y por ende normalizar, estos tres pilares en los que se sustenta cualquier planteamiento extremista. Las dinámicas que las redes sociales están implantando en nuestra sociedad y en el modo en que nos relacionamos entre nosotros y con nuestro entorno actúan a favor de estos grupos.

Aunque vivamos inmersos en un exceso de información también nos invade una creciente sensación de inseguridad e incertidumbre, multiplicada además por las cíclicas crisis económicas o por acontecimientos tan traumáticos como la pandemia de covid-19. Sé que la comparación puede ser algo exagerada, pero creo que el contexto actual tiene algunas similitudes con el que provocó la Primera Guerra Mundial y que fue el catalizador de un discurso basado en las emociones y el ultranacionalismo. Al igual que la Alemania derrotada y humillada de los años veinte, a la que se logró engatusar con apologías de la fuerza, el orden y el poder, una parte nada desdeñable de las generaciones actuales es cada vez más sensible al simbolismo de estos mismos conceptos. Lo que ocurrió en países enteros lleva tiempo pasando en mentes individuales. Por ello, si bien con otros protagonistas, conceptos y formas, empieza a cobrar cada vez más sentido aquella frase de que la historia no se repite, pero rima.

Pienso que no estamos determinados por ningún devenir cíclico de los acontecimientos ni por un belicismo o sentido de destrucción impreso en nuestro ADN. Todo es cultura y puede ser desaprendido, como está haciendo el que escribe estas líneas, que, lejos de ser un simple militante, organizó y dirigió campañas de propaganda contra el sistema y tomó parte en los inicios de un movimiento armado. Estamos, sin embargo, lejos de evitar que grupos como Amanecer Dorado encuentren terreno fértil en el que clavar profundas raíces a lo largo y ancho de Europa. Desde mi atalaya, la de un exnacionalsocialista, veo que se señala correctamente la enfermedad, pero rara vez se atina con el tratamiento; bien al contrario, algunos parecen empeñados en fortalecer el problema.

Únicamente cuando el imperativo social y político sea

regenerar unos lazos que desde hace demasiado tiempo se encuentran hechos jirones, podremos poner fecha de caducidad a las ideologías del odio. Si permitimos que una forma de ser y de pensar se levante sobre unos cimientos hechos de resentimiento y miedo, no deberemos asombrarnos ante el crecimiento de este tipo de movimientos. A mi modo de ver, prohibir sus organizaciones o sus publicaciones no es simplemente inútil, sino que a la larga refuerza su lógica antisistema y su anhelada victimización. Igualmente, discutir con un ultraderechista será una batalla perdida si no enfrentamos su cosmovisión con la realidad. Solo así quedará en evidencia la falta de solidez de sus argumentos, levantados dentro de un marco irreal o distópico que no resiste el envite ni del siglo XXI ni del sentido común. Cuanto más cerca estemos de abrir brecha en ese llamativo pero fino barniz, mayor será la violencia con la que defenderán sus posturas, pues corren el riesgo de resbalar y verse de nuevo a la deriva y en la intemperie de sus propias carencias. Su epitafio lo escribiremos cuando esa imagen de dureza que tanto hacen por alimentar deje de ser percibida como energía viril y se vea como lo que verdaderamente es: inseguridad, miedo e infantilismo. En el camino resultaría imprescindible no ignorar las señales que en muchas ocasiones se manifiestan temprano, en la adolescencia, cuando son más fáciles de atajar y neutralizar.

No es complicado entrar en ese mundo, pero sí salir de él cuando se han traspasado varias líneas rojas. Y eso siempre y cuando uno no acabe cumpliendo condenas de varios años de prisión o incluso dejándose la vida en el trayecto, como les ocurrió a innumerables compañeros. En mi caso, aunque tardíamente, pude reaccionar. Es muy difícil para el lector o la lectora conocer el esfuerzo y el coste personal que un libro de estas características conlleva para su autor. No voy a analizar nada a distancia. Desde el primer capítulo desnudaré mi propia vida, explicando qué sentía o pensaba en cada momento. Esas emociones, con la ayuda incuestionable de determinada literatura, suplantaron todo cuanto yo era hasta convertirme en un auténtico fanático. No es plato de gusto tener que rememorar una parte de mi personalidad a la que me ha costado y sigue costando enormes esfuerzos derrotar. Quien diga que se deja de ser un radical leyendo y con terapia miente. Estas herramientas son parte del proceso, en efecto, pero me inclino a pensar que el extremista, probablemente, muere siendo extremista. A este trauma hay que sumar las consecuencias de colocarse un punto de mira en la espalda por revelar lo que ocurre, lo que se siente y lo que se piensa dentro de la burbuja. Tener que cambiar de domicilio y de teléfono, recibir amenazas, caminar mirando hacia atrás y observar con atención los coches y los transeúntes que se acercan. Soy consciente de que así será mi vida a partir de ahora, y lo asumo.

Con todo, y manteniéndome fiel al mismo criterio con que actuaba en la extrema derecha, creo que no hay que tener miedo de llegar hasta el final. Como es obvio, ahora mi motivación es radicalmente distinta. Mi sueño es que mi testimonio y mi dura experiencia sirvan de vacuna para los jóvenes que corren el riesgo de dejarse llevar por los cantos de sirena extremistas. Mi máxima aspiración con este libro es evitar que otros tomen la senda que yo recorrí. Una senda en la que me parecía encontrar respuesta a mis dudas e inquietudes buceando en un magma de conspiraciones judías, leyes raciales y élites financieras. Una senda en la que, desde el primer paso, inicié un proceso de autodestrucción que estuvo a punto de costarme la vida.

1

El principio

Enormes multitudes se arremolinaban en una explanada que parecía no tener fin. Desde lo alto de un atril, un solo hombre hablaba ante decenas de miles de personas que, como poseídas por algún tipo de embrujo, escuchaban cada una de sus palabras con total devoción. Me cautivaron el tono de su voz y los gestos enérgicos con los que el orador acompañaba cada inflexión. Aunque en alguna ocasión lo había visto lucir su bigote característico en la portada de un libro o en la carátula de las películas VHS que entonces llenaban los hoy extintos videoclubes, no tenía ni idea de quién era ese personaje o qué había hecho durante su vida. Profundamente impresionado por las imágenes del documental sobre Adolf Hitler que mi padre visionaba en el salón, desde el umbral de la puerta pregunté quién era aquel tipo. «Un loco», fue la única y breve respuesta que recibí.

Estoy seguro de que un estudioso de la mente podrá

explicar con facilidad por qué las mismas imágenes causan una impresión muy profunda en unas personas y les pasan completamente desapercibidas a otras. En mí tuvieron un impacto demoledor. Se unían las virtudes de un discurso y de una puesta en escena diseñados y ejecutados para cautivar a toda una sociedad. Es obvio que los nazis contaban con unos extraordinarios propagandistas comparables a los mejores expertos en marketing de hoy. De algún modo, aquella banal experiencia accionó algún resorte en mí que generó un deseo irrefrenable de saber más sobre aquel hombre y que me acabaría convirtiendo en un apasionado de la Segunda Guerra Mundial.

Aun siendo el periodo más destructivo de la historia, o quizá por ello, ese conflicto bélico tiene algo que provoca auténtica fascinación. A mí me la despertó. ¿Por qué ese capítulo de la historia y no otro? No lo sé. ¿Casualidad? ¿Factores educacionales de mi entorno? No tengo una explicación clara, pues en mi familia ni siquiera había algún militar que pudiese haber ejercido cierta influencia en mí. Desde mi ignorancia política, mi interés empezó a centrarse en los vehículos blindados, en las distintas operaciones militares y en la táctica empleada en tal o cual batalla. Me fijé en el ejército alemán por algo tan inocente como los uniformes, las insignias, la forma del casco o el modo en que desfilaban los soldados. Imágenes sugerentes que bastaron para cautivar a mi mente adolescente. Era una temática que, además, estaba de moda en aquella época, en la que se estrenaban películas como *Salvar al soldado Ryan* y se ponía a la venta el videojuego *Medal of Honor*.

La palabra «nazi» apenas tenía sentido para mí. Sabía que estaba relacionada con «cosas políticas», pero no comprendía ni una mínima parte de su amplio significado. En aquellos momentos incluso desconocía la existencia de dos conceptos tan elementales como los de «derecha» e «izquierda». Ni yo ni nadie de mi entorno habíamos oído hablar tampoco del Holocausto. No se trata de que nosotros fuéramos un caso excepcional de ignorancia histórica. Todas las encuestas señalan que estamos ante un problema global. La cadena de televisión CNN realizó en 2018 un sondeo cuyas conclusiones eran demoledoras: uno de cada tres europeos afirmaba saber poco o nada sobre el Holocausto, y uno de cada veinte ni siquiera había oído nunca esta palabra. Los estudios de la organización judía Claims Conference no eran más esperanzadores. Según sus datos, el 45 por ciento de los estadounidenses es incapaz de dar el nombre de un solo campo de concentración nazi, y solo uno de cada tres jóvenes de este país sabe que en el Holocausto perecieron seis millones de judíos. Esta realidad contrasta con la idea que yo defendería, años después, junto a todas las organizaciones y miembros de la burbuja: la existencia de una conspiración judía que no paraba de martillear las mentes de los jóvenes europeos con el «mito» del Holocausto para hacerles sentir vergüenza por su pasado de gloria. Entonces no fui capaz de extraer esta conclusión, pero es evidente que si esa descabellada teoría fuera cierta, los conspiradores judíos no estarían haciendo muy bien su trabajo.

De hecho, el primer sinónimo que conecté con «nazi» fue, simplemente, «alemán». Los nazis eran los alemanes como los rusos empezaron a ser los rojos porque así les llamaban los miembros de mi ejército favorito. La relación entre «nazi» y «crimen de guerra» tardó bastante en asomar por mi cabeza, y para entonces ya era demasiado tarde. Vistos con la perspectiva de un adulto, estos «razonamientos» pueden parecer absurdos, pero en la adolescencia actúan pocos filtros y se asimilan los estímulos según los recibimos, especialmente cuando no se está preparado ni formado para hacer frente a los más nocivos.

En aquel momento tenía quince o dieciséis años. Vivía en Pontevedra, era un pésimo estudiante y odiaba intensamente el contacto con los libros, fueran de la temática que fuesen. Lo único que me interesaba en la vida eran los videojuegos. No tenía inquietudes ni sabía lo que haría en el futuro con mi vida en el terreno profesional. Por lo demás era un muchacho normal y corriente. No destacaba en nada, ni por arriba ni por abajo. Nunca había estado metido ni en política ni en cuestiones de grupos o tribus urbanas. En mi familia no había precedentes de comportamientos radicales, ni de un lado ni del otro. El ambiente en mi hogar siempre fue normal y, afortunadamente, nunca se vivió nada que marcase mi infancia ni mi adolescencia de un modo traumático.

La ausencia de una conciencia política en mi familia actuó, en mi caso, como una alfombra roja para el extremismo. Por otro lado, fui víctima tanto de la falta de medidas institucionales y educativas encaminadas a prevenir el radicalismo como de la forma en que se estudia en las escuelas nuestra historia más reciente. Las ideologías totalitarias, por su importancia y por su posible influencia en los jóvenes, deberían ocupar un lugar destacado en cualquier plan de estudios y ser tratadas como una prioridad. En mi colegio, donde pasé doce años, siempre abordamos el tema de una manera tan superficial que ni siquiera asimilé que el término «nazi» tuviese una connotación negativa. Hoy sé que, en ese contexto, estaba totalmente desnudo ante el radicalismo. Lo terrible es que igual que este virus no encontró defensas en mi mente, sí tuvo tiempo después de desarrollar contramedidas y absorber mi identidad para cuando desde fuera se intentaba aplicar un torpe e ineficaz tratamiento.

El despertar

Muchos años después, rodeado de mis camaradas en algún local de Madrid, Córdoba o cualquier otra ciudad, siempre volvía a aquellos instantes en que vi en la televisión a Hitler y empecé a interesarme por la Segunda Guerra Mundial para responder a la inevitable pregunta: «¿Cómo despertaste tú?». Exactamente así es como se concibe todo en la extrema derecha. Estamos dormidos o cegados y únicamente con el fascismo alcanzamos la libertad o la capacidad de entender el mundo tal cual es. Entrar en la burbuja supone colocarse una especie de gafas mágicas que ya nunca se pueden quitar y que nos presentan las realidades que hasta entonces se habían mantenido ocultas a nuestros ojos. Ese despertar se reviste constantemente de un aura de exclusividad, como si consistiera en recibir un conocimiento prohibido para el que únicamente unos pocos iniciados están preparados. Como en el Tetris, esta idea sería una de las más recurrentes en el futuro y todas las demás encajarían con ella.

Mi despertar, como suele ser habitual, fue progresivo. La Segunda Guerra Mundial se convirtió en mi periodo histórico favorito y sobre el que más me gustaba leer e investigar. Solo quería ver películas o jugar a videojuegos ambientados en esa contienda. Por simple casualidad, mi primera lectura sobre la última gran guerra daba una visión más que positiva del ejército alemán. Fue un libro que encontré en una de las estanterías de mi casa, convertido más en elemento decorativo que en otra cosa: *El acorazado Bismark*, de Burkard von Müllenheim-Rechberg. Una lectura tiene la capacidad real de modificarnos profundamente y reescribirnos. Provoca una impresión imperecedera que sin duda se graba a fuego en la memoria y en la mente. Recuerdo, como si lo hubiera leído ayer, mi fascinación al pasar las páginas y sumergirme en el amargo pero heroico final de este navío. El capitán Lindermann y sus dos mil marineros sucumbían combatiendo con valentía contra una flota muy superior de barcos de guerra británicos. La historia de aquellos hombres que lucharon hasta el final, hundiéndose en el mar con la bandera izada en señal de no rendición, dejó en mí una gran huella. Los alemanes eran héroes que peleaban con honor en defensa de su patria hasta el último instante, recogiendo además a los náufragos de los navíos enemigos derrotados.

¿Y si en vez de un libro escrito desde el punto de vista alemán hubiera empezado por otro escrito por un británico o un soviético? ¿Habría evitado o variado radicalmente mi transformación? Aunque no puedo saberlo con certeza, me inclino a pensar que sí. Asimismo, creo que si la vena radical no me hubiera entrado por el lado de la extrema derecha podría haberlo hecho por el de cualquier otro vector ideológico.

Desde aquel día he leído cientos de libros y no recuerdo ninguno con la misma claridad que ese primero. Nítidos permanecieron también los sentimientos que, página tras página, inundaban mi interior. Fue aquí, posicionado en lo personal, donde el sesgo empezó a actuar. Como he dicho antes, en mi familia no existía una conciencia política, por lo que no soy capaz de explicar las razones por las que conceptos como «patria», «muerte heroica» u «orgullo nacional» llegaron a calar tan hondo en mí. Una vez en la burbuja, años después, creería firmemente que esto obedecía a una especie de impronta genética por la que los blancos, que llevan en la sangre la conquista y el poder civilizador, son por naturaleza especialmente sensibles a este tipo de conceptos. Aunque por supuesto no fuera por ese motivo, lo cierto es que una cosa estaba absolutamente clara ya para mí: los alemanes eran los buenos.

Después de *El acorazado Bismark* leí una novela que saqué de una biblioteca municipal de Pontevedra: *Odessa*. La obra de Frederick Forsyth está basada en hechos reales e inspirada en la organización de antiguos miembros de las SS que da nombre al libro. La volví a hojear hace no mucho tiempo y descubrí con asombro que en ella se hacen constantes menciones a los crímenes nazis, al Holocausto y a las cámaras de gas. Sin embargo, en aquella primera lectura prescindí por completo de estos hechos. Grabé en mi mente con precisión páginas enteras, pero solo las que aludían a la conspiración mundial o al valor exhibido por los miembros de las SS durante la campaña militar contra la Unión Soviética. Absorbí la trama mientras se desarrollaba en países como Egipto, mientras olvidaba todo aquello que tenía que ver con los crímenes políticos y de guerra cometidos por los nazis. Revelaciones como esta, que se han manifestado cuando ordenaba mis recuerdos para escribir este libro, me han hecho redescubrir mi propia vida. Siempre había creído que mi radicalismo se activó de forma seria al cumplir los veinte, cuando ya tenía cierta base ideológica fascista. Pues bien, al releer lo que voy escribiendo me percato de que lo hizo mucho antes, prácticamente desde el principio.

Una de las películas que me impactaron en aquellos tiempos fue el clásico de 1965 *La batalla de las Ardenas*, en la que los alemanes, a pesar de ser derrotados, no tenían el papel de criminales que solía corresponderles siempre en el cine de Hollywood. Otra fue *Enemigo a las puertas*, de 2001, que incidía en la barbarie cometida contra sus propios soldados por el alto mando soviético. Mi favorita era *Das Boot* («El submarino») porque me parecía que presentaba a los miembros de la tripulación como unos héroes comparables a los marineros del *Bismarck*.

Al principio todo se reducía a eso, a una simple toma de partido por «lo alemán». El tema monopolizaba las conversaciones con mis amigos, que, estoy seguro, terminaron bastante hartos de oírme hablar de los alemanes hasta debajo del agua. Me sabía de memoria todas las divisiones blindadas de la Wehrmacht, sus estructuras, las batallas en las que participaron, el material militar de que disponían y sus héroes más condecorados. Si en mi vida académica me hubiese empeñado con el mismo esmero, no habría acumulado unos resultados tan desastrosos como los que tuve. En mis círculos de amistades, donde la formación sobre cuestiones históricas era casi nula, más pronto que tarde las conversaciones dejaron de ser para mí un punto de aprendizaje, y por ese motivo empecé a distanciarme de los amigos. Durante un tiempo, mis hobbies de siempre se mantuvieron presentes en mi vida, pero ya influidos de alguna manera por esta germanofilia. Cuando echaba un partida con algún compañero en el videojuego de fútbol FIFA 99, yo siempre elegía la selección alemana. Su camiseta y la de Austria pasaron a ser mis prendas de vestir preferidas. A nadie le llamó especialmente la atención que tratase de aprender alemán por mi cuenta o que hubiera pasado de no escuchar ningún tipo de música a ser un obseso de Rammstein y de cualquier otro grupo que cantase en la lengua de Goethe.

Quienes te rodean interpretan estos cambios como algo inocente, como una simple moda o manía pasajera. No los perciben como una posible señal de un proceso de radicalización porque no saben que una personalidad así no se construye de la noche a la mañana. Creen que la transformación es mucho más evidente e inmediata. Mi caso es el más común, con unos síntomas que aparecen durante la adolescencia y unos adultos que carecen de herramientas para realizar una detección temprana del problema. La germanofilia no tiene por qué ser, en sí misma, un signo de una radicalización progresiva salvo cuando viene motivada por los acontecimientos ocurridos en los años treinta y cuarenta del pasado siglo. Ese era mi caso y nadie supo verlo. Yo no me creía alemán ni aspiraba a serlo. Mi posicionamiento iba más allá de las nacionalidades y se alimentaba de valores como el orgullo, la patria o el heroísmo, que, desde la óptica nazi, fueron los que propiciaron el estallido de la guerra.

Cuando alguien me preguntaba por qué prefería la selección alemana de fútbol a la española, simple y llanamente respondía que los alemanes eran mejores. Esta actitud se fue extendiendo poco a poco por otros frentes, hasta que la asociación «alemán = bien» comenzó a producirse en mi mente de modo inconsciente. Obviamente, y por oposición, dado que los alemanes eran los buenos, todos aquellos con los que se enfrentaron eran los malos. Recuerdo como si fuese ayer una conversación en la que intenté explicarle la Segunda Guerra Mundial a un amigo partiendo de la novela *El señor de los anillos*. Los elfos de Rivendel o los caballeros de Rohan eran los soldados alemanes, mientras que las malvadas legiones de orcos y uruk-hai representaban las hordas del este soviético. Fuera o no un razonamiento infantil, de un modo casual y absolutamente ingenuo había hecho sin saberlo la misma comparación que los nazis realizaron durante la guerra. Muchos años después diseñé una pegatina de propaganda utilizando un cartel alemán de 1943 cuyo lema era *Sieg oder bolschewismus* («victoria o bolchevismo») y que contraponía la imagen de una bella familia alemana frente a unos individuos oscuros y llenos de maldad. Luz y oscuridad. Elfos contra orcos.

La imagen de Hitler en el televisor y mi consiguiente pasión por la Segunda Guerra Mundial fueron mis puntos de conexión con la derecha más extrema. Durante las dos décadas siguientes conocí a muchos otros fascistas que habían seguido el mismo recorrido que yo. No era, es ni será el único camino: la música, los videojuegos y el deporte, especialmente el fútbol, son otras aficiones que pueden abrir la puerta a un futuro «despertar». En todos los casos, sea cual sea la vía, la radicalización política es progresiva. Ningún joven que se enrola en el grupo ultra de su equipo de fútbol se transforma inmediatamente en un nazi. Tampoco lo hace el que comienza a consumir canciones de grupos supremacistas. Yo estuve cerca de tres años en ese estado inicial en el que la germanofilia fue abonando el terreno para mi paso al siguiente estadio.

Entrar en la burbuja

Sé que fue a los dieciocho años porque a esa edad empecé a trabajar en un «cíber» de mi ciudad. En aquella época, los establecimientos de este tipo surgían como las setas, ya que disponer de internet en casa, y más con una velocidad decente, era todavía un lujo al alcance de unos pocos. Eran unos tiempos, que ahora parecen prehistóricos, en los que casi nadie tenía teléfono móvil y los *smartphones* no pasaban de ser un producto de ciencia ficción. Las conversaciones en la red se centralizaban en los chats y en los foros. Dado que en mi lugar de trabajo pasaba muchas horas muertas delante del ordenador, empecé a frecuentarlos para buscar información sobre la guerra.

Me metía en salas con nombres como #wehrmacht, #barbarroja o #segunda_guerra_mundial. En una de mis primeras conversaciones virtuales comenté lo mucho que me había gustado *El acorazado Bismarck.* Nunca olvidaré la respuesta de desprecio que recibí: «Aquí no leemos libros del sistema». Conecté muy rápido con los usuarios más activos, cualquiera de ellos mucho más versado que yo en estos temas. Con ellos pasaba horas y horas hablando. Las conversaciones siempre partían de la guerra, pero terminaban centradas en temáticas más actuales. Fue así como descubrí que había algo llamado «sistema» y, de paso, conocí a escritores como Joaquín Bochaca, Salvador Borrego o David Irving. Igual que tardé en relacionar el nazismo con el Holocausto, también fui lento al emparejar a estos autores con el movimiento al que pertenecían: el revisionismo histórico. Sobre estos historiadores se hablaba largo y tendido en los foros. En conversaciones que llenaban páginas y páginas analizábamos sus obras, en las que negaban el Holocausto e idealizaban al Tercer Reich, y debatíamos sobre estas cuestiones. Se trataba de textos, pronto lo aprendí, que no eran del sistema porque este perseguía a sus autores, sus editores y hasta a los libreros que vendían dichos libros. Esa inquina obedecía a que revelaban la verdadera naturaleza maligna del sistema. La clandestinidad y el sentimiento de persecución que los rodeaba causaba en mí una honda impresión. Sentía que estaba accediendo a un conocimiento prohibido transmitido celosamente a una élite de escogidos.

Muchos años después veo que nada ha cambiado. Los chats ya no existen y los foros están en declive, pero en Facebook y otras redes sociales hay numerosos grupos, con miles de miembros, centrados en la Segunda Guerra Mundial. En ellos hay una importante presencia de nazis. Aunque con un menor porcentaje de infiltración, observo el mismo fenómeno en grupos de cine, videojuegos o música, y en casi todas partes. Su actividad es muy sutil, pero ahora soy capaz de identificarlos leyendo un único comentario. Estoy convencido, sin embargo, de que muchos de los chavales que llegan a estos espacios virtuales, motivados por los mismos intereses que yo, no son conscientes del disimulado bombardeo de mensajes políticos que sufren. Mensajes que se convierten en referencia y que activan procesos de raciocinio en los que normalizan un marco de pensamiento profundamente radical. Los emisores no son personas maquiavélicas que aguardan a que cualquier incauto caiga en su red para lavarle el cerebro. Lo hacen por sus firmes convicciones éticas y políticas. Yo mismo acabaría desempeñando este papel inconsciente de captador, simplemente porque trataba de convencer a cualquiera de lo que para mí era verdadero y justo.

Internet también me abrió un mundo musical que contribuiría a delinear el camino sin retorno que había emprendido. Por aquel entonces triunfaban programas y plataformas como Napster para compartir y descargar archivos. Mis búsquedas de canciones en alemán me hicieron toparme con grupos autodefinidos como nacionalistas y europeístas, entre ellos Stahlgewitter, Division Germania, Sleipnir o Sturmwher, que se convertiría en mi favorito. Me llamaba la atención la fonética de la lengua y el estilo agresivo: la voz ruda del cantante, el ritmo de la guitarra eléctrica, la contundente batería... Si bien al principio no me interesaba especialmente la letra de los temas, ya intentaba traducirla, diccionario en mano. Las canciones siempre versaban sobre la Segunda Guerra Mundial, la resistencia contra el eterno enemigo, el destino perdido, la esclavitud o el fin de «nuestro pueblo». Un famoso cantante de RAC (Rock Against Communism) me diría, años más tarde, que estos grupos eran una especie de reedición actualizada de las bandas militares que acompañaban a las tropas al combate.

Hubo otro hecho, aparentemente anecdótico, que supuso un gran salto en mi proceso de radicalización. Un día en el videoclub, en lugar de alquilar otra película sobre la guerra, elegí una historia actual: *American History X*. En ese largometraje, Edward Norton daba vida a un peligroso skinhead nazi estadounidense. Su visionado puso en marcha otro engranaje dentro de mí. Hasta entonces no había asociado con claridad el nacionalsocialismo con el presente. La película me abrió los ojos y me hizo relacionar la gloriosa etapa histórica que me apasionaba con el movimiento skinhead contemporáneo. Hoy sé que la inmensa mayoría de quienes ven *American History X* terminan asqueados por el comportamiento del protagonista y de sus camaradas. Mi conclusión, y la de muchos otros nazis con los que hablaría en el futuro, fue totalmente diferente. No es que me sedujeran, como podría pensarse, el racismo o la violencia que se ven en la pantalla, sino la conexión entre el pasado y el presente por medio de un contexto de batalla donde cambian los protagonistas pero se persiguen los mismos fines.

Los chats y los foros cobraron entonces una dimensión distinta. Comencé a percibir que en ellos desaparecía el medio siglo que separaba los dos escenarios. Todo lo que iba mal en el mundo se debía a la derrota de los alemanes y sus aliados en 1945. Todo lo ocurrido desde entonces respondía a un programa y a un plan prediseñado y perfectamente ejecutado por grandes poderes ocultos. La Segunda Guerra Mundial no había sido sino el más violento y brutal enfrentamiento entre dos fuerzas que llevaban milenios luchando entre sí, como máxima encarnación del bien contra el mal. Una lucha que continuaba produciéndose y en la que aún no identificaba con claridad a los enemigos. ¿Quiénes eran «los poderes ocultos»? ¿Quiénes dirigían «el sistema»? ¿Los aliados? ¿Los soviéticos? ¿Las democracias? Así fue como oí hablar por primera vez de los sionistas.

«Descubrir» la naturaleza del sionismo me llevó semanas de conversaciones. Los sionistas, furiosos al verse desenmascarados y conocerse sus planes de dominación mundial, fueron los verdaderos inspiradores de aquella contienda librada contra Alemania. Leí y creí que sus maquinaciones eran casi tan antiguas como la civilización misma y que el fascismo era la única vacuna para combatirlos. La gran conspiración judía era un mundo tras el mundo, muy al estilo de lo que se describe en la película

Matrix, que buscaba esclavizar y destruir a la raza blanca a través de los medios de comunicación, las modas, las redes sociales, los partidos políticos y prácticamente todo lo que existe en nuestra sociedad. A este convencimiento se llega al final del recorrido, por uno mismo, y solo tras seguir las pistas, muy muy sutiles, que se van hallando en el camino. Un camino que en mi caso empezó con tanques, batallas y uniformes y que desembocó en programas ocultos, grandes *lobbies* y conspiraciones. En los chats no era fácil mantener estas conversaciones porque se alimentaba una creencia que acababa convirtiéndose en paranoia: el sionismo nos observa. Circulaban ya datos de la red de espionaje electrónico Echelon, y nosotros nos sentíamos víctimas potenciales de sus sistemas de rastreo. Por ello, de numerosos temas solo hablábamos en mensajes privados y con aquellos interlocutores de los que no existía sospecha alguna de que fuesen agentes infiltrados. En paralelo, me iba familiarizando con términos nuevos: «camarada» para nombrar a los compañeros de lucha; «holocuento» como sustituto peyorativo de Holocausto; «warros» para referirse a los antifascistas y enfrentado al «cerdos» con el que ellos nos denominaban.

Por mis manos empezaron a pasar también revistas nacionalsocialistas como *Mundo NS*, *Bajo la Tiranía*, *Orgullo Blanco* o *La voz del pueblo*. De cualquiera de ellas, raro era el número que no sacaba al menos un artículo relacionado con la Segunda Guerra Mundial, la última epopeya de la raza blanca. El resto de las páginas abordaban otras cuestiones bien diferentes. No solo no estaban escritas con un lenguaje rudo, sino que a mí me daban la impresión de contener textos muy cultos y repletos de argumentos bien hilados. La palabra que me venía a la mente mientras leía era siempre la misma: «razonable». Me era difícil no estar de acuerdo con la mayoría de las posturas que se expresaban. Especialmente caló en mí el modo en que se trataba la cuestión de la inmigración masiva en uno de los artículos. La principal razón que se esgrimía para oponerse a este fenómeno era la necesidad de conservar la raza y la cultura europeas. Sin embargo, también se presentaba al inmigrante como una víctima más del meditado proceso de mestizaje urdido por el sistema. Ese día me convertí en un devoto de los escritos de su autor, Ramón Bau. Hice mío su matiz humanitario y lo asimilé como una evidencia más para demostrar que el poder mentía al vender una imagen enormemente inhumana de la ultraderecha. Lo que hoy me resulta inexplicable es que me lo creyera realmente, pero era así. Todos los que alertábamos de que un ejército de africanos, con la ayuda de la izquierda y de las ONG, trataba de eliminar la raza blanca y sustituirnos por una masa de dóciles «ciudadanos marrones» (expresión textual que utilizábamos habitualmente) nos escudábamos en discursos como el que considera al migrante una víctima para no considerarnos racistas.

La información continuaba entrando en mi cerebro como un torrente imparable, sin ningún filtro capaz de bloquearla o al menos de ayudarme a asimilar correctamente todo aquello, identificando las falacias o los burdos intentos de manipulación. Igual que no contaba con formación política, me faltaban conocimientos sobre uno de los elementos que podría haber ejercido de barrera contra mi incipiente ideología: el Holocausto. El neofascismo constantemente habla de un intento de lavado de cerebro mundial gracias al cual el sistema ha grabado en la población el «mito del Holocausto», al que califican de la mayor estafa de la historia. ¿Con qué fin? Para instigar un sentimiento de culpa colectivo activable en cuanto se defienden posturas patrióticas. Sin embargo, al parecer yo no había sido víctima de esa maquiavélica operación porque no tenía ni idea de qué era aquello del Holocausto. Esta fue la razón por la que las primeras referencias sobre él me llegaron de la mano de autores revisionistas que negaban su existencia. Estas tesis me resultaban especialmente atractivas. Por un lado, estaban perseguidas en muchos países, lo que les daba un aura de autenticidad. Por otro, ofrecían una visión alternativa muy fácil de comprender y que me permitía extender hasta la actualidad por medio de complejas conspiraciones.

Mi progresiva politización fue plasmándose también en el terreno musical. Los mensajes, las ideas y los sentimientos dejaron en un tercer plano mi inocente pasión por lo alemán. Comencé a escuchar a grupos de orígenes diversos pero de similar ideología, como los polacos Honor o los italianos Gesta Bellica. Finalmente di el salto a la escena nacional y me convertí en seguidor de bandas como Klan, División 250, Tormenta Blanca, Estirpe Imperial, Torquemada 1488, Iberos Saeti, Toletum, 7 Muelles o Estandarte 88. Más tarde llegarían Dramatic Battle, Más que palabras o Irreductibles. La aparición de las plataformas de vídeo, especialmente YouTube, provocaría años más tarde un efecto multiplicador en el impacto que generaba la música combinada con imágenes épicas y alegóricas. No puedo ni imaginar el deleite y alborozo que inventos como Facebook, Telegram, YouTube o WhatsApp habrían provocado en Joseph Goebbels. Pero aún faltaba mucho para la eclosión de las redes sociales. Cuando yo entré en la burbuja todavía se distribuían publicaciones compuestas con máquinas de escribir que se pagaban con sellos de correos para garantizar su distribución.

Cabeza rapada

Me miraba al espejo y sentía que mi aspecto, si bien seguía los cánones estéticos contemporáneos, me conectaba con los soldados de las fuerzas armadas alemanas, la Wehrmacht. Había completado mi proceso de uniformización de forma progresiva. Lo primero fue raparme la cabeza al uno, un ritual que repetía todos los viernes. Más adelante empecé a calzar botas y a vestir una cazadora *bomber* de corte militar que me acompañaría durante muchos años.

La estética es un factor determinante de nuestra propia identidad hasta que traspasa las fronteras de lo individual y se convierte en elemento aglutinador de una corriente social o política. Aunque ninguna fuerza política mínimamente relevante ha vuelto a jugar esta carta, tengo la certeza y el temor de que volverá a utilizarse en un futuro no demasiado lejano debido a su enorme eficacia. A partir del ascenso al poder del Partido Nacional-socialista Obrero Alemán (NSDAP), cientos de miles de adolescentes se afanaron por lucir el uniforme de las Juventudes Hitlerianas. Al mismo tiempo, jóvenes y no tan jóvenes se alistaban en las SS. Aquellos trajes de gala, muy elegantes para ser de corte militar, trasmitían, gracias a los hábiles propagandistas nazis, un aura que rozaba lo mágico. Las Waffen-SS, de hecho, llegarían a ser para mí un punto de referencia absoluto. No el único; mi *bomber* siempre fue negra, en alusión a los camisas negras italianos, fuerza paramilitar fascista liderada por Benito Mussolini.

Tal y como yo lo veía, los colores tenían una enorme importancia en nuestra uniformidad. Inicialmente solo los nacional socialistas llevábamos cordones blancos sobre las botas negras, para simbolizar la preeminencia de nuestra raza. Con el tiempo, los skinheads antirracistas, llamados SHARP (Skinheads Against Racial Prejudice), hicieron exactamente lo mismo, pero con el objetivo de representar el mestizaje de las razas. Las cazadoras sufrieron un proceso similar; al principio los tonos negros y azules eran preferidos por los fascistas, y el verde oliva o el rojo abundaban entre los antifascistas. Poco a poco estas diferencias desaparecieron y para distinguir a unos de otros había que observar la marca de la ropa, los parches y los mensajes de las camisetas. Tal y como descubriría más adelante, uno de los colores más útiles del uniforme era el naranja chillón del forro interior de las *bomber*. Más adelante, siendo aún muy jóvenes, y tras participar en «acciones callejeras» como pintadas o pegadas de carteles, le dábamos la vuelta a la cazadora para despistar a testigos y policía y repetíamos el proceso a la inversa cuando regresábamos a nuestros barrios.

La *bomber* no fue fácil de conseguir. En aquellos años no estaba de moda y, además, costaba cerca de cien euros, una verdadera fortuna para mí en ese momento. La pedí a la legendaria tienda DSO de Madrid. Junto con Soldiers y alguna más, era uno de los principales puntos de venta nacional e internacional de ropa y artículos relacionados con el Tercer Reich. Soldiers, que aún existe, se dedica sobre todo al recreacionismo histórico. La ya desaparecida DSO, en cambio, era una tienda abiertamente fascista regentada por un conocido ultrasur. Allí podían encontrarse camisetas serigrafiadas con todo tipo de simbología, cazadoras, sudaderas, anillos, parches, pines, banderas, pegatinas, etcétera. Actualmente, la mayoría de las ventas de este tipo de material se realiza por Internet. Aun así, sobreviven algunas tiendas físicas, como NTC, de Madrid. En la red había numerosas páginas extranjeras, especialmente de Estados Unidos, donde era posible comprar casi cualquier cosa. La que más usaba yo era una vinculada a la National Alliance, un grupo ultraderechista numeroso y pujante en aquella época. También en internet, otra opción a la que recurrir era La Censura de la Democracia (LCD), una tienda que creo que nunca llegó a tener una sede física y que regentaba gente de Valencia. Algunos de sus responsables serían detenidos en 2005, junto a otros sospechosos, dentro de la llamada Operación Panzer, en la que la policía se incautó de gran cantidad de armas, municiones, material militar alemán y propaganda nazi.

Los dieciocho acusados fueron absueltos por la Audiencia Provincial de Valencia, que anuló las grabaciones en que se apoyaba el grueso de la acusación.

Un peinado concreto, unas botas o una cazadora no tienen por qué ser un signo de radicalización. Sin embargo, la combinación de estos y otros elementos refleja una evolución inequívoca. Yo siempre había tenido preferencia por el pelo corto, así que raparme al uno no supuso un cambio excesivo ni llamó especialmente la atención en mi entorno. Las alarmas saltaron cuando aparecieron las botas y la *bomber* y me empezó a cambiar el carácter. Hasta entonces había sido un joven tranquilo y pausado. No es que me volviese violento y agresivo de golpe, pero, tal y como me han confirmado mis amigos de aquella época, sí me convertí en una persona permanentemente enfadada, malhumorada y propensa a desesperarme. Siempre encontraba enemigos hacia los que dirigir una ira creciente y buscaba a todas horas medirme con cualquiera de mi entorno en temas ideológicos e históricos. Ello, sumado a mi renovada estética, me convirtió en alguien con el que resultaba complicado interactuar. Hoy sé, gracias a años de terapia y trabajo personal, que se trataba de una consecuencia directa de haber entrado en la burbuja y, por tanto, de percibir el mundo y la vida como una guerra perpetua contra unos enemigos omnipresentes.

En mi casa intentaron poner remedio, pero lo hicieron demasiado tarde y con métodos nada eficaces. No fue, obviamente, culpa suya, sino del desconocimiento generalizado que hay en la sociedad sobre este problema y que facilita su perpetuación, generación tras generación. Un día, mi padre me sentó en el salón y me forzó a ver la película *La lista de Schindler*, dirigida por Steven Spielberg, que yo sabía que era judío. Mi reacción debió de provocarle la mayor de las preocupaciones. En cada escena, yo me reía a carcajadas. No porque me causase placer contemplar las imágenes de sufrimiento y tortura que van padeciendo los judíos, sino porque estaba convencido de que todo aquello no solo era mentira, sino que formaba parte de la propaganda de los vencedores. Mi respuesta final consistió en ofrecerle a mi padre una cinta de vídeo en la que tenía grabada *El triunfo de la voluntad*, la película que rodó en 1935 la cineasta alemana Leni Riefenstahl para ensalzar a Hitler y al NSDAP. Era mi forma de contrarrestar, también en mi casa, la idea «hollywoodiense» de que los nazis eran malvados.

Las primeras dos insignias que compré para decorar mi cazadora no eran fáciles de reconocer e identificar a simple vista. Ambas pertenecían a la unidad de élite del ejército alemán: la 1.ª División Panzer de las SS, la Leibstandarte SS Adolf Hitler, mi favorita. En Pontevedra no podía llevar nada más llamativo debido a que la ciudad era mayoritariamente antifascista. Para entonces, en mi cabeza, los antifascistas eran el equivalente de los enemigos que los alemanes combatieron en los años treinta y cuarenta. Mi esquema mental se reducía a un elementalísimo escenario de lucha entre buenos *per se* y malos *per se*. A los parches les siguieron las camisetas serigrafiadas en las que la excusa militar ya no podía ocultar el verdadero mensaje: la Legión Cóndor, la División azul, las Waffen-SS, la Unidad Ezquerra... Hacer ostentación de mi estética y mi simbología política era una forma de desafiar orgullosamente a un mundo de maldad al que yo, heredero de quienes se habían enfrentado a él antes, desafiaba de forma activa. La literatura fascista se cuida muy mucho de revestir constantemente la simbología nazi y fascista de metáforas en esta misma dirección.

En mi vida personal cada vez me aislaba más. Solo podía aceptar en mi grupo a las personas que estuviesen en las mismas coordenadas mentales que yo, y había poco o nada donde elegir. En primer lugar, porque, como he dicho, Pontevedra es una ciudad de mayoría antifascista. Y en segundo lugar, porque mi solitario proceso de radicalización era poco habitual. Es extremadamente raro que alguien llegue por sí solo y sin ninguna influencia externa a la extrema derecha. Lo más común es que el «despertar» se produzca en el seno de un grupo de amigos, y que unos arrastren a otros, provocando al mismo tiempo la ruptura con aquellos a los que les horroriza dar ese salto. Yo sentía ya la ausencia de un grupo en el que apoyarme y era consciente de las escasas opciones que se me presentarían, salvo que decidiera trasladarme a una ciudad de mayor tamaño.

Hasta que llegara la oportunidad de mudarme tenía que seguir concentrado en el mundo virtual en el que me adentraba desde el cíber. Entre cliente y cliente descargaba archivos repletos de datos y los guardaba en los viejos disquetes de plástico que se usaban antes de la aparición del CD. Al llegar a casa pasaba horas leyendo su contenido en mi ordenador. Junto a los frecuentes libros de temática puramente bélica, me llegaban cada vez más referencias de obras de contenido político. Era un paso inevitable. ¿Por qué luchaban con tanta bravura aquellos soldados? ¿Qué defendían? En uno de los chats me recomendaron que escribiese a una dirección de correo electrónico y solicitara el listado de libros en venta. Todavía hoy me sigue llegando todos los meses de modo ininterrumpido una relación de más de cien títulos sobre la Segunda Guerra Mundial, Hitler, el fascismo o el revisionismo del Holocausto. En el cuerpo de cada mensaje se anunciaban precios especiales para parados o estudiantes, se garantizaba el reembolso del dinero si surgía algún problema con el envío y se contemplaba la opción de realizar pedidos desde el extranjero. Si hubiera tenido la capacidad financiera necesaria, habría comprado la lista entera. Al responsable de este correo lo terminaría conociendo en Madrid. Era un tipo extraño, que siempre hacía acto de presencia en cualquier actividad organizada por la extrema derecha. Jamás perdía ocasión de montar en la entrada de la sala un puesto con una selección de obras a un precio, a decir verdad, inmejorable. Su centro de operaciones se encontraba en el último barrio que habría podido imaginar: Vallecas. El piso estaba tan repleto de libros que estos casi habían sustituido al mobiliario. La mesa del salón, por ejemplo, era una gran tabla sustentada por cuatro columnas de libros. Entre los volúmenes había obras inéditas que ni siquiera aparecían en los listados enviados por correo electrónico debido a su naturaleza de «censurados por el sistema».

Mucho antes de conocer personalmente a ese peculiar «librero», las obras que aparecían en sus listados las tenía que conseguir gratis. En los chats siempre se intercambiaban enlaces donde poder descargarlos. El primero que leí fue *La espada del islam. Voluntarios árabes en la Wehrmacht*, de Carlos Caballero Jurado. Esta obra resultó fundamental para mí porque, desde mi punto de vista de entonces, echaba por tierra la teoría de que la Alemania nazi discriminaba a todos aquellos que no tenían la piel blanca. Este axioma no era creíble si el ejército de Hitler había admitido en sus filas a soldados árabes. Resultaba tan falso como que el Reich deseara construir una sociedad de ciudadanos altos, rubios y de ojos claros, cuando en la plana mayor del partido nazi nadie cumplía ese canon. Los propios textos fascistas negaban este punto y la doctrina racial es mucho más elaborada y compleja que todo aquello. Desde entonces observaría con paternalismo y condescendencia a quienes se afanaban en enfrentarme con aquella burda mentira. Aparte de Caballero Jurado me cautivó el escritor sueco Erik Nörling. En sus obras hablaba de los voluntarios europeos que apoyaron a los alemanes. Para mí este dato era también muy importante porque el hecho de haber aceptado a personas de distintas nacionalidades en las unidades de élite de su ejército contrarrestaba, entre otros, el argumento de que los nazis consideraban a los mediterráneos una raza inferior. Con orgullo descubriría cómo Hitler admiraba al soldado español. En mi entorno parecían saber más que Hitler cuando me señalaban que habría sido gaseado por los nazis por no ser alemán. En la burbuja siempre se recurría a lo evidente y fácilmente constatable para intentar desmontar el discurso del sistema. Con ejemplos tan simples como estos se fue consolidando en mi cabeza la idea de que la auténtica verdad se encontraba en el chat, en los foros de confianza y en los libros que aparecían en el listado. Fuera de las invisibles fronteras de estos ámbitos todo era mentira.

Otra actitud de la burbuja que me atrajo irresistiblemente fue la admiración que la mayoría de sus miembros profesa por las antiguas tradiciones y culturas europeas. Se presta una especial atención a los vikingos, pero también a los romanos, la Antigua Grecia, el periodo de la Reconquista o incluso la prehistoria. La mitificación de las viejas civilizaciones de «pasado glorioso» ya fue explotada por el nacionalsocialismo alemán y los demás fascismos europeos. Hoy sigue siendo parte fundamental de su credo. Yo, como muchos otros nazis, me interesé especialmente por la historia y las tradiciones de los pueblos escandinavos. En una parte de la burbuja se valora a los vikingos y a otras culturas nórdicas muy por encima del hombre actual, al que se considera débil y cobarde. Como los escandinavos, se glorifica la guerra, que es un componente fundamental de la auténtica naturaleza del hombre europeo. Una naturaleza guerrera que ha sido pervertida por ideologías artificiales llegadas desde fuera de nuestro continente. La pasión por la cultura vikinga se extiende también a sus rituales y a sus dioses. Aquí se produce una importante fractura con la ultraderecha tradicional española: el paganismo se enfrenta al catolicismo radical. El discurso que yo asumí defiende el paganismo y las creencias vikingas sobre la guerra y la muerte como las primigenias y verdaderas hasta la llegada de un cristianismo de orígenes semitas y oscuros. Runas, dioses nórdicos y valquirias batallan contra la cruz y el Cristo redentor. Los primeros triunfan en los sectores más puristas y en muchos círculos formados por jóvenes, pero, al final, son los segundos los que terminan llevando el peso de los partidos y las plataformas ultraderechistas.

Observando y no parando de leer jamás, mi estancia en aquellas salas de discusión dejó de ser meramente observadora y empecé a participar de forma activa. En los debates de los chats se manifestaban dos tendencias perfectamente definidas que, con el tiempo, comprobaría que se repetían en la vida real. Los usuarios con *nicks* como Belicosus, amdnac, Otto_Skorzeny o Mjölnir pertenecían a la corriente que yo siempre he calificado de «purista». Todos habían devorado decenas de libros y sobre la base de sus conocimientos desarrollaban una línea de acción más política y teórica. Este grupo, al que yo acabaría perteneciendo, estaba en franca minoría frente al otro, el de quienes habían llegado a la ultraderecha atraídos principalmente por la violencia.

Poco a poco iría descubriendo que, en la burbuja, los puristas más políticos eran lo más parecido al brazo director, mientras que quienes estaban más vinculados al fútbol representaban el músculo. Creo que nunca conocí a ningún exponente de esta segunda vertiente ultra que no fuese un cabeza rapada o no lo hubiera sido en el pasado. Los que abandonaban la estética propia de este movimiento lo hacían para evitar identificaciones policiales y pasar más desapercibidos. Se trataba, por tanto, de meras operaciones de maquillaje. Entre los amigos que haría en el futuro había muchos tipos verdaderamente peligrosos que encajaban a la perfección en ese mundo en el que la guerra y la violencia son glorificadas porque se las considera parte esencial de la identidad europea. El periodista de investigación que firma con el seudónimo Antonio Salas reflejó algunas de las salvajes acciones protagonizadas por skinheads en su obra *Diario de un skin*. Violencia sin más, usando la política como excusa o manipulando incluso la ideología para hacerla cuadrar con la violencia. Cuando se publicó ese libro el revuelo fue memorable y yo vi a algunos veteranos excusarse con el argumento de que los hechos narrados, si bien eran ciertos, únicamente eran llevados a cabo por un reducido grupo dentro del movimiento. Un argumento completamente falso. Los ultras son muchos más que los puristas y, aunque los segundos no participasen de sus acciones e incluso las condenasen, la violencia se encuentra tan normalizada en su discurso que existe un calificativo para quien no la considera una herramienta de primer orden: «progre». Así como yo llegué a ser de gran valía entre los puristas por mi habilidad propagandística o para idear estrategias con las que llegar a mucha más gente, había ultras que únicamente eran válidos por el grado de violencia que podían desencadenar o el miedo que eran capaces de generar en las filas enemigas. Dentro de la extrema izquierda ocurría exactamente lo mismo.

Mi experiencia en los foros y en los chats me permitió comprobar que estas dos corrientes chocaban muy a menudo. Los puristas despreciaban a quienes solo exhibían perfiles violentos, especialmente a los ultras del fútbol.

Los miraban desde una posición de superioridad intelectual y moral. Sentado en la silla del cíber asistí a conversaciones en las que Belicosus y otros puristas intentaban convencer a quienes hacían llamamientos a «matar negros» o a reabrir las cámaras de gas de que estas ideas nada tenían que ver con el verdadero mensaje nacionalsocialista. «Los skinheads sirven al objetivo de justificar las leyes por las que se detiene a autores negacionistas», me dijo una vez el mismo Belicosus. Esa superioridad con las que nosotros veíamos a los ultras del fútbol no tenía ninguna base sólida más allá de nuestra propia ceguera. Defiendes una sociedad blanca, odias la inmigración, llamas «marrones» a los mestizos, relegas a las mujeres a un papel en retaguardia, te preparas mental y físicamente para la guerra, pero te autoconvences de que no eres racista, ni misógino, ni violento.

Mes a mes empecé a escalar en el organigrama virtual de las redes. Debido a la seguridad y firmeza que demostraba en los debates, pronto pasé de ser un simple usuario de estos grupos a administrarlos. Abrí mi abanico a salas más «nacionales», como #arriba_españa, #reconquista o una registrada por mí llamada #poder_blanco. Desde mi visión purista del nazismo solía discutir con algunos ultras del fútbol para intentar inculcarles lo que yo consideraba el verdadero ideario. Creo que no saqué nada productivo de ninguno de aquellos debates. A veces incluso expulsé a algún participante especialmente agresivo. Cada vez que lo hice, de inmediato me llegaron mensajes privados amenazantes en los que se me acusaba de ser un «rojo» infiltrado. Lo curioso es que no me pasó lo mismo con algunos antifascistas que entraban en el chat para atacarnos e insultar. En ocasiones abría con ellos una conversación privada para debatir e intentar convencerlos. A la larga, y más por mi insistencia, llegué a tener una ciberrelación más que cordial con algunos de ellos. Un anarquista, cuyo *nick* era BlackRed, me incluyó como administrador de su canal #desobediencia, que compartía con otros anarquistas. Recuerdo mucho a una chica, de *nick* Cerecilla, con la que también me llevaba bien. Esta actitud me causó algunos problemas con mis camaradas. En internet se podía hacer una operación llamada «Who is» que permitía saber a qué canales estaba conectado cada usuario. Un ultra descubrió mi vinculación a #desobediencia e hizo correr, nuevamente, el rumor de que yo era un *warro* infiltrado.

Estos encontronazos los asumía con la naturalidad de quien centraba toda su vida en los chats y los libros. A mis amigos de siempre raramente los veía fuera del cíber. Sus opiniones se me antojaban cada vez más extrañas, cuando no absurdas. Día a día era más evidente para mí que todos ellos estaban ciegos y parecían no querer ver la terrible realidad que una minoría muy poderosa levantaba bajo nuestros pies. También en mi casa la situación iba de mal en peor. Mis padres habían optado por tirar todas mis cosas relacionadas con ese mundo. Pines, libros, camisetas y banderas desaparecían de mi habitación y terminaban en el contenedor de la basura. Tuve que ingeniármelas para conservar, al menos, mis posesiones más imprescindibles. Los libros los ocultaba en lugares recónditos, repartidos por la cocina, el salón y hasta el cuarto de baño. Aun así, había veces en que el objeto en cuestión desaparecía de su escondite. Ni me molestaba en preguntar por él porque ya sabía cuál había sido su destino: descubierto y destruido. Finalmente opté por pedirle a un amigo, que vivía al otro lado de la calle, que me guardara las camisetas con mensajes más gráficos. El día que quería ponerme una de ellas se la pedía por la mañana y se la devolvía por la noche. La sensación de clandestinidad fortaleció mi sentimiento de pertenencia al grupo de los elegidos que conocen la verdad y que por ello son perseguidos por oscuros intereses. Exactamente lo mismo se decía en los chats cuando la policía intervenía la sede de algún partido, prohibía un acto o impedía que se diera una conferencia. El sistema nos reprimía porque éramos su auténtico enemigo. Éramos como los últimos jirones de resistencia que le plantaron cara en la Segunda Guerra Mundial. Todo encajaba.

Del ordenador a la calle: División88

En el cíber empezaba a tomar conciencia de que la verdadera lucha estaba en la calle, fuera de internet. La red había estado bien para dar los primeros pasos, pero me moría de ganas de hacer algo real. Rondaba los veinte años, aún no tenía el carné de conducir y las ocho horas de tren, más el precio del billete, hasta Madrid, ciudad completamente desconocida para mí, actuaban como colosales frenos para mi soñado traslado. La soledad ideológica que sentía en Pontevedra traté de paliarla concentrándome en uno de mis amigos. David se llamaba, como yo, y a él también le había ilusionado mi discurso de épica y honor. Aunque no se había leído un libro jamás, se mostraba como un militante convencido. ¿Cuántos con esa misma base habrían seguido a Hitler con el único empuje de su convicción por luchar? Una virtud que a mí me bastaba para utilizarlo y empezar por fin a actuar. Comencé a quedar con él para hacer pintadas. Nos autodenominamos División88. El número 88 es muy empleado dentro de la burbuja, ya que se trata de la versión en clave del saludo nazi «*Heil* Hitler», puesto que la letra «h» es la octava letra del alfabeto. Nuestra contribución a la lucha contra el sistema se limitó, durante meses, a grabar esvásticas y algunos lemas fascistas en los muros de la ciudad. No podíamos hacer nada más.

Creo que, inconscientemente, aspiraba a reclutar a más militantes entre mi grupo de amigos. No sabía hablar de ninguna otra cosa. Cuando discurseaba me sentía embargado por el entusiasmo de estar cumpliendo una misión superior. Daba igual el modo, pero había que hacer algo. Cada uno en su pueblo, barrio o ciudad. Solo o en grupos. Luchar, luchar y luchar. A este sentimiento había contribuido notablemente la lectura sosegada de *Mein Kampf* («Mi lucha»), el libro escrito por Adolf Hitler. Comprarlo no fue una tarea sencilla. El hecho de que estuviera prohibido en numerosos países y de que en España fuera casi imposible de encontrar me resultó estimulante. Si el sistema lo perseguía tanto tenía que ser porque su contenido lo perjudicaba y amenazaba. Este tipo de censura beneficia a quien la sufre, pues le permite victimizarse aún más y presentarse como objetivo prioritario del perverso sistema. «Para saber quién gobierna sobre ti, simplemente encuentra a quien no estás autorizado a criticar» era una frase muy repetida en referencia a los judíos. Unos años después Alemania pareció darse cuenta del error y permitió la publicación de *Mein Kampf*. Era la primera vez que se editaba de forma legal desde 1945. La iniciativa no estuvo exenta de críticas, pero contó con el respaldo de, entre otros, la Asociación Alemana de Profesores. Su presidente, Josef Kraus, defendió la utilidad de estudiarlo en los centros educativos con estas palabras: «Un tratamiento profesional de ciertos extractos del libro puede ayudarnos a inmunizar a los alumnos contra el extremismo político».

En mi época era muy diferente. Existían multitud de ediciones piratas y no piratas muy variopintas: comentadas, traducciones nada competentes, versiones con diferencias exageradas en el número de páginas (más de cien en algunos casos) y, en definitiva, textos de dudosa veracidad. Decidí adquirir la edición que vendían en la librería Europa de Barcelona. Dicha librería era el establecimiento más respetado en la burbuja, regentado por quien tanto para mí como para todos mis camaradas sería uno de los mayores referentes, Pedro Varela. Además de vender libros de autores revisionistas y nacionalsocialistas, acogía actos políticos y culturales. Recuerdo perfectamente la expectación con que esperaba que me llegara el paquete y la inquietud que me provocaba pensar que pudiesen recogerlo mis padres y acabara en la basura. No sucedió así, pero la alegría de tenerlo en mis manos duró muy poco. No llevaba ni cuarenta páginas leídas cuando un día, al volver de clase, fui a cogerlo del lugar en el que lo había ocultado, tras el equipo de música, y comprobé que había desaparecido. Mi madre había hecho limpieza a fondo en mi cuarto y había dado con mi preciado tesoro.

Este percance no me hizo desistir, sino que volvió a provocar el efecto contrario. Nada me detendría en mi búsqueda de la «verdad». En los chats me recomendaron que comprara la versión «auténtica». Tenía las tapas de color negro y se decía que era la única traducción al castellano autorizada por el partido nazi alemán. El único lugar donde entonces se vendía era Argentina, a un precio prohibitivo para mí. No me importó. Yo quería tener la certeza absoluta de que lo que iba a leer era tan auténtico como si el mismo Hitler me lo relatase al oído. No contaba con el dinero suficiente para adquirirlo, ya que en el cíber me pagaban muy poco y encima en negro, así que tuve que vender mi colección de música para reunirlo. Esta vez tomé más precauciones y pedí que lo enviaran a casa de un amigo. Las dos semanas que tardó en llegar se me hicieron interminables. Nunca olvidaré el momento en que abrí el paquete con un cuidado reverencial.

La tapa era blanda, por supuesto negra, y estaba decorada con un águila nazi que sostenía entre sus garras la esvástica enmarcada en una corona de laurel. Este emblema, al igual que el título de la obra y el nombre de su famoso autor, estaba grabado en amarillo. Impactaba tanto el contraste de ese color con el fondo negro que en mí despertó un sentimiento cercano a la adoración. No estaba dispuesto a que esa maravilla acabara en el contenedor y se me ocurrió esconderlo en el cuarto de contadores de mi edificio. Lo leía únicamente por las noches en la cama, cuando todo el mundo dormía. En aquellos momentos era consciente de que, mientras yo adoptaba tantas cautelas para poder leer un libro, mis amigos lo que hacían era esforzarse para que sus padres no se enteraran de que llegaban drogados a casa. El fuerte contraste entre ambos comportamientos me infundió una sensación de elitismo y superioridad moral que reforzó mis convicciones y que no me abandonaría nunca.

Aparte de «escuchar» la voz de Hitler, al leer *Mi lucha* buscaba con interés argumentos para desterrar de una vez por todas la idea de que los nazis eran unos malvados. Si eran lo que el sistema decía, pensaba que encontraría llamamientos del Führer a exterminar judíos. Primero miré el índice buscando capítulos sospechosos. No vi ninguno donde figurase la palabra «judío» y esto me tranquilizó, pero identifiqué dos bastante alarmantes: el capítulo XI del primer volumen, «La nacionalidad y la raza», y el capítulo IV del segundo volumen, «La personalidad y la concepción racista del estado».

¿Encontraría en ellos referencias al gaseamiento de niños? ¿Leería relatos y opiniones de un criminal despiadado? Naturalmente, los mensajes no eran tan burdos ni tan evidentes como en aquel momento podía o quería pensar. No, no había en *Mi lucha* planes para ejecutar un genocidio ni planos de cámaras de gas. Todo era mucho más sutil e imperceptible para mí, que creía que el nacionalsocialismo era un movimiento que encarnaba el bien absoluto, que proclamaba la belleza, la justicia y la bondad como vacuna frente a un poderoso enemigo sin escrúpulos que se servía de cualquier artimaña para lograr sus objetivos. Por eso mi cerebro restó gravedad a lo que leí en algunas páginas «Si los judíos fuesen los habitantes exclusivos del mundo, no solo morirían ahogados en suciedad y porquería, sino que intentarían exterminarse mutuamente teniendo en cuenta su indiscutible falta de espíritu de sacrificio reflejada en su cobardía». Tampoco me pareció una prueba, ni siquiera una señal importante, que Hitler comparase a los judíos con «manadas de ratas feroces». Cuando me topaba con un lenguaje duro que rozaba lo violento, le encontraba disculpa en el momento histórico en el que el autor escribió el libro. Me decía que era cuestión del contexto y que no tenía sentido tratar de analizar una obra escrita en 1924 con los ojos del siglo xxi. Además, ya empezaba a actuar esa parte de nuestra literatura que culpa directamente al judaísmo de todos los males mundiales, guerras, drogas, paro o terrorismo, por lo que de algún modo estaba justificado cierto rechazo contra aquel poderoso enemigo.

Así, página a página, me empapé del discurso del libro y lo asumí como propio. La fortaleza de las naciones viene determinada por la atención que se presta al tema racial. Hitler insiste en que todos los países y las civilizaciones que han ido desapareciendo a lo largo de la historia lo han hecho por desatender esta supuesta ley natural. En la raza y la sangre se encontraría pues la esencia vital de los pueblos. No en un sentido religioso, sino decididamente biológico. Los nazis lo llamaban «fuerza creadora», y era lo que permitía a los pueblos ser creativos, elevados y con capacidad de construir imperios. Dar categoría de «ley natural» a cualquier cosa es una estrategia muy recurrida en este discurso y que facilita vestir, por tanto, de contra natura a todo aquel que ose discutirlo. Rudolf Hess, el lugarteniente de Hitler, llegaría a decir: «El nacionalsocialismo no es más que las leyes de la naturaleza llevadas a la política». La sexualidad, la familia, la mujer, la inmigración, la economía, la idea artística..., todo lo que se articulara fuera de los parámetros del nazismo era considerado un hecho o comportamiento contra natura.

Cada frase que leía me parecía acertada y precisa. El texto encajaba con todo lo que yo había leído sobre las causas de la guerra, las conspiraciones judías, etcétera. Para presentar su pensamiento como una contraposición al marxismo, Hitler se limita a repetir los tópicos del momento (que curiosamente son los mismos que se esgrimen en la actualidad desde la ultraderecha), demostrando tener una enorme ignorancia de la obra de Karl Marx. De haber consultado entonces directamente algún libro del filósofo alemán, me habría chirriado, por ejemplo, la afirmación de que el marxismo era hijo del capitalismo. La justificación de tal premisa era más que simplona: Marx era judío. Dice Hitler en *Mi lucha*: «Llegué a penetrar el contenido de la obra del judío Karl Marx. Su libro *El capital* empezó a hacérseme comprensible y, asimismo, la lucha de la socialdemocracia contra la economía nacional, lucha que no persigue otro objetivo que preparar el terreno para la hegemonía del capitalismo internacional».

Tampoco percibí que, capítulo tras capítulo, y con la

excusa de preservar y proteger nobles principios, se levantaban odios antiguos y profundos entremezclados siempre con mentiras arrojadas con bastante mezquindad. Conceptos como «bolchevismo», «finanza» y «judería» tejían una red en la que ninguno de los tres se podía comprender sin los demás. Yo asumía todo esto sin ninguna clase de cortapisa e incluso me sentía atormentado por no haber visto antes una realidad de tamaña magnitud. El miedo, del que he hablado antes, a encontrar algo que chocara con mis planteamientos lo que en verdad mostraba era todo lo contrario: el deseo de creer. No leía para aprender o enriquecer una opinión cualquiera; el objetivo era romper los últimos vestigios de mi yo que aún ejercían una leve resistencia ante el proceso de metamorfosis en el que me encontraba. Ahora sé ponerle nombre a esta tendencia y la veo con demasiada frecuencia en la sociedad actual. Se llama «sesgo de confirmación» y es la antítesis del conocimiento científico. Nuestra ciencia plantea una idea y para contrastarla la «ataca» y somete a infinidad de experimentos en busca de puntos débiles. Si al final supera este proceso es presentada ante la comunidad como la respuesta válida para explicar un fenómeno. El sesgo de confirmación opera exactamente al revés. Solo se aceptan como válidos los datos que respaldan nuestra teoría, al tiempo que se rechazan en bloque los que la invalidan. Esto es lo que hacía yo. Esto es lo que todos hacemos dentro de la burbuja.

Infiltrados

Durante el tiempo que empleé en la lectura de *Mi lucha* conseguí monopolizar las conversaciones en internet. Día sí y día también extraía párrafos que pegaba en el muro principal del foro para ver las reacciones y contrastar los puntos de vista de los demás usuarios. Me sentía cargado de razón y de autoridad. ¿Qué importaba ahora lo que leyese en cualquier chat o en un libro del sistema si yo conocía de primera mano la opinión del mismísimo Hitler? En una de aquellas ocasiones apareció en uno de los canales un nuevo usuario, cuyo *nick* era DMS. Tras charlar un rato con él, surgió en mí una enorme esperanza: DMS vivía en Pontevedra. Era la primera vez en cuatro años de conversaciones virtuales que me encontraba con un camarada que no escribía desde cientos de kilómetros de distancia. Llamado en realidad Javier, era bastante mayor que yo y su *nick*, según me explicó, eran las siglas de DM, una conocida marca de botas muy popular entre los skins. Aunque me sorprendió que poco después de nuestro primer contacto me pidiera vernos en persona, accedí a ello. Lo cité en el bar de la estación del tren. Elegí un lugar público porque temía que fuera una encerrona organizada por los antifascistas. Me había acostumbrado a desconfiar y a ser precavido. Llegué antes de la hora para estudiar el escenario y ponerme en un sitio desde el que poder ver cualquier cosa rara, cualquier indicio de amenaza. Al cabo de un rato apareció un tipo con la cabeza rapada, pantalones de camuflaje y botas, que se sentó a una de las mesas. Cuando estuve seguro de que iba solo, acudí a su encuentro. Mi estética era muy similar a la suya, así que no me hizo falta presentarme. Me pedí una cerveza y comenzamos a hablar. Recuerdo que llevé la voz cantante en toda la conversación. Aunque me sacaba, como poco, diez años, durante la charla me pareció más joven que yo. Me preguntó cómo me había metido en aquello y eso me dio pie para dar rienda suelta a mi tema favorito: la Segunda Guerra Mundial. De ahí fuimos pasando a otros asuntos: la raza blanca en peligro, la inmigración como arma del sistema para destruirla, las ideologías progres para reblandecer y debilitar a los europeos... En cuanto empecé a hablar de División88 mostró un renovado interés. Aunque aparentemente todo iba bien, pensé que aún era pronto para abordar a fondo esa cuestión con él. Además, me generaba un punto de desconfianza el hecho de que, a su edad, no hubiese militado en partido o plataforma política alguna. Opté por desviar la charla hacia otras materias hasta que llegó el momento de despedirnos. Desde la estación me dirigí a toda prisa al cíber. Quería conectarme en el chat con algunos veteranos en los que confiaba ciegamente. Necesitaba saber su opinión sobre lo ocurrido. Las respuestas fueron todas muy similares. Nadie sabía quién era ese Javier, alias DMS, y les pareció muy sospechosa, como a mí, la ausencia de un currículum militante.

Las semanas fueron pasando y mi rutina estaba marcada por los chats, los libros, las pintadas que hacía con mi tocayo y las conversaciones virtuales que seguía manteniendo con DMS. Paralelamente crecía en mi entorno la inquietud sobre el recién llegado. Algunos camaradas alertaban de que rara vez intervenía en los chats y daba la impresión de que se limitaba a espiar lo que se hablaba en los diferentes canales. A veces ni siquiera saludaba al entrar y se quedaba horas y horas conectado sin decir nada. Por privado, en cambio, DMS me había preguntado nuevamente por División88. Yo le había respondido con evasivas porque a mí también me escamaba su actitud. Pese a todo, continuaba defendiéndolo y me opuse una y otra vez a que lo expulsaran de nuestros foros.

Una tarde en la que ocupaba mi puesto de administrador en el cíber, un usuario que utilizaba como *nick* el nombre TONMA me mandó un mensaje directo. En él, sin ningún preámbulo ni explicación, me decía que DMS era un *warro*. Yo lo puse en duda y traté de protegerlo, pero él insistió: «Es un *warro* y te está tomando el pelo». TONMA tenía mucha credibilidad en la burbuja. Decía ser guardia civil y llevaba siglos navegando por esas salas virtuales cuando yo las descubrí. En el pasado había desenmascarado a más de un infiltrado, por lo que sus opiniones eran tomadas muy en serio. Le pregunté si tenía pruebas que demostraran sus acusaciones. Me las dio. Nunca olvidaré aquellas fotografías. No tengo ni idea de cómo las consiguió en una época en la que no existían las redes sociales. Eran dos imágenes y en ambas aparecía Javier. De cintura para abajo llevaba sus Doc Martens negras calzadas bajo un pantalón de cuero negro que dejaba al aire su trasero. De cintura para arriba únicamente vestía dos correas también de cuero negro cruzadas entre sí de hombro a hombro. Estaba con otros dos hombres con idéntica indumentaria y en una actitud que evidenciaba su condición homosexual.

Me quedé profundamente impactado. En la extrema derecha la homosexualidad se considera un arma política que en manos de la izquierda sirve para alcanzar el objetivo de feminizar o, dicho con el término peyorativo que usa la ultraderecha, «estrogenizar» al varón blanco europeo. Por este motivo el término «warro» se emplea también para referirse a cualquier orientación sexual distinta de la heterosexual. Solo un antifascista o un degenerado puede ser homosexual, según los criterios que se manejan en la burbuja. TONMA me dijo que esas fotografías estaban circulando como la pólvora por internet y, dado que yo había quedado con Javier y lo había defendido en público, se decía de mí que también era homosexual. Después de los problemas que había tenido con los ultras a los que expulsé de las salas de discusión, para quienes no me tenían demasiado aprecio aquello fue la gota que colmó el vaso. En los círculos se extendió el rumor de que DMS era mi novio y, obviamente, ambos éramos unos infiltrados. Algunos hooligans amenazaban con subir a Galicia desde Madrid para darnos una paliza. Los que me habían apoyado al principio acabaron replegándose ante el temor de tener que vérselas con los ultras futboleros de sus barrios.

TONMA me aconsejó que abandonara internet durante una temporada, hasta que las cosas se calmaran. Como nadie me conocía cara a cara, lo que hice fue simplemente cambiar de *nick*. Hasta entonces yo había sido DEMONX. Era el mismo nombre que utilizaba en los campeonatos de videojuegos. Después de informar a TONMA, Belicosus, amdnac y otros usuarios con los que tenía una especial confianza, me convertí en Heydrich, nombre tomado de Reinhard Heydrich, el número dos de Himmler, que dirigió la Oficina de Seguridad del Reich hasta junio de 1942, cuando murió en un ataque de la resistencia checa. No se trataba de un reinicio total, ni muchísimo menos, ya que los camaradas más relevantes que se movían por los chats sabían que era yo. Solo temía que alguno de los otros internautas, con unos mínimos conocimientos de informática, acabara descubriendo el embuste, puesto que mi dirección virtual no había variado. No fue así y la estrategia me permitió capear el temporal. DMS no volvió a aparecer y hoy sigo sin saber quién era realmente. Tal vez un periodista o un antifa infiltrado. O puede que se tratara de alguien que, a pesar de su orientación sexual, sintiese algún tipo de atracción tardía por el fascismo. Sea como fuere, se esfumó de las redes y de mi vida.

Sin más camaradas tangibles que David, tuve que seguir volcado en el ciberactivismo. Aunque no recibí respuesta, me ofrecí a colaborar en la web que en aquel momento centralizaba toda la actividad de la extrema derecha en internet. *Nuevorden.net* estaba alojada en servidores de Estados Unidos, de modo que resultaba intocable para la Justicia y la policía española. Era un portal enorme y para mí había supuesto una de las mayores fuentes de información. Su lema, «Prohibidos en todas partes, presentes en la red», reflejaba el victimismo habitual del que se nutre la ultraderecha. Ese victimismo se integra en lo más hondo de nuestro aprendizaje y se convierte en uno de los pilares en los que se sustenta la burbuja. El sistema lanza a su policía, sus políticos y sus periodistas contra nosotros. Los grandes poderes nos persiguen. La conspiración nos acecha. Prohíben nuestros libros, encarcelan a nuestros líderes, maltratan a nuestros camaradas, cancelan nuestros actos, cierran nuestras sedes y librerías, violan a nuestras mujeres, nos quitan el trabajo, llenan nuestras calles de delincuencia... Siguiendo esta línea de pensamiento, los grandes movimientos «progres» son los tentáculos con que el poder nos ataca. El feminismo no lucha por la igualdad de las mujeres, sino que quiere acabar con los hombres. Los *lobbies* LGTBI no pretenden terminar con la discriminación que sufren las personas por su orientación sexual, sino que buscan discriminar a los heterosexuales. Incluso el antirracismo no es otra cosa que un «racismo antiblanco».

A partir de la idea de victimización fermenta la noción de que cualquier medida que adoptemos, por violenta que sea, responderá a criterios puramente defensivos. La carta del eterno enfrentamiento contra fuerzas muy superiores se utiliza para suplir las carencias argumentales y la orfandad absoluta de una intelectualidad neofascista. Cuando en aquel mundo oía este término, «intelectualidad», lo único que me venía a la cabeza eran los nombres de los tres o cuatro personajes conocidos por todos y que regentaban alguna librería o editorial. Creo, basándome en mi experiencia, que esta carencia obedece a dos causas. La primera es la ruptura con la realidad. No existe un «ahí fuera» con el que contrastar o al que enfrentar las ideas propias. La segunda causa es la formación. Mientras en la derecha moderada, el llamado centro político y la izquierda es común encontrar filósofos, politólogos, psicólogos o sociólogos que asumen el rol de arquitectos intelectuales del proyecto, la extrema derecha se extiende, salvo contadísimas excepciones, por un páramo repleto de currículums de militantes de base. Una vez escuché al presidente del partido fascista Alianza Nacional dar en el clavo al analizar esta cuestión. Decía que el fascismo no tenía intelectuales porque su vía era la de la acción. Este es el motivo por el que en la ultraderecha siempre utilicé y vi utilizar el término «intelectualidad» como un insulto. No se ha encontrado mejor forma de subsanar esta carencia que desarrollar una estrategia beligerante contra ella.

Nuevorden.net respondía a ese espíritu victimista y antiintelectual. Disponía de importantes foros y de un tablón de anuncios donde los grupos políticos de distintas ciudades dejaban mensajes para captar militantes deseosos de sumarse a la lucha. Les escribí un correo electrónico poniéndome a su disposición. Me ofrecí para escribir artículos o ayudarles en la edición digital de algunas publicaciones políticas. Debido a mis escasos medios no es que pudiera arrimar el hombro en demasiadas cosas, pero tampoco me permitieron intentarlo. Me comunicaron que antes de nada tenían que conocerme personalmente. La distancia física me impedía atender su petición. Estaba a punto de volver a caer en una profunda frustración cuando recibí un regalo inesperado. Un usuario de los foros de esa web vivía cerca de mi ciudad. Su *nick* era WOTAN88 y solo nos separaba media hora de tren.

Desde el principio me dio una impresión muy diferente a la que me había causado DMS. En nuestras conversaciones virtuales hablaba sin parar, demostrando tener un gran dominio de todos los temas que tratábamos. A pesar de mi nefasta experiencia anterior, me cité con él muy pronto y en el mismo lugar. Nos encontramos en el andén de la estación del tren y nos estrechamos la mano. Conectamos desde el primer instante. WOTAN88 resultó ser un nacionalsocialista consumado. Hablamos durante horas sobre infinidad de cuestiones, tomando unas cervezas. El único momento tenso fue cuando me lanzó una advertencia: «Ten cuidado si te topas con un tal DEMONX. Es un maricón infiltrado que vive en Pontevedra». No pude contener una carcajada que lo dejó perplejo. Cuando la risa me permitió articular las palabras, le confesé que yo era ese DEMONX y le expliqué toda la historia. La encajó con sentido del humor y bastante comprensión. En nuestro mundo era normal que hubiera intentos de infiltración y WOTAN88 se había tragado unos cuantos. Lo que ninguno de los dos sabíamos es que aún estaba por llegar el más serio y el que mayores consecuencias tendría en la burbuja.

2

Holocuento

WOTAN88 tenía un carácter jovial que estrechaba la enorme brecha de edad que nos separaba. Trabajaba descargando mercancías en el puerto, con un horario que le daba cierta libertad. Pronto se convirtió en costumbre que viniera los sábados en tren para pasar juntos el fin de semana. Lo más sorprendente fue que me anunciara, en uno de nuestros primeros encuentros, que tenía relación con otros camaradas de Pontevedra. ¡Había más nazis en mi ciudad! Si no los había conocido hasta entonces era simplemente porque no se conectaban a internet. Todos ellos, según me confesó, habían visto las pintadas que hicimos desde División88. Durante meses se habían devanado los sesos intentando dilucidar quiénes estaban detrás de las esvásticas y los «*Heil* Hitler» garabateados con espray en las paredes de sus barrios. Le revelé que esa «división» la formábamos solo dos personas. Su decepción fue aún mayor cuando conoció a David. Aunque delante de él guardó las apariencias, me dijo con toda crudeza que ese chico no servía para nada. Yo no solo le di la razón, sino que traté de justificarme explicándole que le había recomendado, en vano, la lectura de numerosos libros. A esas alturas ya repartía alegremente etiquetas de integrante o no integrante del sistema, y David se ganó una de las últimas. No me importó dejarlo de lado porque en mi mente solo había una idea: conocer a mis nuevos camaradas.

A pesar de que mi impaciencia crecía día a día, traté de no exteriorizarla. No quería que WOTAN88 viera en mis prisas un indicio que lo indujese a pensar que era un topo de la policía o de los antifascistas. Mi prudencia era lógica, sobre todo tras mi desafortunada experiencia con DMS, pero a la postre resultó muy paradójica. Paradójica porque el primer camarada del que me habló WOTAN88 resultó ser el gran infiltrado. No desvelaré su nombre real y utilizaré el seudónimo con el que años después publicaría el libro *Diario de un skin*: Antonio Salas. WOTAN88 me dijo que se trataba de un periodista «del palo», que es la expresión que utilizábamos para referirnos a quienes pensaban como nosotros. Al parecer, Antonio tenía muchas ganas de actuar y trabajar por la causa. Una de sus misiones era la de confeccionar pegatinas. Solía descargar los modelos de la sección «Propaganda» de *Nuevorden. net* e imprimirlas, en series de cien, en la imprenta de un conocido. WOTAN88 y yo nos encargábamos de pegarlas por toda la ciudad cada fin de semana.

Varias veces intentamos quedar con Antonio para ponernos cara, pero siempre aseguraba estar ocupado o se descolgaba en el último minuto con una excusa precipitada. Los periodistas, igual que los policías, suscitan desconfianza en la burbuja, pues pueden traer problemas. Acostumbrábamos a decir que nunca sabes dónde termina el nacionalsocialista y dónde empieza el policía o el periodista. Sin embargo, nunca sospeché de Antonio porque era amigo de WOTAN88 desde hacía muchos años. Su relación se había fraguado a partir de un interés común: el judaísmo. El periodista trabajó durante años en un libro sobre Israel y sus «conexiones secretas» con diversas tramas de poder. Según afirmaba, nunca llegó a publicarlo porque el Mossad, el servicio de inteligencia israelí, le robó su investigación. Fue una noche en que le abrieron la puerta trasera del coche. No había signos de que la hubieran forzado y lo único que desapareció fue su viejo y arañado portátil con todo el material archivado en el disco duro. Esta y otras supuestas peripecias con el «enemigo israelí» le permitieron ganarse la confianza de WOTAN88, que era un verdadero experto en la «cuestión judía» y en todo lo que de ella se derivaba en el marco fascista.

Al margen del peculiar comportamiento de Salas, yo también me aproveché de los conocimientos de WOTAN88, especialmente en lo referente al Holocausto. De puertas afuera había aceptado que este hecho histórico nunca existió y me refería a él, igual que el resto de los miembros de la burbuja, como el «holocuento». Sin embargo, en mi interior seguía costándome aceptar que no hubiera nada de cierto en la versión oficial de un acontecimiento de tamañas dimensiones. Creo no exagerar si afirmo que durante los siguientes tres años el 80 por ciento de las conversaciones con mi camarada se centró en el

Holocausto y los judíos. WOTAN88 relacionó mis dudas con el desconocimiento que, según él, yo tenía de la magnitud del poder ejercido por el sionismo. Manejaba la teoría y los datos, pero me faltaba contemplar el bosque en toda su extensión. Ese mismo argumento acabaría utilizándolo yo años después cuando me afanaba por convencer de la realidad del holocuento a cualquier chaval que se me acercaba. Entonces creía estar abriéndoles los ojos, hoy sé que solo les estaba tratando de lavar el cerebro.

Como buen purista, WOTAN88 tenía la casa repleta de libros fascistas. Cada sábado se traía unos cuantos para leerlos mientras hacíamos botellón en un parque. Un día apareció con varios ejemplares de uno de mis fanzines de cabecera: *Orgullo Blanco*. Cuando le dije que me encantaba esa publicación, me devolvió una abierta sonrisa. Él era el creador y único autor de la revista. Se trataba de uno de los pocos fanzines nazis que habían circulado por España. Apenas eran dos o tres folios escritos a máquina, fotocopiados y grapados. Los más jóvenes no se hacen una idea de las cosas que había que hacer en la era anterior a internet para intentar difundir un mensaje o una idea. Aun así, el fanzine llegaba a las principales ciudades de España por medio de escogidas listas de correo y un elaborado pago a base de sellos postales. Me sentí un privilegiado por luchar codo con codo con el responsable de *Orgullo Blanco*.

Fuera un fanzine o fuera un libro lo que tuviéramos abierto, pasábamos horas en el parque debatiendo sobre las tesis que contenía. Abrimos los debates con *El judío internacional*, libro escrito en 1920 por el magnate de la industria automovilística estadounidense Henry Ford, que dotó al ejército alemán de los miles de vehículos militares con los que este emprendió la invasión de Europa. Esta obra profundamente antijudía fue la matriz de los libros que se publicarían después sobre este tema e inspiraría al mismísimo Hitler. Desde las primeras páginas, Ford identifica al judaísmo con un monstruo que controla a través de sus largos tentáculos todos los grupos de poder del planeta. Los judíos tienen en sus manos el régimen capitalista y, a la vez, fueron los muñidores de la revolución comunista en la Rusia zarista. Sin embargo, el manuscrito fundamental de esta cuestión, el que sería imperdonable no mencionar en estas páginas, es el de *Los protocolos de los sabios de Sion*, falsamente atribuido a estos míticos autores.

Todo en él tiene el rasgo de profético y su propio título ya es muy sintomático de ello. Uno llega a su conocimiento como si recibiese un antiquísimo pergamino, como si viviera un proceso iniciático a partir de un documento cuya sola posesión lo elevara a uno por encima de los mortales. Es la clave principal de todo el entramado conspiranoico sobre el que orbita la extrema derecha.

Este texto era el plan del ZOG (Zionist Occupation Government, o Gobierno de Ocupación Sionista) y su conocimiento y análisis nos dotaba de una ventaja táctica excepcional. Era uno de los textos elementales y casi obligados en cualquier biblioteca nacionalsocialista de formación, y toda publicación negacionista del Holocausto que se precie referencia de algún modo su lectura para alcanzar una comprensión global y completa del mundo.

Los *Protocolos* responden a esa necesidad psicológica de dar forma al enemigo imbatible. Necesitan representar físicamente todas esas inseguridades nacidas de la ignorancia y de la incapacidad de interactuar correctamente con el mundo que les rodea. Si este documento no hubiera aparecido allá por 1905, se lo habrían tenido que inventar. Hay que decir que por aquella época hubo muchas otras invenciones en diferentes versiones novelescas, más o menos elaboradas a lo largo de los años. Siempre de la mano de sacerdotes, servicios secretos o periodistas vinculados a los poderes zaristas, a la Iglesia o a poderosos terratenientes (lo mismo que hoy día calificarían de «sistema»).

Es más, Amanecer Dorado alcanzó su apogeo como referencia del nazismo europeo en octubre de 2012, cuando, en plena sesión parlamentaria, su portavoz, Ilias Kasidiaris, leyó un fragmento de este libro.

WOTAN88 y yo nos pasamos meses proyectando estos relatos a los siguientes años del siglo xx y del xxi. El contexto nos parecía meridianamente claro: la Segunda Guerra Mundial no la habían ganado los Aliados ni los soviéticos ni las democracias europeas. La habían ganado los judíos. Por eso buscamos el origen judío de todo cuanto no existía en el momento de ser escrita la obra de Ford. El Fondo Monetario Internacional, la Unión Europea, la Organización de las Naciones Unidas, las ONG, bancos, partidos, grandes medios de comunicación, macrofestivales, personajes públicos, líderes históricos y cualquier referente social o personal. Todos eran judíos o estaban controlados por ellos.

Era perfectamente consciente de que mi mente se estaba reestructurando poco a poco. La Segunda Guerra Mundial adquiría un significado completamente nuevo. Los blancos vivíamos en territorio ocupado por el enemigo y su principal herramienta para subyugarnos era el Holocausto. Esa gran mentira le había servido al judaísmo para secuestrar nuestro sentimiento de culpa, hacernos chantaje emocional e imponernos su programa bajo la amenaza de declararnos nazis y racistas si lo rechazábamos. Esa era la razón por la que nos perseguían: nosotros los fascistas éramos los únicos que decíamos la verdad.

Un censo de judíos en Pontevedra

Fue una época en la que veíamos judíos por todas partes: medios de comunicación, política, cine, dirigiendo el mundo en la sombra... Fue una sensación que tuve durante los años que permanecí dentro de la burbuja. WOTAN88 me enseñó a saber reconocer sus nombres cada vez que los leía al analizar noticias o acontecimientos políticos. Este era el único modo de comprender de verdad la realidad que nos envolvía, y por eso desarrollamos un peculiar hobby, por llamarlo de alguna manera, consistente en elaborar mapas de nuestros barrios en los que se detallara la presencia judía. WOTAN88 mantenía que los judíos viven infiltrados en nuestra sociedad para, de esa forma, tener más posibilidades de cumplir sus oscuros objetivos. Nosotros nos arrogamos la misión de localizarlos.

Caminábamos por las calles observando las placas de

los portales que anunciaban la presencia de profesionales como abogados, consultores, médicos... Manejábamos varios indicadores en nuestra investigación. Los apellidos terminados en «man» eran los más sospechosos: Newman, Friedman, Kaufman... En un segundo grupo estaban los acabados en «berg» y «ein». Yo apunté que estas terminaciones eran típicas en los apellidos alemanes, pero WOTAN88 mantenía que eran una pista que podía acabar siendo concluyente si la cruzábamos con el oficio del sujeto o con la naturaleza de su empresa. La mayoría de los judíos, me dijo, por su naturaleza y predisposición genética hacia determinadas actividades, se dedicaban a unas profesiones muy concretas. Era una premisa de la que ya habíamos hablado cuando abordábamos cuestiones raciales. Los judíos, según el credo de la burbuja, no lo son solo por profesar una religión, sin más, sino que tienen categoría de raza. Pensábamos que, mientras que los blancos somos buenos colectivamente en tareas como las de organización y liderazgo, los judíos son hábiles sobre todo en las actividades comerciales y económicas. Joyeros, banqueros, prestamistas, abogados, publicistas o economistas. Estos eran los profesionales que poníamos bajo nuestra lupa.

Cuando teníamos la certeza de haber localizado a un judío, señalábamos su ubicación exacta en el mapa. Cada día de trabajo se traducía en un buen número de marcas que nos ayudarían a realizar nuestro estudio sobre el judaísmo en Pontevedra. Mientras llevábamos a cabo este aprendizaje, WOTAN88 me enseñaba cómo el mismo Hitler se había dado cuenta en su juventud del modo en que los nombres de los hombres más poderosos de Alemania pertenecían a la misma raza. Yo estaba absorto en aquellas explicaciones y nuestro hobby empezaba a dar sus frutos, cada vez era más diestro en la identificación de nuestros enemigos. Alan Greenspan, las hermanas Koplowitz, Emilio Botín o hasta George Lucas. ¡Estaban por todas partes! En otras ciudades de España algunos grupos de camaradas incluso habían colocado señales tales como «PELIGRO: sinagoga a 200 metros», advirtiendo de la presencia de estos templos, auténticos núcleos de poder oculto dentro de la comunidad hebrea.

Uno de los días en que elaborábamos el censo, WOTAN88 se detuvo ante un portal de una céntrica calle y me anunció que iba a conocer a un importante camarada. Debíamos ser discretos, me dijo, porque se trataba de un médico muy respetado y estaba especialmente bien valorado por los medios de comunicación locales. Se lo consideraba una eminencia y, obviamente, eran muy pocos los que conocían su verdadera ideología. Subimos a su piso y me detuve a contemplar la placa que había junto a la puerta. Se daba la paradoja de que su apellido era alemán y tenía una de las terminaciones sospechosas: «man». Nos abrió sonriendo, abrazó con fuerza a WOTAN88 y a mí me estrechó cordialmente la mano. Dijo en tono de broma que confiaba en que los judíos no nos hubiesen seguido y nos invitó a acompañarlo al salón. Yo no podía ocultar la felicidad que me producía haber conocido a un nazi que residía en la misma ciudad que yo y que, además, se tratara de una persona relativamente poderosa e influyente.

Herr «Man» era un hombre muy simpático y extro-

vertido. No paró de reír mientras hablábamos de triviali-
dades. Su semblante solo cambió cuando WOTAN88 le
preguntó si había podido avanzar algo en «lo nuestro».
En ese momento se levantó y nos pidió que nos trasladá-
ramos a su despacho. No era una habitación demasiado
grande, pero al entrar en ella me quedé con la boca abierta. De una de sus paredes colgaba una enorme bandera
nazi. El resto del espacio lo ocupaban estanterías llenas
de libros. Identifiqué de inmediato varios de ellos escritos
por Carlos Caballero, Erik Nörling y otros autores revisionistas o nacionalsocialistas. La estancia estaba decorada con pequeños objetos de coleccionismo. Había dagas
ceremoniales de las SS, medallas, cascos militares... Era lo
más parecido a un santuario nazi que había visto en toda
mi vida. ¡Y se encontraba en el centro de mi ciudad!

El estado de euforia que se apoderó de mí me hizo
olvidar el motivo que nos había llevado a ese despacho.
La voz del doctor me devolvió a la realidad: «He estado
investigando el tema y está complicado». Poco a poco me
fui enterando de que ambos estaban intentando legalizar
una plataforma dedicada a la medicina natural que sirvie-
ra de tapadera a una organización nazi. Se habían inspirado en la experiencia de un grupo llamado Skinheads
Burgos, que, sin ni siquiera cambiarse el nombre, lograron una subvención pública de 6.000 euros registrándose
como asociación cultural. WOTAN88 y el doctor pretendían imitarlos creando una entidad supuestamente natu-
ralista que en realidad daría trabajo a varios camaradas
parados y se dedicaría a divulgar propaganda nacionalsocialista. Herr «Man» nos dijo que la Ley de Partidos,

aprobada hacía poco, establecía nuevos controles que impedirían consumar el engaño. WOTAN88 se resistía a arrojar la toalla y sugirió un plan alternativo. Si registraban una asociación con fines antifascistas, estaba convencido de que el sistema la autorizaría y la subvencionaría. El doctor estuvo de acuerdo con ese planteamiento y apenas tardó un par de minutos en proponer un nombre: Amizade Galiza-Senegal. Él se ocuparía del papeleo y de formalizar el registro. Para guardar las apariencias publicarían de vez en cuando algún contenido en defensa del mestizaje mientras destinaban el grueso de los fondos públicos que pudieran obtener a crear una estructura nazi. Satisfecho por la forma en que habíamos reencauzado el proyecto, nuestro anfitrión dio por terminada la reunión y nos anunció que debía marcharse. En ese momento apareció su hijo Asier. Tenía el pelo largo y rondaba mi edad. WOTAN88 me presentó como «el que hacía las pintadas de División88». Asier sonrió y me dio la bienvenida: «¡De puta madre, un nuevo camarada! ¿Ya conoces a los demás?». La pregunta me dejó perplejo. ¡Aún había más! Empezaba a ver un futuro en el que no tendría que refugiarme en internet. Si existía un núcleo consolidado de nazis en Pontevedra podríamos hacer grandes cosas.

Decidimos continuar la charla en un bar cercano. Asier nos contó que esa semana había tenido problemas en la clase de historia de su instituto. Su profesor había llevado un artículo sobre el Holocausto para que lo leyeran los alumnos. «Yo me negué y le dije que no creía en cuentos de hadas», nos relató con un orgullo nada disimulado. Aunque yo estaba cada día más cerca de esa tesis, me permití volver a plantear mis dudas. ¿Era posible que todo lo que se contaba sobre el Holocausto fuera mentira? Asier se ofreció a prestarme los muchos libros revisionistas que tenía su padre. Me recomendó especialmente *El mito de los 6 millones*, de un autor al que yo ya conocía: Joaquín Bochaca. WOTAN88 le dio la razón y añadió que la prueba fundamental que demostraba el holocuento era el *Informe Leuchter*. Mi amigo me explicó que dicho informe se presentó durante el juicio celebrado en Canadá contra Ernst Zündel, un editor procesado por negar la versión oficial del Holocausto. Para defenderse ante el tribunal, Zündel contrató a un experto en cámaras de gas destinadas a la ejecución de presos en Estados Unidos, Fred A. Leuchter. Le pidió que realizara un informe pericial sobre Auschwitz. «Quinientas páginas en las que se recogen las muestras, las mediciones, las pruebas que durante semanas hizo junto a su equipo en el propio campo de concentración; y la conclusión es que las cámaras eran falsas. Las muestras se analizaron, y no había restos de las sustancias tóxicas que habría dejado el gas.» WOTAN88 remató su intervención afirmando que el informe era tan contundente que el tribunal absolvió a Zündel. Esta intervención caló muy hondo en mí. La percibí como una certeza absoluta que echaba por tierra lo que mis padres, mis antiguos amigos y mis profesores decían sobre aquel acontecimiento.

Jamás leí el informe completo, tan solo una versión resumida y debidamente comentada por otro escritor negacionista. En ningún momento, mientras estuve dentro de la burbuja, se me pasó por la cabeza contrastar la información que en buena medida marcó mi destino. Si lo hubiera hecho, habría descubierto que el tribunal no solo no absolvió a Zündel, sino que lo condenó tras restar toda credibilidad al informe. La absolución llegaría más tarde, fruto de una apelación, no porque ratificara su teoría negacionista, sino porque un tribunal superior amparó su derecho a la libertad de expresión. Si lo hubiera hecho, habría comprobado que Leuchter apenas pasó una semana en Auschwitz y que «su equipo» lo formaban un cámara, un dibujante y su asustada esposa, que no llegó ni a salir del coche. Habría averiguado que tomó las muestras sin ningún criterio histórico ni científico, sin tener ni siquiera en cuenta que habían pasado más de cuarenta años desde el final de la guerra y que el lugar había sufrido enormes cambios en ese tiempo. Habría visionado las imágenes que grabó su cámara, en las que se ve a Leuchter tomar medidas y muestras de forma apresurada y chapucera, ya que no tenía permiso para estar allí. Lo habría observado recogiendo trozos de ladrillo de las paredes, piedras sueltas de dudosa procedencia o sedimentos del fondo de un charco de una lluvia reciente. Podría haber escuchado la voz del responsable del laboratorio que estudió las muestras y que descalificó el protocolo seguido por Leuchter para recopilar, almacenar y analizar el material que se llevó de Auschwitz. Podría haber sabido que Leuchter no era tan experto como me dijeron y, de hecho, no solo no tenía conocimientos de química ni de toxicología, es que ni siquiera contaba con el permiso necesario para ejercer de ingeniero en el estado norteamericano de

Massachusetts, donde trabajaba. Podría..., pero aun así, si lo hubiera hecho, probablemente habría descartado todas esas evidencias, habría culpado a los judíos de inventárselas y las habría incluido en el apartado de «mentiras del sistema».

Yo no negaba el Holocausto porque en el fondo estuviera de acuerdo con que se asesinara a millones de personas. Esto iría en contra de la plataforma de superioridad moral sobre la que estaba levantando mi postura ideológica: yo era de los buenos. Lo hacía porque cada vez tenía más certezas de que ese genocidio nunca se había producido. El revisionismo es un movimiento que reviste todos sus argumentos con un supuesto perfil académico y científico, aportando infinidad de expedientes forenses, testimonios de parte y documentos alemanes de la época. Si solo lees obras revisionistas y no contrastas los datos que aportan, te convencerás de su rigor histórico. ¿Defienden estos libros y artículos el Holocausto, el genocidio o los asesinatos? Rotundamente no. ¿Se puede culpar a esta literatura de provocar violencia contra los judíos u otras minorías? Por supuesto que sí. Si el odio extremo fuese un puzle, las piezas que lo compondrían serían todos estos títulos. De uno en uno son simples fichas, pero al juntarlas aparece ante nuestros ojos una imagen totalmente diferente. Hoy me resulta curioso que tampoco fuera consciente de un hecho gravísimo. Aunque rechazáramos la idea de que se hubiera perpetrado un exterminio, los negacionistas no discutíamos que el régimen nacionalsocialista persiguiera a los judíos por el hecho de serlo, los deportase y los hacinara en deplorables condiciones en campos de trabajo donde muchos morían. Aunque les culpábamos a ellos de desatar esa represión en su contra mediante sus sabotajes a la economía alemana, solo estos comportamientos ya eran lo suficientemente graves como para que repudiáramos a quienes los orquestaron. Sin embargo, amparándonos en la supuesta mentira del Holocausto, restábamos importancia, yo el primero, a todo lo demás.

«¿Y qué me decís del Holodomor? ¿Por qué no se habla de él?», preguntó retóricamente Asier. Ese era otro de los comodines que usa cualquier buen nazi cuando debate sobre el Holocausto. Es cierto que en este tema la extrema derecha suele aprovechar un error achacable a historiadores, políticos, profesores y periodistas. En general, se tiende a minimizar e incluso a obviar en el relato oficial los crímenes cometidos por los soviéticos y los aliados durante la guerra. Esta omisión es una excusa a la que yo mismo me agarré infinidad de veces: el Holodomor, la muerte por una hambruna provocada por Stalin de entre dos y cinco millones de personas en Ucrania, Kazajistán y otras repúblicas soviéticas. ¿Por qué se hablaba tanto del Holocausto y no se dedicaba ni un minuto, ni una página al Holodomor, a los criminales bombardeos sobre Dresde y Hamburgo, a las violaciones masivas de mujeres alemanas o a la expulsión forzosa tras la guerra de cientos de miles de civiles de origen alemán? Aunque hoy soy consciente de que esta afirmación contiene cierta exageración, porque existen libros, informaciones, reportajes y documentales sobre todos estos temas, sí es verdad que la doble vara a la hora de medir crímenes como el Holocausto y los bombardeos de Hiroshima y Nagasaki, por ejemplo, resulta más que evidente. Desde esa perspectiva se abre para los negacionistas la vía del «y tú más». El Holodomor vendría a ser para los negacionistas del Holocausto lo mismo que la matanza de Paracuellos representa para los negacionistas de los crímenes del franquismo.

«Es ridículo, porque las puertas de aquellas cámaras eran de madera y hasta tenían bisagras. Si hubiera habido gas se habría filtrado al exterior y los primeros en palmar habrían sido los SS.» Esta vez, Asier había hablado tan alto que percibí en mi nuca la mirada de los camareros y de los otros clientes del bar. Aun así, yo asentía a lo que mi nuevo amigo iba diciendo con una vehemencia que crecía proporcionalmente al número de cervezas que se iba tomando. «Y no olvides el informe de la Cruz Roja Internacional», añadió. «Sí, también es muy importante», corroboró WOTAN88. Asier me contó que en el libro de Bochaca venía una copia de ese informe, y que en él la Cruz Roja Internacional afirmaba que en Auschwitz no había cámaras de gas y que los prisioneros estaban bien tratados. A mí me valía todo lo que mis camaradas me dijesen sobre este tema. La figura de Hitler se me presentaba cada vez más engrandecida. Lo veía como una buena persona, amante de su pueblo y víctima de una campaña de propaganda despiadada, promovida por los auténticos vencedores del conflicto: los judíos.

Dejé a Asier y a WOTAN88 bebiendo y regresé a mi casa. Llevaba unos días con una rudimentaria conexión a internet. El acceso era a través de un módem de 56 K que se desconectaba cada vez que entraba una llamada telefónica. Era lento, pero me permitiría contarles las novedades a mis camaradas virtuales. Mjölnir y otros veteranos se alegraron enormemente de que por fin hubiera roto mi soledad. Cuando expliqué con entusiasmo mis descubrimientos sobre el Holocausto, me percaté de que no suponían nada nuevo para ellos. Al contrario, Mjölnir contestó la última pregunta que me quedaba por despejar: ¿cómo era posible que con todas esas evidencias no se pudiese desenmascarar al sistema? «No estás teniendo en cuenta el dinero», me respondió. Alemania, según él, había sufrido una campaña de extorsión destinada a financiar al Estado de Israel haciéndola pasar por «reparaciones de guerra». En la pantalla vi que aparecían enlaces a noticias que hablaban de indemnizaciones millonarias tanto en dólares como en financiación directa de infraestructuras y entrega de todo tipo de mercancías. «Israel no sería lo que es hoy y probablemente ni siquiera existiría si no hubiese sido por el Holocausto», remató Mjölnir. Fue un nuevo clic en mi mente. Tenía veintiún años y acababa de cruzar la línea roja definitiva. La última oportunidad de alejarme del radicalismo se había evaporado aquel día, entre el bar y la red de redes.

El mito de los seis millones

La obra clave del negacionismo en nuestro país es *El mito de los 6 millones*, de Joaquín Bochaca. También lo fue en mi autoadoctrinamiento. Por eso me detendré un momento en ella para ejemplificar el tipo de literatura que me llevó a sustituir la palabra «holocausto» por el término «holocuento».

Bochaca asegura en esta obra que no pretende justificar la persecución sufrida por los judíos a manos del Tercer Reich, pero es justo lo que hace inmediatamente después. El autor aporta una serie de datos históricos, convenientemente sesgados y tergiversados, para justificar los «reproches» y la «hostilidad del pueblo alemán» hacia los judíos. Los responsabiliza de la derrota en la Primera Guerra Mundial y de las duras condiciones impuestas por los vencedores. Los acusa de «controlar Alemania», al ocupar un porcentaje muy alto de los puestos de magistrados, médicos, abogados o periodistas. Los culpa de la delincuencia, de crear el comunismo y de provocar la Segunda Guerra Mundial. Mientras leía no cuestioné ni uno de estos datos. Me convencí de que los judíos no querían ser alemanes porque un dirigente sionista lo había dicho a comienzos del siglo XX: «No somos alemanes ni ingleses ni franceses. Somos judíos. Vuestra mentalidad cristiana no es la nuestra». Creí encontrar la prueba de que todos los judíos pretendían destruir la raza alemana en las palabras de un propagandista hebreo en un panfleto: «Cuando esta guerra acabe, Alemania será desmembrada. La población alemana que sobreviva a los bombardeos aéreos, tanto hombres como mujeres, será esterilizada con objeto de asegurar la total extinción de la raza alemana». Bochaca obviaba que el autor del incendiario panfleto, Theodore Kaufman, era poco menos que un don nadie. Su escrito, de hecho, solo tuvo difusión en la Alemania nazi, que lo utilizó como prueba de la criminalidad de sus enemigos. Bochaca, en este caso como en otros, esgrimía la misma «prueba» que había utilizado Goebbels.

Para ser conscientes de la forma torticera en que se selecciona la documentación probatoria, bastaría con decir que Bochaca llega a afirmar que la *Enciclopedia Británica* y hasta el *Libro Guinness de los récords* hablan de miles y no de millones de judíos muertos en los campos de concentración. No menciona en qué se basa para hacer esa falsa aseveración, probablemente en alguna publicación o artículo puntual sacado de contexto, pero logra el efecto deseado en lectores preconvencidos como era yo. Si lo dicen la *Enciclopedia Británica* y el *Libro Guinness*, ¿cómo puede la gente creer todavía en la existencia del Holocausto? Lo que en realidad dice la *Enciclopedia Británica* es que la Shoá fue «el asesinato sistemático, patrocinado por el Estado, de seis millones de hombres, mujeres y niños judíos y millones de otros por parte de la Alemania nazi y sus colaboradores durante la Segunda Guerra Mundial». En el *Libro Guinness* se afirma que «Las estimaciones fiables del número de judíos asesinados oscilan entre los 5,1 y los 6 millones. Además, los nazis mataron a 3 millones de prisioneros de guerra soviéticos, 2 millones de polacos y a otros 400.000 "indeseables"». Nadie lo hizo, pero si mi padre o alguien de fuera de la burbuja me hubiera enseñado el texto real que aparece en ambas obras habría pensado que los judíos habían obligado a los editores de la *Británica* y del *Guinness* a modificar la realidad.

Lo mismo ocurre con todos y cada uno de los textos periodísticos que cita Bochaca: o no son ciertos o están sacados de contexto o reproducen errores puntuales que él convierte en verdad absoluta. Imaginemos la cantidad de artículos e informaciones sobre los campos de concentración nazis que se publicaron en todo el planeta durante los algo más de cuarenta años que pasaron entre el final de la Segunda Guerra Mundial y el momento en que Bochaca elaboró su trabajo. Hablamos de cientos de miles, si no de millones, de textos. Pues bien, el autor utiliza solo los pocos que concuerdan con su teoría, los eleva a la categoría de prueba y desprecia los demás. Para completar el abanico de citas «periodísticas» recurre a innumerables publicaciones y autores aparentemente intachables, evitando mencionar que se trata de fuentes abiertamente fascistas: el semanario ultraderechista y antisemita francés *Le porc-épic* (que él cita como *Le porc epic*); el *South African Observer*; *Au Pilori*, revista ultraderechista francesa que multiplicó sus mensajes antisemitas durante la ocupación nazi (citada por Bochaca como *Le Pilori*); Europe Action; Robert Edward Edmondson; Henry Coston; el presidente honorario de la Universidad de Filadelfia, Austin J. App, nazi que defendió al Tercer Reich durante la guerra y después ejerció de negacionista del Holocausto; Arthur R. Butz, ingeniero electrónico y negacionista del Holocausto estadounidense; Louis Marschalko, escritor nacionalista húngaro conocido por sus escritos antisemitas; Franz Scheidl, Thies Christophersen, Montgomery Belgion, Hermann Raschhofer, Harry Elmer Barnes...

Idéntica estrategia desarrolla con los documentos oficiales. Bochaca ignora el 99,95 por ciento del material que reposa en los archivos porque contradice su versión de los hechos y utiliza el resto, sacándolo muchas veces de contexto. También lo hace con las fotografías. Muestra imágenes de víctimas del nazismo que califica de «montajes» y denuncia a algunas publicaciones serias en las que se mostraron fotos que nada tienen que ver con el Holocausto para demostrar que el sistema miente. En el arsenal de imágenes que se conservan de los campos de concentración, estas fotografías son solo una gota, pero el autor las presenta como si de un océano de pruebas se tratara. Como siempre ocurre en las teorías conspirativas en general y en el negacionismo en particular, Bochaca aprovecha una mentira lanzada por el enemigo para tachar de falso todo lo demás. Al igual que otros revisionistas, el mayor filón lo encontró en la matanza de Katyn. Los soviéticos asesinaron a más de veinte mil prisioneros polacos y los enterraron en fosas comunes. El descubrimiento del inmenso cementerio clandestino lo hicieron los alemanes en plena guerra. Stalin negó su responsabilidad y los Aliados, en aquel contexto bélico, lo creyeron y culparon a Hitler de la masacre. Si mintieron en eso, ¿cómo vamos a pensar que el Holocausto es cierto? En aquel momento el razonamiento no me pareció maniqueo.

Junto a la mentira de Katyn, otro de los bastiones de la obra de Bochaca es el testimonio, y las opiniones, de Paul Rassinier. Este comunista y miembro de la Resistencia fue deportado por los nazis al campo de concentración de Buchenwald. A él suelen recurrir los escritores revisionistas de todo el planeta, desde David Irving hasta Pedro Varela, pasando por German Rudolf. Rassinier afirmó, tras la liberación de Buchenwald, haber visto a soldados estadounidenses sacar cadáveres de un cementerio cercano para fotografiarlos y hacerlos pasar por víctimas de la brutalidad nazi. Era prácticamente el único deportado, entre millones de supervivientes, que decía cosas así, pero los negacionistas vieron en él al referente perfecto: un comunista y superviviente de los campos que defendía sus tesis. Ni Bochaca ni el resto de los autores revisionistas mencionan la extraña deriva ideológica que sufrió Rassinier tras la guerra y que lo llevaron a vincularse a personajes de la ultraderecha francesa como Maurice Bardèche, uno de los fundadores en 1951 del Movimiento Social Europeo, de corte europeísta y neofascista, del que surgió el semanario *Défense de l'Occident,* de referencia en el mundo nacionalista y publicado regularmente hasta 1982. En esa deriva, Rassinier también se alió con Karl-Heinz Priester, exmiembro de las Juventudes Hitlerianas y de las SS durante la guerra. Priester, dueño de una editorial, publicó sus obras en Alemania y apadrinó sus giras por diversas partes de Europa.

A todo lo anterior responde igualmente el informe de la Cruz Roja Internacional que tanto marcó a WOTAN88. Bochaca magnifica el testimonio que la organización humanitaria difundió tras ser invitada por los nazis a visitar una zona concreta de un campo de concentración, limpiada y acondicionada para la ocasión, e ignora lo demás. De la misma manera exagera las pocas acciones que la Cruz

Roja pudo realizar para ayudar a los prisioneros de algunos campos de concentración, al tiempo que evita mencionar que en el mismo informe se habla de «exterminio» al referirse a la estrategia desarrollada por los nazis contra los judíos. Los datos estadísticos que atribuye a la Cruz Roja y que rebajan enormemente la cifra de víctimas judías han sido rebatidos por la propia organización. En diversos boletines y comunicaciones, esta recuerda que solo pudo acceder a un puñado de campos en los momentos finales de la guerra y que «nunca publicó, ni recopiló estadísticas» porque su función era «ayudar a las víctimas de la guerra, no contarlas».

La realidad última es que *El mito de los 6 millones* no deja de ser una copia ampliada de *Did six millions really die?*, una obra negacionista publicada en 1974 por un destacado miembro del ultraderechista British National Front y editada por el ya mencionado Ernst Zündel. Cuando el autor español redactó su versión, la inmensa mayoría de los datos ya habían sido rebatidos por los historiadores. Bochaca era de los nuestros, su rigor era incuestionable y todo lo demás eran mentiras del sistema.

Los ovnis de Hitler

Mis padres se habían ido a pasar el fin de semana fuera de Pontevedra. No sé si tuvo algo que ver en su decisión el hecho de que yo llevara varios días intentando nazificarlos. Les había explicado con firme convicción cada uno de mis hallazgos sobre conspiraciones y cámaras de gas inventadas. Mi previsible fracaso lo atribuí a que les seguía resultando más sencillo aceptar una mentira extendida que asumir una vida entera de engaños. Aun así, viendo el sufrimiento que provocaba el tema, especialmente a mi madre, decidí no intentar persuadirlos nunca más. Eso sí, aproveché su ausencia para trasladar del parque a mi casa el tradicional botellón con WOTAN88.

Ahora que mi ordenador estaba conectado a la red, no podía imaginar que hubiera en la ciudad un refugio más funcional, seguro y discreto que mi propia habitación. En ella no había televisión. Es cierto que en aquellos años no era tan habitual como ahora que cada chaval o chavala dispusiera de una tele en su cuarto. Sin embargo, en mi caso se trataba de una decisión política. Dentro de la burbuja se consideraba que la televisión era una herramienta del sistema diseñada para implantarnos en el cerebro su perversa ideología. La tolerancia con el mestizaje, el feminismo o la cultura LGTBI y todas las ramificaciones del poder se colaban en los hogares a través de esos aparatos, con programas y medios dominados por judíos dedicados a lavar el cerebro de los espectadores. Lo verbalizó, entre otros, uno de nuestros ideólogos de referencia, Pedro Varela, en su libro *Ética Revolucionaria*: «Mantente al margen de la propaganda burguesa y democrática. Los periódicos, las revistas, el cine, la televisión están impregnados de escepticismo, materialismo y numerosos valores negativos. Lee y difunde la prensa nacional revolucionaria que denuncie la hipocresía del Sistema». Aunque después descubriría que no éramos muchos los nacionalsocialistas españoles que seguíamos ese mandato, yo no tuve un solo televisor en veinte años de militancia en la ultraderecha. Al medio de comunicación en sí lo llamábamos con sorna Tel-aviv-sion. Era otra forma de mantenerme aislado de mensajes, datos o informaciones que cuestionaran mi forma de pensar. Mi ventana al mundo se abría en internet, donde podía discriminar fácilmente lo que quería y no quería saber.

Aquella tarde en mi casa era WOTAN88 el que navegaba lentamente por internet mientras yo lo miraba. De pronto apareció en la pantalla una imagen que me dejó congelado. Era una especie de ovni que lucía una cruz negra idéntica a la que llevaban los aviones nazis durante la Segunda Guerra Mundial. El aparato sobrevolaba un submarino alemán. «¿Qué coño es esto?», le pregunté. Él me miró con cierta condescendencia antes de contestar: «Con todo lo que sabes de la guerra, me sorprende que no hayas leído nada sobre esto». Yo no tenía claro si me estaba hablando en serio o quería tomarme el pelo. «¿Leer qué? ¿Que Hitler era marciano?», dije. El rostro de mi amigo se endureció de repente: «Estás reaccionando como lo hace alguien del sistema cuando le dices que el Holocausto es mentira: con burlas». La acusación me dolió en lo más hondo. Alguien al que admiraba estaba poniendo en duda la autenticidad de mis ideas. Bajé la cabeza y asentí en un claro gesto de arrepentimiento. «Tranquilo, hombre —me dijo—. Nadie nace con todo aprendido. Nos hemos pasado la vida tragando basura del sistema y es imposible derribar ese muro de la noche a la mañana.»

WOTAN88 me explicó que la guerra no había terminado en 1945 y empezó a presentarme «pruebas» de ello.

Me enseñó el documento en el que se plasmó la rendición alemana en mayo de 1945. Lo suscribía el almirante Karl Dönitz, designado por Hitler como sucesor poco antes de pegarse un tiro en el búnker de Berlín. WOTAN88 decía que Dönitz fue muy inteligente, pues en esa rendición incondicional citó únicamente a las fuerzas que combatían en Alemania. Fuera quedaba una parte muy importante del ejército y de la armada, que se encontraba refugiada en bases secretas construidas por el Tercer Reich en la Antártida. Allí había miles de combatientes, ingenieros, científicos y una flota entera de submarinos que había desaparecido misteriosamente durante la guerra. Me habló de una operación militar desarrollada en 1947 por los estadounidenses en la región antártica, bautizada con el nombre de Highjump. Los norteamericanos sufrieron numerosas bajas al intentar acabar con las fortalezas inexpugnables de los alemanes, que además eran defendidas por unos velocísimos y letales aparatos voladores en forma de platillo. La desesperación de los atacantes fue tal que lanzaron una bomba atómica que solo sirvió para provocar el agujero en la capa de ozono del que tanto se habla hoy en día. La última «prueba» que me mostró eran unas declaraciones que realizó el responsable de aquella operación militar, el almirante Richard Byrd: «En caso de una nueva guerra, la parte continental de Estados Unidos sería atacada por objetos voladores que podrían volar de polo a polo a velocidades increíbles».

Hoy no puedo evitar ruborizarme al recordar estos detalles, pero en aquel momento di por buena cada una de las palabras que salieron de la boca de mi camarada.

Y no fui, soy ni seré el único. Miles y miles de personas repartidas por todo el planeta creen en la existencia de los ovnis nazis. Como en cualquier teoría conspiranoica, y también como ocurre cuando se falsea un hecho histórico, se utilizó un fino cimiento de realidad para construir encima un enorme edificio de mentiras. Ese fino cimiento de realidad permite aportar las «pruebas». Si hay elementos que son ciertos, ¿por qué no lo va a ser la teoría entera? En este caso existió, evidentemente, la declaración de rendición alemana, así como la operación Highjump dirigida por Byrd, aunque ninguno de los dos hechos sirvió a los retorcidos fines que yo mismo les atribuí durante muchos años.

Estar dentro de la burbuja me predisponía a dar por bueno todo lo que procedía de ella y rechazar lo que llegaba del exterior. Así que no tuve dudas y asentí mientras WOTAN88 me explicaba su conclusión: «Ha habido avistamientos de ovnis en muchos lugares y en muchos momentos. El sistema lo niega, pero a la vez se ha encargado de vincular el fenómeno con los extraterrestres. Así camufla una realidad que le era imposible esconder. Para el sistema es mejor que los que los ven o creen en ellos piensen que son marcianos, y no alemanes». Esto abría una dimensión desconocida para mí. Al margen de la política y la historia, yo seguía unido al mundo por medio de las ciencias o la biología. A la vista de mi nuevo descubrimiento era evidente que tenía que romper el cordón con todo cuanto me rodeaba porque TODO ERA EL SISTEMA.

Nuevos camaradas

WOTAN88 y yo dedicábamos el tiempo a completar el censo judío de la ciudad y a decorar las calles con las pegatinas que imprimía Antonio Salas. Los ratos libres los pasábamos visitando la casa del doctor «man» para hacer acopio de libros y ahorrarnos así el esfuerzo que suponía leer versiones piratas, de desigual calidad, descargadas de internet. Los días acababan en el parque, haciendo botellones a los que casi siempre se sumaba Asier. Poco a poco mis dos amigos me fueron presentando a otros jóvenes camaradas. Bursau fue el primero de ellos. Vestía siempre una cazadora Harrington, la alternativa a la *bomber* que usaban algunos camaradas. Trabajaba de guardia de seguridad, al igual que su hermano Aitor, con el que compartía estética e ideología. Conectamos muy bien desde el principio, a pesar de que seguíamos diferentes corrientes. Bursau estaba mucho más cerca del falangismo español que del nazismo alemán. Aun así admiraba a Hitler, era racista y negaba el Holocausto, por lo que encajamos perfectamente. Aquel microgrupo replicaba las dos líneas que coexisten dentro de la burbuja y de las que ya he hablado. WOTAN88 y yo éramos los puristas; Bursau, dado que apenas leía y que solo buscaba «acción», personalizaba la identidad hooligan o ultra; Asier, aunque se inclinaba por este último bando, tenía una personalidad más neutra gracias a la influencia que ejercía su padre.

Para mí fueron especialmente interesantes las discusiones sobre el fascismo español. WOTAN88, como todos los puristas, despreciaba a Franco y lo consideraba un «generalito» mediocre sin ideas, cosa que irritaba profundamente a Bursau. Criticaba sus supuestos orígenes judíos y mantenía que el espíritu de la auténtica revolución española estaba en la primera Falange y en muchos de los voluntarios que se alistaron para luchar contra los soviéticos. Aquella División Azul, aseguraba mi amigo, realizó gloriosas gestas militares que despertaron la admiración de los alemanes y llevaron al mismísimo Hitler a condecorar a su general con la más alta distinción al valor. Si Franco la envió a combatir en suelo ruso fue para desembarazarse de ella porque sabía que, si se quedaba en España, acabaría echándolo del poder.

A WOTAN88 ya hacía tiempo que lo veía como una fuente de saber infinita y lo reconocía como mi mentor. Así, también iba creyendo y asumiendo como propia la «realidad» que él describía acerca de este tema. Hasta entonces, la Guerra Civil y el franquismo habían sido asuntos aparcados en un lugar secundario para poder centrarme en el nacionalsocialismo alemán y la Segunda Guerra Mundial. Partiendo de las charlas que teníamos en el parque, fui completando mi formación con lo que leía en los libros que circulaban por la burbuja. Concluí que ningún hecho histórico se producía de manera aislada. Todo estaba unido por un hilo conductor, que era el judaísmo. Lo que el grueso de los mortales entendía por «la historia» no era más que la forma en que los pueblos se habían relacionado y habían reaccionado frente al judaísmo y su milenaria influencia en la civilización. La Guerra Civil había sido otro de estos hechos. Ante una maniobra judía que buscaba someter a España, igual que había hecho en Rusia el marxismo israelita, un puñado de héroes emprendieron una cruzada para preservar nuestra cultura. La represión franquista nunca existió. Fue una leyenda negra equiparable al Holocausto y, por tanto, otra burda mentira del sistema. No me pareció contradictorio que Bursau rechazara vehementemente la existencia de la represión franquista un minuto antes de expresar su deseo de ponerse a «matar rojos» porque, según argumentaba, nuestra ciudad estaba llena de ellos. De alguna forma, esto no me provocaba contradicciones insuperables con mi línea purista del Tercer Reich, según la cual los alemanes eran el bien absoluto. Pensaba que la situación actual era desesperada y que no había tiempo ni medios para hacer una revolución pacífica por el camino de la política. En aquella fase tan temprana planeaban sobre mí conceptos como el de la revolución armada. A pesar de todo esto, en ocasiones Bursau me recordaba a los ultras que entraban en el chat para entonar el grito de guerra: «Gas, gas, gas, seis millones más». Con paciencia intentaba explicarle las cosas como yo las veía. WOTAN88 me dijo que no merecía la pena y que, tal y como dictaba la naturaleza, cada uno valía para lo que valía. Unos estaban destinados a dirigir y organizar, otros a abrir brecha y a morir los primeros. Nosotros éramos superiores y teníamos una ética y un estilo que aquellos Rambos nunca entenderían. Sin embargo, nos necesitábamos mutuamente. Muy pronto conocí a otro de ellos. Mis camaradas llevaban tiempo hablándome de él. Lo llamaban el Loco y no hizo falta que me aclarasen el porqué de su apodo.

Fue durante una fiesta de cumpleaños de Asier. En esa ocasión éramos cuatro porque se nos había añadido Roberto, un amigo de WOTAN88. Hasta nosotros se acercó un coche al que Bursau dio la bienvenida realizando el saludo a la romana y exclamando un sonoro «*Heil* Hitler». Los dos jóvenes que iban en el vehículo se bajaron y repitieron el gesto y el grito. No me costó reconocer a Jaime el Loco. Su forma de hablar y su comportamiento evidenciaban algún tipo de trastorno mental. Llevaba una esvástica de plata colgada del cuello que representaba parte de su leyenda. WOTAN88 nos contó que los *warros* lo pillaron haciendo pintadas nazis. Lo rodearon entre cinco o seis y le dieron una paliza. Desde el suelo, lleno de sangre, Jaime les mostró la esvástica mientras gritaba: «Joderos, hijos de puta, ¡*Heil* Hitler!». Los antifascistas se quedaron perplejos al ver su reacción y decidieron marcharse, y desde entonces no habían vuelto a enfrentarse a él. Yo, aunque sorprendido, no dudé de la veracidad del relato. Mis camaradas se partían de risa mientras oían la historia y Jaime, reviviendo aquel día, se liaba a puñetazos con un árbol. Lo hacía con tal violencia que Asier trató de tranquilizarlo para evitar que acabara rompiéndose una mano.

WOTAN88 fue el que logró calmarlo cambiando de tema: «Cuéntanos, Jaime, ¿qué estás leyendo ahora?». Sí, a pesar de su merecido apodo, el Loco leía mucho. Mis camaradas me habían contado que era un chico muy «espiritual». Periódicamente se iba a su pueblo, decía, «para regenerarse de la degeneración urbana». «Pues estoy con *El diario de Ana Frank* —respondió—. Menuda mierda.»

Todos asentimos inmediatamente. «Léete el análisis que hizo de él Pedro Varela. Ese sí que es bueno», sugirió WOTAN88. «Ese es el que me estoy leyendo —apuntó sonriente el Loco—. Por lo visto el diario se escribió con bolígrafo, cuando en esa época no lo habían inventado. Putos judíos.» Como acostumbraba a pasar dentro de la burbuja, Jaime no estaba leyendo la obra original, sino la interpretación negacionista que escribió Varela, titulada *El mito del diario de Ana Frank*.

Pedro Varela tenía la reputación de ser una «eminencia» dentro de la burbuja. Sus libros eran venerados y sus análisis considerados incuestionables. Él y Joaquín Bochaca, para tachar de falso *El diario de Ana Frank*, emplearon la estrategia que he descrito al hablar de *El mito de los 6 millones*. Para ambos la prueba más evidente de la falsedad del diario es que partes del manuscrito original se escribieron a bolígrafo, un invento que no llegó hasta 1948, cuando Ana Frank llevaba tres años muerta. También aludían ampliamente a un juicio celebrado en los años cincuenta, en el que se dirimió una disputa legal sobre los derechos de autor del diario. La mantuvieron Otto Frank, el padre de Ana, y un tal Meyer Levin. Ambos autores afirman que quedó demostrado ante el tribunal que Levin había escrito el libro y que por ello obtuvo una indemnización de Otto Frank. Bochaca contaba que, a raíz del juicio, algunas publicaciones suecas, como *Fria Ord*, negaron la autenticidad de la obra. La realidad, como yo mismo descubriría demasiados años después, fue muy diferente. El mito de que *El diario de Ana Frank* fue escrito a bolígrafo se basa en las dos únicas anotaciones realizadas en el manuscrito original por un grafólogo que, tras la guerra, analizó el documento. El diario, en su mayor parte, lo escribió la niña con tinta y pluma estilográfica, y las notas que añadió la propia autora las hizo utilizando lápices de diversos colores. Meyer Levin, por su parte, no escribió el diario, sino que trató de llevar al teatro y al cine una versión del mismo sin el consentimiento de Otto Frank. Ese fue el motivo de la disputa judicial. Es cierto, como decía Bochaca, que la publicación sueca *Fria Ord* concluyó que el diario era falso. Lo que olvidó mencionar el autor revisionista español es que la revista era el órgano de expresión de un movimiento ultraderechista sueco.

Ninguno de los que aquella noche seguíamos de celebración con Asier y hablando en el parque nos planteábamos dudar de la palabra de Pedro Varela. Para nosotros era un héroe que llevaba desde 1996 enzarzado con la Justicia. Pedían para él cuatro años de cárcel por vender libros que revelaban la verdad. Varela no se había amilanado y su librería Europa, situada en la calle Séneca de Barcelona, se había convertido en un auténtico fortín frente a las embestidas del judaísmo financiero. Alzamos nuestras botellas de cerveza y brindamos por aquel minúsculo local que comparábamos con las últimas posiciones alemanas que defendían Berlín ante un ejército formado por millones de enemigos. Roberto arrancó el coche y puso música. Comenzó a sonar la canción «Alza la espada», de uno de mis grupos favoritos de entonces, División 250. Como por supuesto me sabía la letra, me uní a los cánticos de mis camaradas.

Pueblo europeo alza la espada
que ha de luchar contra el invasor,
levanta el martillo, golpea con fuerza
rompe las cadenas de nuestra esclavitud.
Despertad, hermanos de sangre,
solo quien luche sobrevivirá
y aunque la muerte vaya a llegarnos
¡Europa jamás se rendirá!

Bursau apostilló la canción diciendo que Europa se la sudaba... porque él era español. Asier le dio una colleja y empezó a discutir con él. WOTAN88 y yo aprovechamos el momento para acercarnos a una tienda «24 horas» a comprar más bebida. Por el camino bromeó sobre el espectáculo y volvió a referirse con superioridad al resto de los camaradas. Los comparó con las secciones de asalto de Hitler, las Sturmabteilung, fuerzas de choque que los nazis alemanes utilizaron durante su ascenso al poder. Estaba seguro de que ellos tenían personajes como el Loco o Bursau entre sus filas, pero entonces entraba en juego la habilidad del líder para aprovechar todas sus fichas. Estaba claro que yo también desempeñaba un papel en el tablero. De hecho, WOTAN88 me preguntó si ya iba viendo las cosas claras en lo relativo al judaísmo y el holocuento. «Recuerda que cuanto mayor sea la mentira, más difícil será desenmascararla. Aunque mañana todos los historiadores reconociesen que el Holocausto es una patraña y un fraude, la gente seguiría creyendo en él. El Holocausto es una nueva religión, y al negarlo solo vas a enfrentarte con dogmas y fanatismo.» «Sí, sí —le respondí—. Me costó verlo porque hay muchas piezas que encajar y no las conocía todas.» Visiblemente insatisfecho por mi respuesta, continuó: «La historia reciente se divide en dos partes: la de antes de 1945 y la de después de esta fecha. Está muy bien que te guste la Segunda Guerra Mundial, pero tienes que centrarte más en el presente. No seas como esos frikis de Soldiers, en Madrid, a los que solo les gusta disfrazarse de soldaditos».

La duda tocó mi orgullo, y como estaba un poco borracho empecé a enfurecerme. WOTAN88 lo impidió lanzándome un elogio: «No te lo digo a malas, sino porque tienes demasiado potencial para acabar como otros, que al principio mucho blablablá y al final se quedaron por el camino». Yo le dije que no era de esos y le puse como prueba de mis progresos el libro que estaba leyendo en aquellos días. Se centraba en las familias más ricas de Estados Unidos. Solo eran tres, y las tres judías. «¡Vaya! Veo que te has puesto las pilas —contestó—. Ahí verás la sombra del sionismo. Uniendo esas familias con el holocuento, con las finanzas de Rockefeller y Rothschild, con la guerra contra Hitler... Todo está conectado.»

Asentí con rotundidad. Ahora hablábamos el mismo lenguaje.

3

Resistencia aria

Estaba contento de haber encontrado un grupo de camaradas en mi ciudad, pero la felicidad no era completa. Aunque desde mis tímidos comienzos en los chats había ganado peso y contactos en internet, no acababa de desarrollar una estrategia eficaz en la red. WOTAN88 y yo habíamos creado nuestro propio canal, registrado con el nombre de #Galicia_NS. Nada más entrar en la sala, los internautas veían el lema «Por una Galicia blanca y nacionalsocialista», flanqueado por una bandera gallega y otra española. Se consideraba que un canal estaba inactivo si tenía menos de diez usuarios. Pues bien, en #Galicia_NS lo habitual era que estuviera yo solo y que, en el pico de actividad, hubiera un máximo de tres o cuatro personas conectadas. Para intentar darle más vidilla, si bien con escaso éxito, a veces entraba algún camarada del foro más importante y más numeroso: #odiados. Esta sala contaba con centenares de usuarios y era la heredera de #odiados_y_orgullosos, que había sido cerrada por incumplir las normas de la comunidad. Curiosamente, la mayor actividad en nuestro canal no la generábamos nosotros, sino los antifascistas gallegos, que entraban sin parar para «saludarnos». El más insistente era uno que usaba el *nick* {Skacha}. Siempre nos provocaba con inteligencia y, aunque acabábamos expulsándolo del chat, más de una vez llegamos a debatir con él. Recurrimos al «Who is» para averiguar el lugar desde el que se conectaba. Era un cíber situado en el corazón del barrio más antifa de Pontevedra. Sospechábamos que trabajaba en él, ya que pasaba muchas horas en la red.

Al margen de la curiosa relación de odio y aprecio tejido a lo largo de los meses con {Skacha}, el único resultado realmente positivo de #Galicia_NS fue la aparición de un nuevo camarada. Su *nick* era BREOGAN88 y se integró rápidamente en nuestro grupo. Regentaba una pequeña editorial y librería. Aparentemente ofertaba libros antiguos y raros, pero en el catálogo colaba sutilmente obras nacionalsocialistas. Aunque todavía no había cumplido los treinta, era un tipo muy serio y vestía de forma más que desenfadada. No solo no lucía la estética skin, sino que parecía su antítesis. Llevaba el pelo bastante crecido, daba la sensación de ponerse las primeras prendas que encontraba por casa y lucía unas gruesas gafas de pasta. Aunque me hubiese cruzado doscientas veces con él por la calle, nunca habría imaginado que era un nacionalsocialista. Sin embargo, BREOGAN88 era un purista que incluso superaba a WOTAN88 en conocimientos de historia en general y de la evolución del nacionalismo gallego en particular. Recuerdo que cuando lo conocí lo vi muy distinto a nosotros. No llegaba al punto de resultarme desagradable, pero tampoco me lo imaginaba codo con codo conmigo en batallas callejeras.

Mis reticencias hacia el nuevo camarada se fueron diluyendo a medida que su papel iba resultando cada vez más determinante. Fue cuando decidimos crear un grupo político. Asier y yo empujamos más que nadie en esa dirección. Al ser los más jóvenes estábamos ansiosos por militar en una organización, por pequeña que fuera. Había que hacer algo porque estábamos entrando en una rutina en la que nos limitábamos a mantener enconados debates. Yo recordaba con vergüenza mi triste experimento con División88 y la forma en que mi único compañero se había desvinculado del tema para pasar las tardes durmiendo o fumando porros, víctima de la moral del sistema. Para mí las drogas eran una línea roja. Creía firmemente que no bastaba con preservar la raza, había que mejorarla. El deporte y la cultura lo hacían, mientras que las drogas y el alcohol la degeneraban. Eran la principal arma del sistema para aborregar y destruir a la juventud blanca. Sosteníamos constantemente un discurso de elevación espiritual, mental y física que Pedro Varela defendía en cada una de las conferencias que daba por España. Dado que ninguno de nosotros había venido al mundo como nacionalsocialista, arrastrábamos vicios del sistema como el alcohol, el tabaco o una vida indisciplinada. El discurso de glorificación de la guerra no iba únicamente en una forma física contra el sistema, sino también en un marco de guerra espiritual por mejorarnos a nosotros mismos en todos los planos. Era esta una idea que nos obsesionaba dentro de la línea purista, y que actuaba de frontera efectiva frente a los ultras y de resistencia frente al sistema. Con todo esto en mente, era hora de crear una referencia nacionalsocialista gallega y ya teníamos el nombre decidido. Nos llamaríamos Resistencia Aria.

BREOGAN88 se comprometió a crear la web. Aunque no era un experto en informática, se defendía en ese mundo lo suficientemente bien como para diseñar, programar y mantener el portal de su librería-editorial. Yo sugerí dividir nuestra web en secciones tales como «historia», «política», «judaísmo», «revisionismo» o «racismo». Entre todos prepararíamos los textos y recopilaríamos los libros que subiríamos a la biblioteca virtual que alojaríamos en la página.

La web fue una realidad en apenas un mes. BREOGAN88 no se cortó con el diseño e incluyó dos esvásticas en la portada. Sobre una de ellas estaba la cabecera, un recuadro rojo con el nombre del grupo escrito en letras negras. El fondo de la página era de color pardo, en referencia al uniforme de las SA alemanas. La zona izquierda la ocupaba el índice de contenidos y encima la segunda esvástica, rodeada por una cadena, símbolo del trabajo. En la zona central aparecía la fecha de la última actualización. Creíamos, y con razón, que crecerían las visitas si, nada más entrar en la web, los internautas comprobaban que el sitio era constantemente actualizado. BREOGAN88 había tomado ejemplo de los administradores de *Nuevorden.net* y había alojado el portal en un servidor estadounidense. De esa manera la Justicia española tendría muchas dificultades para perseguirnos y clausurar la página.

Once camaradas constituimos Resistencia Aria. WOTAN88, Asier, BREOGAN88 y yo conformábamos el núcleo más activo. Bursau, su hermano Aitor, Jaime el Loco, Roberto y Antonio Salas estaban en la segunda línea. El doctor «man» se sumó con mucho entusiasmo, aunque nos pidió, como siempre, la máxima discreción para que su buen nombre no acabara vinculado públicamente al grupo. Por último, había un chaval de A Coruña llamado Víctor que medía dos metros, tenía un rostro temible y simpatizaba con Ultras Sur. Solo lo habíamos visto una vez y su participación en Resistencia Aria se limitó a pagar mensualmente su cuota de afiliado. Abonaba 10 euros por ser trabajador. A los parados y estudiantes les aplicábamos un descuento del 50 por ciento. Esta era la teoría, luego en la práctica cada uno ponía lo que podía. El doctor había meses que pagaba hasta 40 euros.

Contra Franco, contra Cristóbal Colón y contra Lola Flores

La línea ideológica la marcaban entre WOTAN88, que aportaba la visión nacionalsocialista global, y BREOGAN88, muy comprometido con un nacionalismo gallego entendido dentro de una Europa blanca de los pueblos. La mano de ambos se veía en el manifiesto que presidía la web y que nos definía como grupo. En él nos posicionábamos claramente como nazis puristas, enfrentados al nacionalcatolicismo franquista:

> Nuestro rechazo total a Franco y su régimen, personaje de ascendencia judía que tuvo coqueteos con la masonería antes de la guerra, al igual que toda su familia, varios miembros de la cual pertenecieron a las Logias. Un personaje que instaló en España un régimen en el que imperaron el caciquismo y la corrupción, y que llenó el país de gitanos, moros y judíos. Lola Flores es la expresión típica del franquismo y de esa España atrasada y mestiza que quería construir bajo los auspicios de la iglesia judeocatólica romana. [...] Estamos en contra de la actual bandera roja y gualda española, ya que solo representa a la monarquía judeoborbónica y a la cultura gitano-morisca de la pandereta que impera en la España actual, además de ser un símbolo del centralismo igualitarista, que ha traído la destrucción, persecución y represión de las diferentes culturas, de los pueblos blancos que habitan la península Ibérica (principalmente la vasca, la gallega y la catalana) y que no aceptaban ese modelo de España.

Inmediatamente después se matizaba ese tic nacionalista:

> Consideramos a España como un conjunto de pueblos y naciones, de origen ario y germánico (con una fuerte identidad racial, solo hay que recordar los ESTATUTOS DE LIMPIEZA DE LA SANGRE en la Edad

Media, en los que se basaron las SS de Hitler...), a excepción de un sector de la población, que es de origen judío, morisco y gitano. Por ello consideramos indispensable una política racista y eugenésica para salvar a nuestro pueblo blanco, retomando para ello esa tradición tan española de la LIMPIEZA DE SANGRE, llegando a aceptar en último caso la repoblación de algunas zonas de España por elementos nórdico-germánicos que aporten sangre nueva. La España gloriosa e imperial se edificó sobre los cimientos de la fuerza de la sangre godo-germánica.

Estamos en contra de los nacionalismos, que muchas veces han estado al servicio del capital (PNV, BNG, CIU, etc.), que solo representan el egoísmo de los pueblos y que han sido fomentados por el judío, el enemigo de Europa, para tenernos enfrentados. Queremos una UNIDAD de todos los hombres blancos bajo una sola bandera, la ESVÁSTICA, la bandera de la sangre y la Raza. Somos totalmente europeístas y rechazamos los chauvinismos y patriotismos baratos que no ven más allá de su nariz. No más guerras entre hermanos por culpa de los judíos. UNIDAD BLANCA.

En el manifiesto nos posicionábamos también contra el Ejército, al que calificábamos de «sumiso, corrupto y mercenario de los intereses del capitalismo apátrida sionista». Llamábamos a recuperar el paganismo en Europa frente a una Iglesia católica «manipuladora, conspiracionista y asesina, venida de Asia hace dos mil años, e impuesta en Europa a sangre y fuego, que ha trabajado siempre al lado del poder». Incluso rechazábamos la fiesta del 12 de octubre porque «Colón era judío y un agente de la Gran Sinagoga», y en esta línea «el descubrimiento de América fue una operación planificada y financiada por el judaísmo para sus planes de conquista mundial». El manifiesto terminaba con una crítica de los ultras del fútbol y la consigna «La verdad nos hará libres. ¡*Heil* Hitler!».

Todos éramos conscientes, quizá salvo BREOGAN88, de que el manifiesto describía unos ideales difíciles de conseguir, pero por eso eran ideales. Marcaban el objetivo por alcanzar y, después de décadas de propaganda marxista y progre, debíamos ser radicales. A pesar de nuestra peculiar visión de la situación general, nos unían con la ultraderecha tradicional española unos objetivos comunes: rechazo a la inmigración, defensa de España y odio al feminismo y a los *lobbies* LGTBI.

Un local en zona antifascista

La web suponía un coste anual bastante bajo, por lo que en unos meses contábamos con unos fondos demasiado cuantiosos para gastar únicamente en pegatinas. Nos las seguía suministrando el ya mencionado Antonio Salas. Decidimos dar un paso más y abrir un local. Sabíamos que no podía tratarse de un lugar ni público ni conocido. «Los judíos dominan el mundo, aceptémoslos como maestros», dijo WOTAN88 antes de explicar que, como ellos, debíamos permanecer en la sombra, ocultos y pacientes, para ir consiguiendo nuestros objetivos. El temor que teníamos era doble. Si nuestra guarida era descubierta acabaría o bien destruida por los antifascistas o asaltada y clausurada por la policía. Pensamos que el último lugar donde nos buscarían los *warros* sería dentro de sus dominios, así que tratamos de encontrar un piso en un barrio degradado repleto de antifas. Como solíamos hacer, elogiamos nuestra audacia ante tamaña decisión y la rodeamos de épica. Asier y yo decíamos que así emularíamos al partido nazi en los años en que empezó su lucha por el poder infiltrándose en los barrios obreros de Berlín para ganarse el favor de los trabajadores alemanes. La realidad fue mucho más mundana.

Alquilamos un piso en la primera planta de un viejo edificio. Lo bautizamos como Los Enanitos porque el techo era tan bajo en algunas zonas que teníamos que caminar agachados. El único lugar en el que podíamos permanecer erguidos era el salón, así que lo habilitamos como centro de operaciones. Para poder administrar la web desde allí dimos de alta una línea de internet, adquirimos un escáner de segunda mano y BREOGAN88 nos cedió un viejo ordenador. Poco a poco fuimos consiguiendo lo que creíamos que íbamos a necesitar para tareas propagandísticas. Contar con un espacio bajo techo nos aportó otra serie de ventajas. Puso fin a las reuniones en los parques, que especialmente en días de lluvia y frío no eran muy agradables. WOTAN88 podía quedarse a dormir allí los fines de semana y, además, se trajo todos sus libros, de modo que, de la noche a la mañana, se acabó para mí el tener que leer a escondidas y la obligación de guardar libros en los lugares más inverosímiles de mi casa. La sede se convirtió en un santuario del nazismo repleto de banderas, esvásticas, símbolos de las SS y un busto de Hitler que nos donó herr «Man».

A pesar de nuestras enormes limitaciones, el local suponía el mayor avance realizado por nazis gallegos desde la muerte de Franco. Por eso estábamos decididos a preservarlo y empezamos por fijar unas sencillas normas para proteger su clandestinidad. Lo fundamental era entrar y salir individualmente o en grupos pequeños y sin simbología política a la vista. Dentro del piso evitábamos elevar demasiado el volumen cuando poníamos nuestra música.

Muy pronto empezamos a recibir las primeras recompensas. La web tuvo una acogida excepcional. Hasta ese momento *Nuevorden.net* monopolizaba la temática fascista en español. Sin embargo, hacía tiempo que sus administradores la tenían muy desatendida. Nosotros nos empeñamos en actualizar *resistenciaria.org* diariamente y en dotarla de material inédito que era imposible encontrar en otras páginas. En pocos meses nuestra «Biblioteca NS» se convirtió en la más importante de internet en nuestro idioma. BREOGAN88 era el encargado de subir los contenidos y realizar mejoras o modificaciones en la web. WOTAN88 seleccionaba nuevos libros o artículos y los escaneaba. También gestionaba nuestras escasas finanzas, y cuando sobraba dinero lo invertíamos en mejorar nuestros humildes medios informáticos.

Yo ayudaba con el escaneo y la corrección de textos, pero mi tarea principal era ejecutar la propaganda callejera junto a Asier y Bursau. Los dos tenían moto, así que muchas noches salíamos en pareja para hacer pintadas por toda la ciudad. Cada semana, por turnos, uno se encargaba de hacerse con varios espráis de pintura negra. Casi siempre los robábamos en El Corte Inglés o en algún establecimiento similar. Era algo que nos turnábamos para hacer y así demostrarnos el uno al otro cuál de los dos era más hábil o arriesgaba más sacando varios a la vez. En una ocasión me pilló in fraganti un guardia de seguridad de la tienda. Me llevó a una salita y me obligó a vaciarme los bolsillos. Al ver las pegatinas nazis que salían de los bolsillos de mi *bomber* las observó y me hizo un gesto de aprobación. Aun así me llevó a otra sala donde había un hombre trajeado, sentado tras un escritorio. Este me preguntó si había robado los espráis y le contesté que sí. También reparó en las pegatinas. Las fue separando unas de otras para observar detenidamente los diferentes mensajes. «Lo del espray es una chorrada —me dijo—, aunque si volvemos a verte por aquí no te librarás fácilmente. Esto otro, sin embargo, puede arruinarte la vida. Tienes pinta de ser un buen chaval, y es una lástima que te hayas dejado convencer de estas porquerías. Ojalá pudiera decirte algo que te hiciese reflexionar, pero sé que no será así. Recoge tus cosas y márchate.» Desde que empecé a salir de la burbuja me he acordado en alguna ocasión de aquel suceso y de lo prácticamente imposible que sería para aquel hombre conectar con aquella versión de mí mismo. Aquella noche, en cambio, nada más abandonar El Corte Inglés le mandé un SMS a uno de mis camaradas: «Me han pillado robando y me ha dado la charla un puto judío. Sin novedad».

Con quien más me gustaba salir a hacer pintadas era con Asier. Al principio solo hacíamos esvásticas o escribíamos «*Heil* Hitler». Con el tiempo fuimos perdiendo miedo, ganando confianza y pintando mensajes más elaborados. Todos los firmábamos con las siglas RA, una esvástica y la dirección de nuestra web. Una noche nos adentramos en el barrio antifascista por excelencia de Pontevedra. En él los *warros* tenían tiendas y locales públicos, a pie de calle. Nada que ver con la clandestinidad a la que nosotros estábamos condenados. Tras realizar varias pintadas, nos fijamos en una moto Vespa que estaba aparcada junto a la pared. Tenía el chasis decorado con multitud de pegatinas izquierdistas y antirracistas. Asier y yo nos miramos, pero fue él quien puso palabras a lo que estábamos pensando los dos: «Vamos a quemarla». Fuimos a la gasolinera más cercana y convencimos al operario de que nos llenara de combustible una botella: «Es para un colega. Se ha quedado tirado con su moto, sin gasolina». Después volvimos a la zona antifascista y esperamos a que pasara el coche de la policía que siempre, a esas horas, patrullaba el barrio. Sentíamos la adrenalina en las venas. Era una mezcla de temor y mucha excitación. En cuanto el vehículo policial desapareció, Asier arrancó su moto y me acercó al objetivo. En unos segundos rocié la Vespa de gasolina, encendí con el mechero un trozo de mi cajetilla de tabaco y lo arrojé sobre ella. El fogonazo fue tan intenso que me sobresaltó. «¡Por Hitler!», grité haciendo el saludo fascista. «¡Arriba Europa!», respondió Asier. Huimos a toda velocidad y no nos sentimos seguros hasta llegar a nuestro barrio.

A la mañana siguiente compramos todos los periódicos para buscar noticias sobre nuestra acción. Lógicamente no encontramos ni una sola mención. Días más tarde sí comprobamos con orgullo que varios periódicos locales se hacían eco de las pintadas nazis con las que habíamos decorado la ciudad. Recortamos las informaciones y las colgamos como verdaderos trofeos en el tablón de nuestro local. Estábamos convencidos de ir por el camino correcto, ya que, como decía Goebbels, no existe la mala propaganda. Daba igual lo que dijesen, lo importante era que se hablaba de nosotros. Ratifiqué la veracidad de esa premisa poco tiempo después. El diario *La Voz de Galicia* publicó un reportaje de cuatro páginas en color sobre Resistencia Aria. Prácticamente todo lo que se decía en él era mentira. Nos relacionaba con el Ku Klux Klan norteamericano, afirmando que compartíamos con este una red de tráfico de armas y drogas, e incluso de prostitución, a ambos lados del océano. Según íbamos leyendo, nuestra sorpresa aumentaba. El periódico nos describía como un ejército formado por centenares de cabezas rapadas al que seguía muy de cerca la policía. Los investigadores creían que estábamos a punto de constituirnos en grupo armado y de comenzar a perpetrar atentados. El periodista completaba la información con datos sobre una organización hermana a la nuestra. Se trataba de un supuesto Batallón del Norte, formado por peligrosos delincuentes ultras, ya fichados por la policía, entre los que se encontraban varios alemanes y polacos buscados en sus países de origen. La realidad es que ese Batallón solo era un dominio de internet que habíamos registrado para crear una segunda web y que por entonces todavía era un espacio en blanco.

La preocupación que nos generó el reportaje, por la importancia y peligrosidad que se nos atribuía, se convirtió muy pronto en satisfacción. La información nos permitió presentarnos como víctimas frente a un poder que utilizaba todo tipo de calumnias para perseguirnos. Escaneamos las cuatro páginas y las subimos al portal dentro de una nueva sección a la que llamamos «Mentiras del sistema». «Si mienten así sobre algo tan insignificante como nosotros, imaginaos cómo lo harán sobre cosas serias de verdad como el holocuento o la invasión migratoria», nos dijo WOTAN88. Lo que más significativo fue que en solo unos días el tráfico en nuestra web se disparó hasta tal punto que superó a la hasta entonces inalcanzable *Nuevorden.net*. La inmerecida fama también atrajo a nuevos militantes. La mayoría de ellos vinieron seducidos por la imagen ultraviolenta que se daba de nosotros en el reportaje, por lo que desaparecieron con la misma rapidez con que habían llegado, al ver que no éramos aquellos violentos militantes descritos por el periódico.

La web siguió creciendo en usuarios y contenido. En las diversas secciones defendíamos la necesidad de desarrollar una política de eugenesia para garantizar la pureza de la raza, publicábamos sesudos informes en los que tratábamos de demostrar que el mestizaje generaba humanos más débiles y enfermizos, denostábamos la historia de «los negros» y, sobre todo, atacábamos por aire, tierra y mar a los judíos. La sección sobre judaísmo era, de hecho, una de las más visitadas. Los títulos de los diferentes artículos reflejan su contenido: «Crímenes rituales», «Genética judía y el doble estándar racial», «Judíos: los verdaderos amos del mundo», «La criminalidad judía», «Las raíces judías del comunismo»... El listado terminaba con la famosa «Execración contra los judíos» de Francisco de Quevedo.

En los chats eliminamos la fracasada #Galicia_NS y creamos #Resistencia_Aria, una sala a la que se accedía por medio de la página web y que contaba siempre con decenas de usuarios. Al contrario que en la anterior, en este chat las dos banderas lucían los colores nacionalsocialistas: rojo, blanco y negro. Nos dábamos cuenta de que por fin habíamos comenzado a hacer algo útil y eficaz. Creíamos que era el principio de los éxitos que estaban por venir. No éramos conscientes de que, sin embargo, la decadencia de Resistencia Aria estaba a punto de empezar.

Mi primera paliza

Era un día entre semana. Estaba fumando un cigarro apoyado en la entrada del cíber cuando percibí, desde mi izquierda, un puño que se acercaba hacia mi cara a toda velocidad. Ya era demasiado tarde. El fuerte impacto me hizo perder el equilibrio y caí al suelo. Instintivamente, traté de cubrirme mientras comenzaba a recibir los primeros golpes. De reojo veía cómo tres pares de pies me pateaban el cuerpo y la cabeza. La intervención de dos transeúntes fue providencial para detener a mis atacantes. Por suerte para mí, el verano estaba cerca y las botas con punta de acero habían sido sustituidas por zapatillas de deporte. Me levanté como pude, magullado pero con un único corte importante, detrás de la oreja. Pese a la conmoción, tuve tiempo de distinguir a tres antifascistas de mi edad alejándose y haciéndome gestos amenazantes.

«Enhorabuena por tu primera paliza», me dijeron mis camaradas cuando les conté el incidente. La represión, por parte tanto de la policía como de nuestros adversarios políticos, era inherente a nuestra lucha y servía para hacernos más fuertes. Algunos me recordaron la frase de José Antonio Primo de Rivera, fundador de Falange, el primer partido fascista español: «Bienvenidos los tiempos difíciles porque ellos traerán la depuración de los cobardes». WOTAN88 había sufrido más de un apuñalamiento, por lo que me aconsejó que estuviese vigilante y que, sobre todo, tratara de evitar que averiguasen dónde estaba mi domicilio. «Los *warros* no trabajan —me dijo—, así que no tienen nada mejor que hacer que seguir acosándote.» Poco después recibí un mensaje privado de {Skacha}, el antifascista con el que había establecido una extraña relación por internet. «¿Te han hecho mucho daño?», me preguntó en lo que yo interpreté como un intento de burlarse de mí. «Mi hermana pega más fuerte», le respondí. Su siguiente y último mensaje no me tranquilizó: «Pues veremos si tu hermana es tan dura como lo que se te viene encima».

La amenaza se convirtió en realidad. Comenzó una época complicada para mí. Varias veces trataron de cazarme en los alrededores del cíber, sin éxito. Siempre logré escabullirme a tiempo, hasta que un día me encontré a una veintena de antifascistas armados con palos y navajas. Por suerte no iba solo. Me acompañaba Jazz, un amigo de gran envergadura y con muchos aliados en el barrio curtidos en mil y una peleas no relacionadas con temas políticos. Jazz me metió en una cafetería y se plantó ante ellos para intentar negociar. Les afeó su cobardía por ir veinte contra uno y los instó a dejarme en paz. La escena provocó que se congregara un buen número de curiosos en los alrededores del bar, por lo que los antifascistas asumieron que habían perdido el factor sorpresa y la ocasión de destrozarme sin la incómoda mirada de demasiados testigos. Uno de los más jóvenes escupió a la cara de Jazz y, tras soltar numerosas amenazas e improperios, todos volvieron a sus coches y se marcharon. Aún con el miedo en el cuerpo, salí de la cafetería y le di las gracias a mi amigo. A pesar de su imponente aspecto, su cara reflejaba tensión y preocupación. Se despidió de mí apresuradamente y desapareció.

Yo me sentía mal por haberlo puesto en peligro y, sobre todo, por haberlo colocado en el punto de mira de los antifascistas. Consciente de que podían tomar represalias contra él, me marché a casa y me senté delante del ordenador. Busqué a {Skacha} en el chat y le mandé un mensaje. Tenía la seguridad de que estaba al tanto de lo ocurrido. Le pedí que dejara al margen a la persona que había dado la cara por mí porque no tenía nada que ver con mi ideología. {Skacha} no tardó mucho en contestar. Lo hizo en un tono desafiante, diciéndome que si iba a su cíber y se lo explicaba cara a cara me creería. No tardé ni un segundo en tomar la decisión: iría de inmediato. Dejé la *bomber* en casa, cogí el autobús y me bajé una parada antes del destino. Sabía que me estaba adentrando en la boca del lobo, y además solo. Caminé lentamente, buscando con la mirada cualquier indicador de peligro. No encontré ninguno y alcancé sin problemas la puerta del cíber donde trabajaba {Skacha}. En el local solo había una persona con *bomber* verde y cabeza rapada, así que me acerqué a él. «Aquí estoy. Soy Heydrich.» Me miró unos instantes con cara de asombro antes de esbozar una sonrisa. «Has tenido cojones para venir», me dijo. Creí ver en sus ojos cierto reconocimiento, por lo que empecé a sentirme seguro. {Skacha} resultó ser un hombre de honor. No solo aceptó mi versión sobre Jazz, sino que me habló siempre con total cordialidad. Me preguntó cuántos éramos en Resistencia Aria y le respondí que más de quinientos. Su sonora carcajada puso el punto y final a nuestro brevísimo encuentro. Como había supuesto, {Skacha} debía de tener mucho peso dentro de su mundo porque en las semanas posteriores los antifascistas no volvieron a molestarme.

Traiciones y disputas

El crecimiento de la web llevó a BREOGAN88 a fortalecer su compromiso con el nacionalismo gallego. Inicialmente todos lo toleramos porque nos parecía que su visión encajaba en la idea que defendíamos de España: un proyecto de pueblos diferentes que decidían caminar juntos. Estábamos convencidos de que nuestros postulados eran muy distintos a los de izquierdistas y marxistas, a quienes acusábamos de ser segregacionistas, y que por supuesto negaban la base de la raza en toda la cuestión, lo cual para nosotros era lo verdaderamente importante. Más allá del comportamiento o el estilo, otra diferencia fundamental entre las líneas ultras y puristas la encontramos en la defensa de España. Al querer ser nosotros, los puristas, una extensión de la política ante todo etnicista que se defendía en el Tercer Reich, estábamos abiertos a un regionalismo dentro de España, adaptado a las diferentes realidades culturales que BREOGAN88 defendía cada vez más enconadamente. Los ultras, sin embargo, mucho más ligados a la idea franquista de la ultraderecha tradicional, no querían ni oír hablar de semejantes cuestiones. WOTAN88 se sentía cada vez más incómodo y alertaba de que nos estábamos alejando de nuestra principal misión, que no era otra que atacar al sistema judío internacional. BREOGAN88 contó muy pronto con un aliado. Un fichaje reciente al que llamábamos William. Era un chaval de dieciocho años, moreno, bajito y delgado, que se presentó como experto informático. Dominaba varios idiomas, faceta que nos podía resultar especialmente útil a la hora de traducir artículos escritos en webs y revistas británicas, francesas o alemanas. A pesar de su aspecto físico decía ser hijo de padre alemán y madre sueca. Solía enseñar la foto de su hermana, una convencida nacionalsocialista. La chica era una skingirl. Las componentes femeninas de los skinheads no llevan la cabeza rapada. Su peinado característico, llamado Chelsea, consiste en dos largos mechones que nacen en la zona de las patillas, flequillo, parte de atrás larga y coronilla rapada al uno. Al igual que ocurre con sus compañeros, para diferenciarlas de las skingirls antifascistas hay que fijarse en la marca de la ropa, los tatuajes y los mensajes de las camisetas. A lo largo de mi andadura por la ultraderecha jamás encontré skingirls en los grupos puristas. Todas ellas estaban vinculadas a las facciones más básicas y futboleras. Para los puristas, la mujer ideal es femenina, con pelo largo, siempre bien arreglada y luciendo bonitos vestidos. Lo que no variaba entre una y otra corriente era el papel claramente secundario al que estaban relegadas, aunque, por supuesto, estuviera revestido de una importancia mayúscula dentro de todo el discurso.

Casualmente, poco después apareció en la sala de chat #Resistencia_Aria una chica cuyo *nick* era Eva Braun, el nombre de la compañera, amante y esposa de Hitler. Por primera vez entraba una mujer, y saltaron todas las alarmas. Aunque la tónica general era que la lucha política es cosa de hombres, las mujeres que se sentían atraídas por nuestro discurso ya traían el machismo de serie. Era un modo de pensar que también explicaba nuestro rechazo a que las mujeres entrasen en el Ejército. Violaba la normal predisposición a determinadas tareas en función del género, y alguna vez surgió este tema en mis muchos debates con la Segunda Guerra Mundial de fondo. Por ejemplo, la forma en que el ejército soviético, heredero de los bárbaros del Este, había incorporado a las mujeres para combatir en sus filas, o ideas como que el bolchevismo pretendía erradicar toda idea natural, se sustentaban sobre observaciones de este tipo.

Decidimos tenerlas «a prueba» para ver cómo razonaban y valorar si sus argumentos merecían o no la pena. Era una precaución que no tomábamos con los hombres que querían sumarse a Resistencia Aria. Aun así, yo estaba del todo convencido de que no despreciábamos a las mujeres, como decía el sistema. No suponía un menosprecio pensar que los hombres tenían sus tareas, entre ellas la política, y las mujeres las suyas, principalmente tener hijos y cuidar de la familia.

Enseguida comprobé que los planteamientos ideológicos de Eva Braun eran sólidos. Ya les hubiera gustado a Bursau o a Roberto tener la formación cultural de la recién llegada. Poco a poco me fui ganando su confianza, hasta tal punto que me informó de que tras el *nick* se ocultaban no una sino dos chicas. Se llamaban Andrea y Marina, y vivían en mi ciudad. WOTAN88 me encargó que quedase con ellas y viera qué podían aportar a Resistencia Aria. No tardé en constatar que Andrea era muy activista y tenía buenas ideas. Me propuso realizar campañas de propaganda antiaborto y en defensa de la feminidad, como contraposición al feminismo. Me habló de cuestiones que nosotros jamás nos habíamos planteado tratar y concluyó con un poderoso argumento: «Si abrieseis una sección de propaganda femenina quizá conseguiríais que entrasen mujeres en el grupo».

Mi trabajo con ellas se truncó muy pronto. WOTAN88 se cerró en banda a la posibilidad de crear un apartado en la web por lo mismo que se cerraba al nacionalismo gallego: era desviarnos de nuestra lucha principal contra la judería internacional. Además, desde que Andrea y Marina aparecieron en nuestro círculo todos empezamos a comportarnos como hienas que luchaban por una presa. Perdíamos los papeles con frecuencia y competíamos en la exhibición de testosterona. Lo importante era llamar la atención de las chicas. El propio WOTAN88, el mayor del grupo, en lugar de poner un poco de orden acabó adoptando las mismas dinámicas. Al fin y al cabo, en la burbuja la relación con las mujeres no se mantiene de igual a igual, sino que se las valora exclusivamente por sus virtudes físicas y su atractivo sexual.

Lo cierto es que hacía tiempo que la disciplina en el grupo se estaba resquebrajando. A Bursau lo habíamos expulsado unos días antes por utilizar el piso como «picadero» en el que divertirse con sus ligues nocturnos. Roberto, Jaime el Loco y otros camaradas llevaban varios meses sin pagar la cuota. Por otra parte, la deriva galleguista de BREOGAN88 era cada vez más notoria. La web se había llenado de textos escritos por representantes del nacionalismo gallego, como Castelao o Vicente Risco. Con la ayuda de William situó a Resistencia Aria al borde del independentismo. Fue un cambio paulatino, pero que no pasó desapercibido en los foros. Muy pronto empezamos a recibir acusaciones dc defender el separatismo de un importante miembro de Ultras Sur.

Andrea y Marina, hartas de sentirse como trozos de carne en disputa, acabaron por desaparecer. El pago del local y el trabajo lo asumíamos entre apenas cuatro militantes. El propio WOTAN88 empezó a ver enemigos y conspiraciones en todas partes y se fue alejando más y más de mí y del resto del grupo. Cuando parecía que las cosas no podían ir peor, explotó la bomba.

El infiltrado que sin quererlo acabó con Resistencia Aria

Primero fue un rumor. Luego, una noticia que alguien decía haber oído en la radio. Finalmente llegó la confirmación. Antonio Salas, el camarada fantasma al que solo conocía WOTAN88, era un traidor. La cadena de televisión Telecinco anunciaba la emisión de un reportaje grabado por él, con cámara oculta, en el seno de Ultras Sur y otros grupos de la ultraderecha. Salas preparaba también la publicación de un libro, *Diario de un skin*, en el que contaba todo lo que había vivido dentro de la burbuja.

WOTAN88 se quedó perplejo. Al principio trató de justificar al que todavía consideraba su amigo argumentando que con lo que había hecho se limitaba a sacar a la luz «la mierda que rodea el fútbol», pero a la vez era consciente de que su propia situación se había vuelto insostenible e incluso peligrosa. Al parecer, Antonio Salas debió de pensar que Resistencia Aria no era lo suficientemente jugosa y decidió saltar al mundo nazi madrileño. Lo hizo de la mano de WOTAN88, que ejerció de padrino y de quien se fio al ser amigos y camaradas desde hacía muchísimos años, aun sabiendo de su condición de periodista. Le presentó a gente importante de nuestra órbita y puso la mano en el fuego por él. Ahora la ultraderecha traicionada por Salas se volvía con rabia hacia mi mentor y, de paso, hacia el grupo del que formaba parte y que tenía una creciente fama de independentista.

El día que vimos el reportaje, *Infiltrado en Ultrasur*, descubrimos que muchos de nosotros habíamos hablado sin saberlo con él a través de internet. Aquel Antonio Salas con quien solo se relacionaba nuestro amigo había usado en los chats un *nick* que nos resultaba más que familiar: tiger88. Mi inquietud fue aún mayor cuando apareció en la pantalla del televisor una imagen en la que se mostraba una de sus conversaciones en los chats. Ahí estaba yo con mi primer *nick*, DEMONX, hablando de camarada a camarada con el gran infiltrado.

Aquella fue la gota que colmó el vaso y terminó con Resistencia Aria. Nos fuimos cada uno por nuestro lado. WOTAN88 recibió todo tipo de insultos y amenazas, que se tomó, como es lógico, muy en serio. Aun así, acabó quedándose con los códigos de control de la web y la siguió administrando torpemente durante algún tiempo más. BREOGAN88 tuvo un destino más inesperado. A través de su trabajo en la editorial estrechó relaciones con Rois, un coruñés que era profesor de instituto y editaba una revista de apariencia profesional llamada *Handschar*, en referencia a la división de las Waffen-SS que agrupaba a soldados musulmanes. Rois, al igual que otros nacional-socialistas españoles, se había convertido al islamismo y acabó atrayendo a BREOGAN88 a la religión de Mahoma. Lo último que supe de él es que se había puesto un nombre árabe y había peregrinado a La Meca.

William y yo continuamos juntos y abrimos un nuevo

canal, que se llamó #Galicia_Blanca. Gracias a él captamos a otros chavales con el objetivo de construir otra plataforma nacionalsocialista. El esfuerzo fue en vano. Los camaradas aparecían y desaparecían sin apenas dejar huella. Un día William me confesó que no había sido sincero conmigo. Sus padres no eran de Alemania ni de Suecia. Su madre era gallega y su padre, andaluz. Se había inventado unos ancestros arios porque temía que no lo aceptásemos en el grupo por «su mala condición racial». Su hermana, la skingirl, tampoco existía. La foto que tantas veces nos había mostrado la había sacado de internet. Aquello me agotó la paciencia. En mi cabeza lo vi tan traidor como Antonio Salas porque, en esencia, había hecho lo mismo que él: mentirnos. Asimismo, empecé a sospechar que podía ser el responsable de que los antifascistas me localizaran y apalearan en la puerta del cíber. Recuerdo que pensé algo que hoy me avergüenza profundamente: William se había comportado como lo que era, un mestizo; siendo de una mala raza, lo natural es que tuviese un comportamiento condenable. Por eso estaba convencido de que los inmigrantes negros no debían ser aceptados masivamente en Europa. Los negros llevaban en su carácter el gen de la delincuencia y la destrucción. Con un mestizo podían pasar dos cosas: que heredase el carácter blanco y fuese noble o que sucediera lo mismo que había ocurrido con William.

Rompí con él y tomé la decisión definitiva de abandonar mi ciudad. En Pontevedra no hacía nada ya, aparte de provocar sufrimiento a mis padres. Mi madre, con los ojos repletos de lágrimas, solía pedirme que dejase de ser un nazi. Yo era incapaz de entender aquella petición. Pensaba que era tan absurda como exigirme que dejase de ser blanco. El nacionalsocialismo era una faceta inherente a mí desde el mismo momento en que había entendido la verdadera realidad del mundo. Ya no había marcha atrás. Tenía que viajar al lugar donde encontraría a los mejores y más poderosos camaradas.

4

Madriz

Llevaba más de dos horas y media tumbado en la camilla. Notaba un dolor muy leve, ya que la zona en la que estaba trabajando el tatuador no era especialmente sensible. De hombro a hombro, en la parte superior de la espalda. Hacía varios años que había decidido cuál sería mi primer tatuaje y dónde me lo pondría. Tenía auténtica devoción por las Waffen-SS. Era más que admiración. Veía a sus combatientes como héroes casi sobrenaturales, que preferían morir a retroceder un metro en el campo de batalla. Tenía la sensación de estar en cierto modo predestinado a ser uno de ellos, solo que había nacido demasiado tarde. Por eso quería que su lema se fundiera con mi piel. Había escogido hasta el tipo de letra gótica con que lo escribiría. *Meine Ehre heißt Treue*, «Mi honor se llama fidelidad». Me había obsesionado tanto con que quedara perfecto que los días anteriores incluso había tenido pesadillas. Sueños asfixiantes en los que me miraba al espejo y comprobaba que el tatuaje había quedado fatal, deformado, borroso, ridículo...

«Ya está. Ahora ten cuidado durante unos días. Que no te dé el sol en la zona y aplícate esta crema cicatrizante», me dijo el dueño del estudio de tatuajes de Illescas (Toledo) al que confié la tarea. Recordando mis pesadillas, me embargó un auténtico temor a enfrentarme al resultado final. Cuando me decidí a mirarme al espejo quedé maravillado. Sí, era perfecto; era como tenía que ser. Aquel lema reflejaba a la perfección mi alto sentido del deber para con mis ideas.

Si elegí Illescas para hacer realidad este sueño fue porque acababa de ingresar en la Academia de Infantería de Toledo. Iba a ser militar. En los chats había visionado cientos de vídeos sobre el ejército alemán y sus famosos carros de combate Panzer. Me fascinaba especialmente el modelo Tiger, y el ejército español disponía entonces de un excelente blindado: el Leopard. Además del cañón, el tanque estaba equipado con dos ametralladoras que eran una versión mejorada de las legendarias MG42, utilizadas por los nazis en la Segunda Guerra Mundial. En mis ensoñaciones me vi como el tripulante de un Panzer moderno y en mis previsiones más realistas vislumbré un sueldo y un alojamiento gratuito en Madrid. Además, tendría las tardes libres para hacer activismo por aquello en lo que creía. Otro de mis alicientes era el convencimiento de que en las fuerzas armadas se hallaba el último reducto de ciertos valores desterrados de la sociedad, tales como el patriotismo, la disciplina o el honor. Creía que el Ejército sería un territorio amigo, a diferencia de lo que opinaban muchos de mis camaradas. Ellos consideraban que era una institución enfrentada a nuestra visión del mundo. Me recordaban que pertenecía a la OTAN y promovía el mestizaje, pues incorporaba no solo a extranjeros sino también a mujeres. Muy pronto descubriría que la razón no estaba de mi lado.

Desde que aterricé en la Academia de Infantería de Toledo hasta mi destino definitivo en el cuartel de El Goloso, en Madrid, me encontré con un ambiente abiertamente hostil hacia mis ideas. Nada más llegar, el que sería mi primer sargento me dejó muy claro que le daba igual mi ideología, siempre y cuando la dejase aparcada en la puerta del cuartel. En caso contrario, me advirtió, tendría problemas. No fue el único: a todos los mandos de mi compañía les inquietó mi presencia. Era evidente que la indumentaria con que entraba y salía del cuartel no había pasado desapercibida. La información también llegó rápidamente a mis compañeros. Nunca podré olvidar la primera conversación que tuve con un veterano: «Así que tú eres el nazi. Yo soy Garrido, el más veterano en esta compañía. Toma esta fregona y ahora te digo lo que tienes que limpiar». Vi desprecio en su rostro, lo que contrastaba con el modo amigable y hasta cómplice que yo había esperado encontrar. No tardé en llegar a la conclusión de que el sistema se había infiltrado en las fuerzas armadas. Fue una decepción, aunque no me importó demasiado. Lo que contaba era haber abandonado mi ciudad y a mi familia para demostrarme a mí mismo que mi determinación y mi fidelidad a la causa eran absolutas.

Mis primeras incursiones en la capital las hice en febrero de 2006. Tenía veinticinco años. Fue duro, sobre todo al principio, ya que tuve que empezar de cero. Solo podía apoyarme en los consejos que había recibido en el chat sobre los barrios por los que era recomendable moverme y las zonas que convenía evitar o, si era necesario, cruzar con la máxima precaución. Debía tener presente, en primer lugar, una frontera que discurría por la Puerta del Sol, Callao y Gran Vía. A partir de esa línea imaginaria, el sur era antifascista, mientras que el norte resultaba un territorio más propicio. En el sur era preferible no pisar barrios como Tribunal o Tirso de Molina, especialmente el domingo, cuando se monta el Rastro. Aún peores eran pueblos como Vallecas o Móstoles, que dentro de la burbuja se consideraban feudos del marxismo y hasta se equiparaban al Berlín comunista. Punto y aparte eran los lugares en los que había un exagerado trasiego de gente, como las estaciones de tren de Chamartín y Atocha o la de autobús de Méndez Álvaro, donde era preciso estar atento porque podías tener algún encuentro nada agradable. Afortunadamente no me hizo falta preocuparme por buscar un piso en zona segura, ya que dormía en el acuartelamiento.

Madrid estaba lleno de sitios de referencia que hasta aquel momento solo había visitado a través de internet. Por fin pude ir en persona a la tienda DSO y a Centvria, la librería que se encontraba en el portal de al lado. En aquel barrio también estaban los Bajos de Argüelles, repletos de bares, que en el pasado habían sido zona de reunión de numerosos camaradas. Yo empezaría a frecuentar un local muy cercano, Chapandaz, que acabaría convirtiéndose en mi refugio favorito para salir por la noche.

Una de las primeras llamadas que hice en mi nueva vida fue a Tino. Lo conocía desde hacía varios años; hablábamos en los chats, donde él usaba el *nick* Otto_Skorzeny, el nombre de un coronel de las Waffen-SS que participó en operaciones militares muy relevantes, como la liberación de Benito Mussolini en 1943, y que se refugió en España en 1948, tras escapar de un centro de reclusión aliado. Días después, por fin, me vi cara a cara con él. Era un muchacho altísimo y muy delgado que militaba en un grupo llamado Nación y Revolución (NyR). Nos saludamos al estilo nacionalsocialista. En lugar de estrecharnos las manos, cada uno agarró el antebrazo del contrario. Me había invitado a acompañarlo a una reunión de su grupo, así que lo seguí hasta la puerta trasera de un bar que habían reservado para el encuentro. Llegamos un poco tarde, por lo que entramos sin hacer ruido y nos quedamos al fondo de la sala. Estaba hablando un tipo bajito, con aspecto de boxeador, al que desde entonces me encontraría en la mayoría de los actos a los que acudí. Se llamaba Chechu y era de Fuenlabrada. Me puse a observar a los presentes. Muchos llevaban el pelo rapado. Casi todos tenían grandes tatuajes muy visibles y escuchaban con gran atención a Chechu, guardando un sepulcral silencio. El discurso era exactamente el mismo que el de WOTAN88. El sistema tenía la culpa de todo, nosotros éramos las víctimas y los únicos que luchábamos contra él, aunque el tiempo jugaba cada vez más en nuestra contra.

No tengo ni idea de cuánto llevaba constituido aquel grupo, pero debía de estar en una fase inicial. Se asignaron diferentes tipos de tareas: captación de afiliados, control de las redes, diseño de propaganda, obtención de ingresos... En ese momento, Chechu miró hacia donde estábamos nosotros y dijo: «O cualquier actividad con la que queráis colaborar, como va a hacer Tino, que escribirá poesías para la web». Cuando terminó de hablar, todo el mundo se levantó y poco a poco fue saliendo del local. Tino aprovechó para presentarme al que sin duda era el jefe de aquel tinglado. No mencionó que yo acababa de llegar de Galicia, algo que le agradecería después porque seguía habiendo mucho recelo hacia los nazis gallegos debido a la publicación de *Diario de un skin*. Tuvimos con Chechu una conversación intrascendente hasta que llegó una camarera de rasgos sudamericanos, con la cuenta en la mano, quejándose de que la gente se había marchado sin pagar. Chechu nos dijo que lo esperáramos fuera mientras solventaba el asunto. La forma de resolverlo, según pudimos deducir por los gritos que salían del interior del local, fue culpar a los demás y desentenderse de lo ocurrido. Por fin se abrió la puerta y se reunió con nosotros apresuradamente. «La pancha esa quería hacerme pagar lo de todos», nos dijo mientras aceleraba el paso y se despedía porque, al parecer, la camarera había decidido llamar a la policía.

Todavía un tanto perplejos, Tino me animó a acompañarlo a tomar algo con unos amigos y yo no me resistí. De camino hacia el bar le confesé que no me parecía bien lo que había ocurrido en el local. Le dije que no era propio de un verdadero nacionalsocialista marcharse sin pagar. «Pues menos mal que no lo has dicho delante de los demás», me contestó bromeando.

En territorio ultra

Era la primera vez que veía el Santiago Bernabéu. Me quedé petrificado ante su tamaño. Debía de ser cinco o seis veces más grande que el estadio en el que jugaba el equipo de mi ciudad. Era día de partido y los aledaños estaban repletos de gente. Me sentía especialmente seguro. Igual que nosotros evitábamos determinados barrios, los antifascistas se cuidaban mucho de no pisar aquellas calles. Estaba en territorio amigo y, de hecho, mi objetivo no era ver el fútbol, sino encontrar el bar Drakar, donde se reunían los Ultras Sur. No sabía su dirección, tan solo que estaba en las inmediaciones del campo, así que comencé a explorar la zona. Tras dar varias vueltas, una serie de pintadas nazis me indicaron que me estaba acercando a la meta. Por fin vi a varios skinheads fumando en la puerta de un local. Ahí estaba el Drakar.

Desde el primer momento noté que algo no iba bien. No sé qué era lo que esperaba encontrar, pues los chats de internet me habían enseñado sobradamente cómo era la naturaleza de los ultras. Aun así, al percatarme de que lo que fumaban los rapados eran porros, sentí un profundo desasosiego, que creció al acercarme a ellos. Su conversación no giraba en torno a ningún tema político e ideológico, sino al servicio que uno del grupo había recibido de una prostituta. Miré a los skins desde la atalaya de quien defendía un discurso ética, cultural e ideológicamente muy superior. ¿Porros y nacionalsocialismo? ¿Prostitución y nacionalsocialismo? ¡No! Eran términos que no encajaban. Estaba claro que esos «pelados» de la puerta ni siquiera se habían leído el *Mein Kampf*. En él, Hitler decía: «La prostitución es un oprobio para la Humanidad y no se la puede destruir mediante prédicas morales o por la sola virtud de sentimientos piadosos. Su limitación y, finalmente, su desaparición, suponen como cuestión previa acatar una serie de condiciones preliminares, siendo la primera de todas la de facilitar la posibilidad del matrimonio de acuerdo con la naturaleza humana, a una edad temprana». Recuerdo que pensé: «Menudos nazis del sistema». Es curioso analizar el funcionamiento del sesgo cuando, tras tantos años, se convierte casi en un hábito. Yo había leído que, mientras el Tercer Reich legislaba con dureza contra las drogas, al mismo tiempo suministraba a sus soldados una especie de metanfetamina llamada Pervitina para incrementar su resistencia y ardor en el combate. Tardé muchos años en saber que el propio Hitler consumía diferentes tipos de sustancias. También tardé muchos años en conocer la red de burdeles que el ejército alemán creó en la Europa ocupada para el uso y disfrute de sus soldados. Burdeles que el mismísimo Himmler ordenó establecer en el lugar más inverosímil: el interior de los campos de concentración. Pues claro que sabíamos todo esto, pero rebotaba contra la armadura impenetrable de nuestro credo. Habrían sido herramientas valiosas cuando empezaba a sentirme atraído por aquellos tanques Panzer y por los uniformes alemanes, pero ahora todo era inútil.

En mis ensoñaciones lo había imaginado un local enorme, aunque al entrar en el bar me encontré con un espacio bastante pequeño. Había una barra en la parte izquierda y unas pocas mesas. Las paredes estaban decoradas con cuadros vikingos y escenas de la mitología nórdica. De fondo se escuchaba el último disco de Estirpe Imperial. A pesar de su reducido tamaño, ver un bar así, lleno de camaradas, abierto al público me impresionó notablemente y me hizo olvidar la nefasta sensación que tuve en la entrada. Volví a recuperar la ilusión de contribuir a levantar en Madrid un movimiento nacionalsocialista de grandes proporciones.

De pronto se me acercó una chica y me dijo: «Vaya, vaya, qué skinete más guapo». Era Pilar, bastante conocida en la burbuja madrileña. La acompañaban un skin bajito, que se llamaba como yo, y su novia Bego. Les llamó la atención mi acento porque, me dijeron, no solían ver nazis gallegos en la capital. Por suerte no mencionaron nada relativo a Resistencia Aria ni a Antonio Salas. Tomamos algo juntos y charlamos durante horas. Los tres se convertirían en mis primeros amigos de verdad en mi nueva vida. Una ventaja añadida de esta relación era que Pilar y David vivían relativamente cerca de mí. Me era indiferente que Bego, en cambio, tuviera su casa en la otra punta de la ciudad porque en la burbuja se considera una grave ofensa hablar con la novia de un camarada sin estar él presente.

Mi honor se llama fidelidad

En nuestros siguientes encuentros los cuatro nos fuimos conociendo mejor. Uno de los rituales consistía en que cada uno enseñara sus tatuajes. Yo me sentí especialmente orgulloso cuando me tocó mostrar el mío. Les dije que quería hacerme muchos más, por lo que David acabó presentándome a su tatuador de cabecera. Se llamaba Miguel, cobraba precios razonables y tenía su estudio junto a la Puerta del Sol. Era un tipo peculiar al que le daba igual, siempre y cuando le pagasen, tatuar una esvástica que la hoz y el martillo. Por su parte, él llevaba en el cuello el nombre del icono anarquista español Buenaventura Durruti.

Miguel, con los años, llenaría mi cuerpo de tatuajes. En la burbuja, grabar tu cuerpo con frases, símbolos o imágenes nacionalsocialistas representa una forma más de desafiar al mundo. Demasiados tatuajes pueden cerrar algunas puertas en el terreno laboral, pero si encima son tatuajes nazis en sitios visibles, como el cuello o las manos, las cierran todas. Por esta razón, dar ese paso para mí demostraba que no aspiraba a conseguir un buen puesto dentro del sistema y que estaba decidido a luchar a muerte contra él.

El grado de elaboración en los tatuajes también servía para diferenciar a un purista del Reich como yo de un hooligan. Ellos solían optar por diseños más simples y hasta cutres a primera vista. Para mí, no eran sino una demostración más de su bajo nivel cultural e ideológico. Nosotros, en cambio, buscábamos tatuajes complejos, que mezclaban varios conceptos y formaban mensajes elaborados. En mi caso, quise evidenciar con claridad mi compromiso con la causa. Dos alambres de espino rodearon mis bíceps. Bajo uno de mis hombros me tatué la *totenkopf* de las SS —emblema en forma de calavera— con una esvástica y bajo el otro, dos soldados de las Waffen-SS. Me cubrí los tobillos con dos escudos correspondientes a la 1.ª y 9.ª División Panzer de las SS. En el pecho me grabé una imagen de Odín y a la altura de la tripa la palabra «Voluntad». Las partes internas de los tríceps albergaron, en un brazo, el escudo de la División Azul y, en el otro, el lema «RaHoWa» (Racial Holly War, «guerra santa racial», un concepto muy utilizado en el mundo nazi). Los gemelos los utilicé para lucir unos soldados espartanos y un Panzer modelo Tiger.

Para cubrir la espalda elegí un enorme retrato de Rudolf Hess, el lugarteniente de Hitler. Para mí, Hess era la personificación del honor y la lealtad. Dos valores, junto a otros como el orgullo y la fidelidad, muy presentes en el discurso nacionalsocialista. Necesité seis largas sesiones, espaciadas en el tiempo, para que Miguel culminara la obra con unos soldados alemanes rindiendo honores ante la tumba de Hess, dos lobos y dos cuervos, animales representativos de la cultura vikinga, y la frase en español «Los héroes nunca mueren». Una gran águila surgía detrás de Hess y enmarcaba mi primer tatuaje, el lema de las SS, de modo que servía de enlace entre ambos motivos. La espalda entera quedó convertida en un sofisticado lienzo.

Al principio me hacía los tatuajes en lugares que quedaban ocultos bajo la ropa incluso llevando una camisa de manga corta: espalda, torso, piernas... Hasta que identifiqué esta actitud como una muestra de debilidad frente al sistema. No era digno de un verdadero nacionalsocialista esconder su ideología, así que comencé a tatuarme los brazos enteros. El izquierdo con los rostros de los principales generales de las Waffen-SS, entre ellos el de León Degrelle, el líder del fascismo belga y destacado oficial de las Waffen-SS que se instaló en España tras la derrota alemana para no ser juzgado como criminal de guerra como venganza de los judíos por su lealtad a Hitler. El derecho con otra *totenkopf* atravesada por la daga ceremonial de las SS. En la cara interior de los antebrazos, un retrato de Goebbels y un águila con una cruz céltica sobre el lema *«Sieg Heil»*, proclama nazi que se tradujo como «Salve Victoria».

Si en algún momento veía flaquear mi voluntad o mis creencias, me apresuraba a hacerme otro tatuaje en el lugar más visible posible. En la mano derecha me tatué el martillo de Thor y la consigna «Honor a los antepasados» en alemán. En la izquierda, una brújula vikinga y el lema, también en la lengua de Hitler, «Sin lucha no hay victoria». Los dedos los decoré con unas llamativas runas vikingas que formaban la palabra «Thor», el dios vikingo del trueno. En la nuca hubo lugar para el símbolo pagano que representa el árbol de Odín de las leyendas nórdicas. En una rodilla me grabé una calavera y en la clavícula derecha el ave fénix, que, sobre todo lo demás, no simbolizaba para mí otra cosa que el resurgir del nacionalsocialismo. No me gustaban los espacios en blanco que quedaban entre tatuaje y tatuaje, así que los rellené con pequeños dibujos: una bandera de España bajo la *totenkopf* del hombro; dos perfiles de cabezas de soldados alemanes en un hueco de la cara interior del brazo izquierdo; unas runas vikingas engarzadas al alambre de espino del brazo izquierdo; el símbolo de las SS en el alambre derecho y unas pequeñas esvásticas alrededor del lema RaHoWa. Cada dibujo, cada letra, cada mililitro de tinta suponía un grito hacia fuera y también dirigido mí mismo: jamás renegaría de la lucha. Asimismo, era una manera, si bien inconsciente, de cerrarme cualquier puerta de salida.

Dejé libre, de forma muy premeditada, el lado izquierdo del pecho. Allí, a la altura del corazón, un día me tatuaría el rostro de Adolf Hitler. No lo haría hasta que fuese un militante ideal, entregado al cien por cien a la causa y sin vicios tales como la bebida. Tenía claro que solo llevaría en mi cuerpo al Führer cuando fuera digno de él.

No con mestizas

Una de mis mayores preocupaciones en Madrid era lo mucho que me estaba costando militar formalmente en una organización. Me movía con Tino y otros camaradas que él me había presentado, pero no me decidía a comprometerme con ningún grupo concreto. Mis reticencias se debían a la gran presencia de ultras del fútbol entre los militantes de las plataformas y partidos ultraderechistas.

Así ocurría en Nación y Revolución o en Combat España, que entonces eran los más numerosos de Madrid. El fútbol lo impregnaba todo. Había centenares y centenares de ultras repartidos en diversos grupos. Los dos más importantes eran los Hammerskins, vinculado a Ultras Sur, y Blood&Honour, más próximo a los ultras del Atlético de Madrid, el Frente Atlético. Sin embargo, aunque fuera un recién llegado a la ciudad, era vox populi para cualquier nacionalsocialista un poco al tanto de la situación global que aquellos círculos estaban más cerca de bandas callejeras que de auténticos grupos políticos comprometidos con sus ideas. En el otro extremo estaba el Círculo de Estudios Indoeuropeos, donde se decía que predominaba la línea con la que yo me sentía identificado, pero en el que, desde mi punto de vista, se adoptaba una estrategia demasiado contemplativa.

En ese constante dilema, acudí a actos y reuniones de diversas organizaciones, mientras ampliaba mi abanico de amistades más directas. Tino, Pilar, David y Bego me presentaron a otros camaradas. Yo ya no tenía relación con nadie que no fuera de la burbuja, salvo cuando me veía obligado a ello en el trabajo o iba a una tienda a comprar algo. Me era imposible congeniar con alguien cuyas ideas no se situaran en las mismas coordenadas de conspiraciones judías, racismo y lucha que las mías. Imposible porque, en primer lugar, no sabía de qué hablar y, en segundo lugar, lo consideraba un borrego que se negaba a comprender la auténtica realidad.

Internet, aunque ya no era la herramienta imprescindible de mis inicios en Galicia, seguía proporcionándome nuevos contactos. Ana fue uno de ellos. Se dirigió a mí en un foro porque, según me confesó después, advirtió que yo tenía mucha información sobre el tema que se estaba debatiendo en ese momento. Sinceramente, no recuerdo de qué se hablaba, pero siendo mi vida lo que era, la charla sin duda versaba sobre Hitler, la guerra o la raza. Comenzamos chateando durante largas horas y de ahí saltamos al teléfono. Cuando quisimos darnos cuenta, habíamos dejado atrás la política y nos centrábamos en cuestiones puramente personales.

El día que fui a Alcalá de Henares, la ciudad donde Ana vivía, tenía los nervios desatados. La chica me caía muy bien y era agradable hablar con ella. Sin embargo, habíamos intercambiado fotografías y ver su rostro me había producido un profundo desasosiego. Ana tenía el pelo y los ojos muy negros, y su piel también era ligeramente oscura. Estas características, y unos rasgos faciales peculiares, despertaron en mí la sospecha de que era mestiza. Algo se me revolvía por dentro ante la perspectiva de ahondar en la relación y me decía que estaba siendo un traidor, un desleal y un hipócrita al mantener el contacto con ella. Aquellas divagaciones me acompañaban pasada la madrugada y perdía horas de sueño cada noche. Como cabía esperar, el encuentro fue rematadamente mal. Ella me preguntó qué me pasaba, porque me veía muy distante. Yo negaba la evidencia una y otra vez. Quedé varias veces más con ella mientras me debatía en un dilema interno y recordaba, sobre todo, el lema de las SS que decoraba mi espalda: «Meine Ehre heißt Treue». ¿Estaba probando mi honor? ¿Estaba siendo fiel a los principios del nacionalsocialismo? Finalmente concluí que no. Empecé a inventarme excusas para no citarme con ella hasta que se cansó y dejó de llamarme.

Tiempo después, Ana acabaría enrollada con un miembro de un grupo de RAC de Alcalá de Henares. El tipo, al que yo conocería más tarde, se llamaba Guzmán. Ser la pareja de un músico nazi le abrió muchas puertas en la burbuja y le permitió tener numerosos contactos. Ana se hizo muy conocida en los círculos ultraderechistas madrileños, aunque fuera exclusivamente por ser «la novia de...», como la amplia mayoría de las mujeres dentro de la extrema derecha. Se hablaba de su mestizaje a sus espaldas, pero nadie se lo afeó jamás porque llevaba camisetas nazis, iba a conciertos nazis y, sobre todo, salía con un camarada. De haber sido al revés, de haber salido una mujer de la burbuja con un mestizo, no me cabe duda de que la situación habría sido muy desagradable para ella. La historia cambió de forma radical cuando la pareja se rompió. Guzmán contó a todo aquel que quisiera escucharlo que su exnovia era «panchita» porque su padre era un «sudaca». Una noche, como sabía que había sido amigo de ella, me preguntó si habíamos follado. Le contesté que no y me dijo con alivio: «Menos mal, porque no es blanca». No tuve valor para preguntarle irónicamente si ellos, en todos los meses que habían sido pareja, nunca habían tenido relaciones sexuales.

A que pasara aquella página contribuyó una noticia que recibí desde Galicia. Habían condenado a WOTAN88 por gestionar la web de Resistencia Aria. Hacía mucho que no sabía nada de él y hasta había borrado su número de teléfono de mi agenda. Sin embargo, me lancé a buscar información sobre su caso. No me costó encontrar en la prensa gallega todos los detalles. Aunque un camarada con el que todavía mantenía contacto en aquellas tierras me contó que la denuncia no partió de una asociación antifascista ni de una organización judía. Fue un trabajador del BBVA el que puso una denuncia al descubrir que la cuenta corriente en la que Resistencia Aria pedía donaciones era de su banco. A partir de ese momento comenzó una investigación que terminó con un grupo de guardias civiles asaltando la casa en la que WOTAN88 vivía con su anciana madre. El operativo esperaba encontrar armas y explosivos, pero solo halló propaganda, banderas, libros, fanzines y los ordenadores de mi antiguo amigo. Lo acusaron de un delito de exaltación del genocidio y negación del Holocausto y de otro contra el ejercicio de los derechos fundamentales y las libertades públicas. WOTAN88 había aceptado los cargos a cambio de que la sentencia se quedara en dos años de cárcel. Una pena que, al no tener antecedentes penales, lo libraría de entrar en prisión. Cuando terminé de leer toda la información disponible pensé en el triste epílogo que cerraba la nada gloriosa historia de Resistencia Aria.

Buscando mi lugar

Volvía a casa en el cercanías cuando recibí una llamada en el móvil. En el vagón resonó el tono que tenía predeterminado: *Primavera*, el himno de la División Azul. Un joven, sentado varias filas más adelante, se giró y me miró unos instantes. Me puse en guardia por lo que pudiera pasar, hasta que volvió la mirada y dejó de prestarme atención. Cuando me bajé en mi parada, oí que alguien me chistaba. Era él. Mi inquietud se disipó al analizar su estética: cabeza afeitada, zapatillas Adidas negras y la prueba definitiva de que era un camarada, una cruz celta tatuada en el brazo. Se llamaba Julián y acabaría siendo mi mejor amigo durante mi etapa madrileña.

Durante los siguientes años fuimos uña y carne. Conocía a Pilar y a David, por lo que nos integramos en el mismo grupo de forma natural. Además me presentó a otros camaradas, como Castillo, un tipo alto y rubio de Úbeda que trabajaba en Madrid. Julián me recordaba mucho a WOTAN88. Ambos eran mayores que yo, prácticamente de la misma edad; mencionaban sin parar al «sistema», y sentían pasión por prácticamente los mismo temas. La única diferencia entre los dos radicaba en que la especialidad de mi nuevo amigo no era la cuestión judía, sino la historia de España. Le interesaba sobre todo el reinado de Carlos V, de quien hablaba obsesivamente. Su esposa, Andrea, era otra convencida nacionalsocialista. A ella también le atraía enormemente la Segunda Guerra Mundial, era experta en las unidades de las SS y le encantaba la mitología nórdica. De hecho, se habían casado por un ritual pagano basado en la religión que Himmler pretendía imponer tras la guerra. La liturgia era similar a la cristiana, pero se sustituía la cruz por runas vikingas y las invocaciones a Cristo por alusiones a Adolf Hitler. Los invitados vistieron un uniforme similar al de las SA nazis y por la noche encendieron antorchas que subrayaban las solemnidad del escenario. La boda no tenía valor legal, pero a ellos no les importaba. Su objetivo era emular los enlaces que se oficiaron en el Tercer Reich bajo la tutela de las SS, y lo consiguieron. Casi todos los asistentes pertenecían al Círculo de Estudios Indoeuropeos (CEI). Se trataba de una asociación presidida por uno de mis líderes y autores de referencia: Ramón Bau.

El CEI era el heredero directo del Círculo Español de Amigos de Europa (CEDADE), la organización nacional-socialista más importante que ha habido en España. Este grupo lo fundaron en 1966 diversas personalidades entre las que podemos destacar a Ángel Ricote, el propio Ramón Bau, Jorge Mota, Jose Manuel Infiesta, Antonio Medrano o Friedrich Kuhfuss, y mantenía estrechos lazos con nazis históricos como Otto Skorzen y otro de los rostros que contaban con un tatuaje en mis brazos. Ambos pertenecieron a las SS y encontraron amparo en nuestro país tras la Segunda Guerra Mundial. CEDADE fue la matriz, el origen de todo el movimiento nacionalsocialista en España. Operó como asociación cultural y, durante algo más de veinticinco años, extendió sus ramificaciones por toda la Península. Uno de sus conferenciantes habituales era el general de las Waffen-SS Léon Degrelle. En CEDADE confluyeron los principales dirigentes e ideólogos que han impulsado la burbuja en las últimas décadas. Pedro Varela sería el presidente y el ya mencionado Ramón Bau, fundador y también presidente. Ellos dos fueron los espejos en los que siempre traté de verme reflejado.

Pronto descubriría que Julián era menos activista de lo que aparentaba. Le gustaba mucho hacer reuniones o quedadas en casas rurales. Daba siempre elaborados discursos con los que diseñaba la conquista del poder político o añoraba la vuelta del Führer para restituir el orgullo de todos los europeos. Sin embargo, cuando se trataba de actuar desaparecía, hasta tal punto que nuestro grupo acabaría apodándolo Don Excusas. Aun así, él y Castillo fueron quienes me llevaron a mi primera manifestación política. Gerd Honsik era un revisionista austriaco que residía en España. La policía de su país había cursado una orden de detención internacional por sus escritos y nosotros nos íbamos a solidarizar con él. Cuando llegamos a la Embajada de Austria en Madrid había más policías que manifestantes. Un hombre menudo y con gafas gritaba a través de un megáfono consignas sobre la libertad de expresión, el sionismo y los juicios de Nuremberg, en los que la judería, según decía, había ahorcado a los verdaderos héroes. Poco a poco fue llegando más gente, lo que animó al orador a pedirnos que cortáramos la calle. Los antidisturbios tardaron un par de minutos en intervenir. Detuvieron al sujeto del megáfono y a los demás nos disolvieron.

La anecdótica concentración me sirvió para olvidar temporalmente la nula actividad militante que estaba ejerciendo en mi nueva vida. Esta realidad me azuzaba como un afilado puñal. Sentía que estaba perdiendo el tiempo pero ¿dónde militar? Los únicos grupos a los que hasta entonces había tenido acceso o pertenecían a una línea que me repugnaba completamente o, por el contrario, seguían una vía prácticamente recreacionista del Tercer Reich.

Había quizá una alternativa mientras no lograba encontrar mi sitio. El «nacionalismo autónomo». La teoría en este tipo de lucha marcaba la necesidad de realizar acciones al margen de los partidos políticos y de las organizaciones. Así era más fácil evitar ser identificados y localizados por la policía. Nos imaginábamos un Madrid bajo la influencia de millares de lobos solitarios y a las fuerzas policiales incapaces de frenar la escalada de mensajes nacionalsocialistas. No es un escenario en absoluto descabellado y, aunque mi yo de aquel momento se limitaba a acciones de propaganda, la extrema derecha más radical lleva ya años perpetrando acciones terroristas por todo el mundo recurriendo a este modelo.

Los medios locales daban propaganda a distintas acciones que estos grupos llevaban a cabo por toda la urbe. Ciertamente, ese había sido siempre el objetivo, pero era frustrante que aquellas energías no se vehiculasen de forma unificada. No era tampoco como la militancia al uso que había desempeñado en Resistencia Aria, dentro de una organización estable o que me sirviese de referencia, pero me sirvió para establecer contactos con un gran número de camaradas distribuidos por todo Madrid. Mi frenesí y mi impaciencia aumentaban y era muy frustrante saber que vivía en una ciudad llena de nacionalsocialistas y no poder desarrollar el activismo que sí había podido hacer en mi tierra, donde éramos muchos menos.

Asistí a un concierto skin por primera vez también por obra y gracia de Julián y su mujer. Sabíamos que se iba a celebrar en Guadalajara, pero no supimos en qué lugar exacto hasta poco antes de que comenzara. El secretismo era habitual en la organización de los actos que solían realizarse en fechas próximas al 20 de abril, la onomástica de Adolf Hitler, o del 9 de noviembre, aniversario del intento de golpe de Estado perpetrado por los nazis en 1923 y conocido como el Putsch de Munich. En estos conciertos siempre se rendía homenaje al Führer y a los «caídos por Europa». Me fascinó el ambiente de clandestinidad, que reforzaba el sentimiento de pertenecer a la verdadera resistencia contra el sistema.

La frontera que, desde que entré en aquellas salas de chat, vi que dividía este mundo entre ultras y un sector mucho más político, a los que yo llamo puristas, se evidencia en los conciertos.

Blood&Honour, aun siendo un grupo vinculado al mundo del fútbol, constituía una excepción y en cierto modo se asemejaba más a otros grupos europeos de la misma índole, en los que la separación que yo siempre vi clara en España no existía; todos son de mi misma línea. Cualquier camarada que se preciara prefería los eventos que montaba esta organización, por ser garantía de zona libre de drogas y de ausencia de problemas de violencia o «malos rollos».

Esto afectaba a los grupos de música, en función de quiénes eran sus componentes. Los había que estaban unidos a Ultras Sur y jamás habrían tocado en un concierto de B&H. Lo mismo ocurría en sentido contrario. De este modo, solo por el cartel que anunciaba estos actos ya se sabía, sin que estuviese publicado, quiénes eran los organizadores.

He estado en conciertos de ambos tipos. Nunca tuve ningún problema en los de B&H y, de hecho, siempre me fui de ellos con los números de nuevos camaradas en mi teléfono. Pero la cosa era bien distinta en los del otro tipo. De allí sabías cómo entrabas, pero no cómo saldrías. Eran frecuentes las batallas campales, las amenazas... Si, como era mi caso, no eras un rostro conocido por los mandamases de la asociación organizadora, podías verte envuelto en una situación desagradable. He ido solo a conciertos de B&H, pero jamás se me habría ocurrido hacer lo mismo en uno relacionado con Ultras Sur. Yo mismo vi hacer colas en los baños para consumir cocaína, lo que, sumado al alcohol, propiciaba la receta perfecta para las peleas inevitables. Podía ser por cualquier cosa, un tropiezo, una mala mirada o dirigirse a la mujer equivocada. Y lo peor era cuando terminaban y ciento cincuenta ultras completamente borrachos tenían que buscarse otros lugares donde continuar la fiesta.

Presencié situaciones de hipocresía tan grotescas que, de no haber estado tan fanatizado, habrían provocado mi ruptura temprana con la burbuja y mi vuelta a la realidad. Pero, como en tantas otras situaciones, a veces la armadura que cubre nuestra razón es impenetrable. He presenciado como reconocidísimos ultras, traficantes de droga, daban discursos en contra de su consumo ante la presencia de camaradas alemanes o italianos venidos a algún festival europeo.

En Europa, y especialmente en Alemania, estos eventos tienen una naturaleza totalmente diferente. En distintos festivales han llegado a reunir a cinco mil personas llegadas de todos los rincones del país. En Estados Unidos las cifras son mucho mayores. Los fondos suelen derivarse a causas políticas y el compromiso con la causa siempre es el telón de fondo. Esto obviamente ha derivado en que cuenten con marcas de ropa propias y bien consolidadas en el mercado. Era el caso de Thor Steinar, compañía que derivaba un porcentaje de sus beneficios anuales a financiar partidos o asociaciones nacionalistas. Algo así siempre ha sido impensable en nuestro país.

Por supuesto, de nuevo la cuestión racial explicaba esta diferencia abismal entre los conciertos españoles y los germanos. Los alemanes se encontraban más cerca que nosotros, debido a nuestras sucesivas invasiones semitas, del ideal racial al que había que aspirar.

Fuera del estilo que fuese el concierto, al final la policía o la Guardia Civil siempre se presentaban en las inmediaciones para vigilar y actuar si se producía algún altercado. Al principio me sorprendía tanta eficacia. Con el tiempo descubrí que las fuerzas del orden contaban con numerosos confidentes dentro de la burbuja. En la mayoría de los casos eran skins que, tras ser detenidos con pequeños alijos de drogas, habían vendido su alma a cambio de impunidad.

Un nuevo comienzo

Todo empezó a cambiar el día en el que Julián me invitó a unas jornadas de convivencia organizadas por el CEI en las cercanías de Sevilla. Se abría ante mí no solo un fin de semana agradable que compartiría con Castillo y Andrea, además de con Julián, sino también la oportunidad de «hacer algo». El pueblo elegido para el encuentro se llamaba Constantina. Allí estaban las ruinas de una de las mansiones que Léon Degrelle había tenido en nuestro país. El general de las Waffen-SS había fallecido en 1994, después de permanecer tres décadas protegido por Franco y dos décadas más sin ser molestado por el régimen democrático. Degrelle se había convertido en uno de mis referentes y autores favoritos y, como no, también se iría conmigo a la tumba en forma de tatuaje en mi brazo. Su forma de escribir, enérgica y cargada de emociones, todavía me sigue impactando. Obras suyas como *La campaña de Rusia*, *¿Quién era Hitler?* o *Autorretrato de un fascista* reposaban en la parte de mi estantería reservada a mis títulos predilectos.

Recuerdo el enorme entusiasmo que sentí al pisar los escasos restos que quedaban de La Carlina, el palacete donde había vivido Degrelle. El evento estaba perfectamente organizado. El CEI había alquilado un camping con pequeños bungalows. Me instalé en uno con Julián y con Castillo. Andrea tuvo que alojarse junto a otras mujeres. El programa de actividades incluía marchas, visitas culturales, momentos de ocio para disfrutar de la piscina y un acto en La Carlina en el que se leyó un manifiesto. Los organizadores hicieron hincapié en los valores y la estrategia que desarrollaba el CEI. Renunciaban a la lucha política electoral porque afirmaban que el sistema jamás permitiría a una auténtica fuerza nacionalsocialista aspirar al poder. Su objetivo principal consistía en mantener la llama del verdadero nacionalsocialismo, el que Ramón Bau describía como «movimiento cultural e ideológico que propugna la elevación espiritual y física de los pueblos». Sostenían que debíamos esperar a que las condiciones fuesen propicias para la vuelta del nazismo. Una vuelta que, según ellos, era inevitable. Faltaba el contexto adecuado y la figura de un nuevo *führer*, o Avatära, como lo llamaban ellos, pues defendían que el hinduismo era la primigenia cultura blanca, y en dicha cultura un avatar era la encarnación de un dios. El futuro Avatära que encarnase sus ideales liberaría definitivamente a Europa del yugo sionista.

El CEI era, en aquel tiempo, la organización de referencia para nosotros. Tenían diferentes uniformidades. La informal la llevamos durante todo el encuentro y consistía en una simple camiseta blanca con el escudo de la organización. En los actos oficiales había que vestir los colores habituales de la burbuja: traje negro, camisa blanca y corbata roja. Se preocupaban de formar intelectual, política y culturalmente a su militancia. Para ello ofrecían numerosos cursos, en los que trataban de encontrar a sus futuros líderes e instruirlos. Los ultras del fútbol tenían vetada la entrada y el único modo en que podían formar parte de estas siglas era como lo había hecho un exhooligan llamado Nero que conocí en Constantina: deconstruyéndose por completo. Era mayor que yo y había adquirido cierta fama durante su pertenencia a los hammerskins. Si no me hubiera hablado de ese pasado, jamás habría imaginado su pertenencia a aquel grupo. Dado que era una ocasión de oro para confirmar todo lo que siempre había escuchado sobre ellos, en especial en cuestiones de drogas, no perdí un segundo en hacerle un auténtico interrogatorio al respecto. Confirmó mis averiguaciones punto por punto. También conocí a Carlos, otro militante que había estado en el Ejército, pero que lo había abandonado asqueado. Según nos contó, estuvo de voluntario en la Brigada Paracaidista y se avergonzó al encontrarse con secciones enteras formadas por sudamericanos. «Quien piense que es mentira la existencia de un plan de sustitución racial que se meta en el Ejército y lo comprobará. Aquello está lleno de panchitos», me dijo con un atisbo de reproche, pues sabía que yo seguía siendo militar.

Asistí a muchos otros actos organizados por el CEI. En uno se homenajeó a Ezra Pound —poeta y ensayista norteamericano que acabó convertido en un ferviente admirador de Mussolini—, a los pies del monumento erigido en su honor en la localidad soriana de Medinaceli. Se trata del único monumento del mundo levantado en honor al poeta, por lo que es escenario habitual de mítines y actos fascistas. Otro fue una boda nacionalsocialista en la que esperaba vivir un ambiente muy similar al que impregnó el enlace de Julián y Andrea. Sin embargo, esta fue mucho más discreta y contó con menos medios. Pocos invitados, nada de antorchas, algunas banderas de la organización y, como uniforme, el típico traje negro con corbata roja.

Aquel día tuve una decepción, que no fue la única en el Círculo. Nunca milité oficialmente en el CEI, pero conocí su funcionamiento y a sus principales dirigentes. Su presidente, Ramón Bau, había cedido protagonismo a una figura emergente mucho más joven que él: Óscar Panadero. Contundente en sus discursos, ejercía de delegado del CEI en Cataluña y superaba en oratoria y capacidad organizativa a Bau. Panadero impuso una fuerte disciplina, se ganó fama de estricto y trató de que la organización se dotara de una estructura bien definida, siguiendo el ejemplo de CEDADE. Por otro lado, montó una librería similar a la de Pedro Varela. El local fue clausurado en una operación policial que, como no podía ser de otro modo, levantó oleadas de protestas e indignación dentro de la burbuja ante lo que veían como la hipocresía del sistema democrático: «¿Libertad? Sí, pero solo para los que no molestan al poder».

La retórica de Panadero no se correspondía con sus acciones. Ante cualquier propuesta de actuación que hicieran sus militantes más inquietos siempre respondía lo mismo: «No es el momento». Yo me sentía más cercano a otro referente del Círculo: Antonio Hernández Pérez. Autor del libro *La restitución de las Españas,* era un firme defensor de una línea europeísta y federal. Hernández llevaba toda la vida elaborando un atlas enciclopédico de los pueblos europeos a lo largo de la historia, recogiendo su cultura, su evolución, sus costumbres...; un trabajo monumental. Su visión del nacionalsocialismo y de la acción también difería de la de Panadero. Hernández abogaba por mantener la esencia del CEI, pero adaptándola a una sociedad a la que pretendía abrirse. Panadero no quería ni oír hablar de la palabra «apertura». Consideraba que el nazismo era una doctrina sagrada, válida para unos pocos elegidos. Su estrategia de esperar el momento adecuado se basaba en una visión cíclica de la historia. Todo volvía a ocurrir, de modo que tarde o temprano se repetirían las condiciones propicias para construir un Cuarto Reich. Yo me alineé con Hernández, por lo que se me acusó de defender una posición poco menos que blasfema y antinazi. Las diferencias acabaron provocando un cisma. Antonio Hernández y otros destacados miembros del CEI se escindieron y fundaron la plataforma Sociátio Identitária Europaeórum Géntium (SIEG). Yo participé activamente en el diseño y la organización de este nuevo grupo. Un grupo que, una vez más, apenas tuvo recorrido alguno tras su rimbombante presentación.

Stormfront, otro foro para el odio

Mis actividades en el CEI coincidieron con una pequeña convulsión en mi círculo más íntimo. Julián y Andrea empezaron a tener problemas en su relación. Nada especial que no pudiera ocurrir en cualquier pareja, pero el conflicto se vivió de una forma demasiado intensa, algo que solía pasar en la burbuja. Julián se dedicó a tacharla de loca, alcohólica y puta. Mi reacción fue similar a la que tuve en otros casos parecidos: ponerme del lado del varón. Hoy me sonrojo al explicar mi papel en aquel sainete. Al principio, aunque siempre apoyando a Julián, defendí la inocencia de Andrea porque consideraba imposible que una nacionalsocialista de su talla hubiera sido infiel a su compañero. Esto duró solo unos días, hasta que en una de las conversaciones que mantuvimos noté que me estaba engañando, por lo que rompí con ella definitivamente. No hice lo propio con Julián, al que yo mismo había oído mentirle a su mujer, inventándose turnos extra en el trabajo para no volver a casa y quedarse de juerga. Lo cierto es que Andrea no solo me caía bien, sino que llegué a admirarla por su determinación y su carácter. Sin embargo, el deber de no ofender a mi camarada prevaleció. Los dos, como suele ser habitual, habían tenido parte de culpa en la ruptura, pero solo ella fue repudiada y clasificada de «indigna» por toda la burbuja.

Este suceso coincidió en el tiempo con mi regreso a internet. Desde la infiltración de Antonio Salas ya no era tan fácil encontrar canales del palo. Solo *Nuevorden.net* había sobrevivido, aunque ahora se veía muy superado por un competidor llamado Stormfront. Se trataba de un foro gigantesco creado en Florida y en el que se conversaba en varios idiomas. Yo acababa de leer la novela *Los diarios de Turner,* escrita por William Pierce, camarada de referencia en Estados Unidos. En ella se hablaba de una revolución armada de supremacistas blancos que, poco a poco, atentado tras atentado, se había ido abriendo paso en el país hasta desembocar en una guerra abierta contra el gobierno norteamericano que, cómo no, estaba manejado por los sionistas. Una de esas acciones fue emulada en la vida real por Timothy McVeigh y pasó a la historia como el atentado de Oklahoma. El 19 de abril de 1995, McVeigh detonó un camión con más de 2.000 kilos de explosivos delante de un edificio federal. Asesinó a 168 personas y dejó heridas a cerca de 700. Varios extractos del libro de Pierce aparecieron en el coche en el que huyó el terrorista ultraderechista antes de ser detenido. El terrorista que protagoniza la novela se llamaba Earl Turner, así que no tardé ni un minuto en decidir cuál sería mi *nick* en Stormfront: eturner.

En la sección en castellano del foro confluíamos españoles y latinoamericanos. Se intercambiaban libros y enlaces donde descargarlos gratis. También se publicaban argumentos u opiniones, al igual que se hacía en los chats, aunque no en tiempo real. Chilenos y argentinos curiosamente solían mantener las posiciones más radicales, violentas y de mayor fanatismo en defensa de Hitler. Muchas de las conversaciones, por no decir todas, giraban en torno a los planes del sistema, el feminismo y la cuestión racial y su influencia. Una influencia, creíamos, ocultada concienzudamente por el poder.

Si hace unos pocos meses alguien me hubiera preguntado por el contenido y el tono de los mensajes que publicaba yo en el foro, le habría contestado que fueron más de lo mismo: ataques al sistema, defensa de la raza blanca sin criminalizar al resto de los grupos raciales, alegatos a favor del nacionalsocialismo purista y discursos contra la violencia gratuita de ultras y hooligans. Sin embargo, cuando preparaba este libro decidí bucear en el foro y logré localizar algunas de mis aportaciones. Me quedé perplejo, dado que chocaba frontalmente con esa moral y estilo superior, del que constantemente me hacía garante en mi diferenciación con los ultras. Después de años de terapia que seguramente me acompañen toda mi vida, sigo sin poder desvelar del todo por qué la mente actúa del modo en que lo hace cuando se está tan radicalizado.

Leyendo mis publicaciones en este foro, he llegado a la conclusión de que mi ruptura no era solo con la realidad sino incluso conmigo mismo. Recuerdo que pensé: «Solo me ha faltado descubrir que en aquellos tiempos defendía la pederastia». Anoté algunos ejemplos que reflejan el nivel de radicalización y odio en el que me encontraba, con las palabras malsonantes sustituidas por asteriscos para que el administrador del foro permitiera su publicación.

En una discusión cualquiera sobre quienes mueven los hilos del sistema: «Pues yo no vería mal ponerle una bomba debajo del coche a más de un hijo de ****. Ni hasta pegarle cuatro tiros delante de su familia».

En un debate con un usuario que discrepaba de mi punto de vista (da igual el motivo): «Habría que reventarte la cabeza, judío de ****».

Valorando la designación de Marine Le Pen como nueva líder del Frente Nacional francés: «La sucesora de esta cerda estrogenizada será un mestizo de nombre francés, producto de tirarse a algún buen mozo marroncito. Habría que pegarles un tiro en la nuca a ella y a su padre».

Charlando sobre una chica de catorce años que se fugó con su novio, un hombre de origen rumano que posteriormente la obligó a prostituirse:

ETURNER (yo): Que se joda, y añado: ojalá aparezca muerta

PJUNKERS: ¿Va en broma (de muy mal gusto, claro) o te fumaste algo? Mal camino.

ETURNER: Perdón, me retracto. Alabemos a las zorras

que se líen con subhumanos. Así España tendrá razas ricas y diversas. Tonto de mí.

Dejando ver mi homofobia, mi machismo y mi deseo de pasar a la acción en varias conversaciones:

País de maricones. Perdón, de gais.

Infiltrados siempre los ha habido y siempre los habrá. Es algo parecido a los maricas. Hay que empezar a ignorar esas tonterías. Lo que nos traemos entre manos justifica cualquier sacrificio que hagamos.

Es pura genética. Están los tíos con carácter contra los reparteflores. Son las dos líneas. En CEDADE había de todo. Había mariconas y había tíos con narices. Y si llegó a algo fue gracias a los segundos. Hoy día la situación es desesperada. Y los sigue habiendo, ilusos de la vida, que se creen que con pajas mentales, conferencias y visitas a museos vamos a conseguir algo [...]. Seguid así, payasos. Hoy día hay que ir de frente. No puedes llegar a la gente encerrado en un local sin ventanas donde te reúnes cada dos semanas. Eso es de cobardes políticos. No se trata de ir de duro como dice algún ****. Es así y no hay más vuelta de hoja. Hay que hacer cosas nuevas, cosas atrevidas, cosas que a un maricón le suenen violentas. Pero sin serlo. Simplemente que sean directas, originales, revolucionarias.

Parece que esté hablando con mujeres [...]. Me han comentado casos de nenes que hacían bajar la voz por si alguien los escuchaba.

Lanzando una «sugerencia» al hilo de un chalé que se había comprado en León el entonces presidente del Gobierno, José Luis Rodríguez Zapatero: «Excelente objetivo para un atentado con toda su familia dentro».

Estaba convencido de la bondad absoluta de mi ideología... mientras me dedicaba a esparcir un odio desmedido. De no haber estado aún en línea las conversaciones que sostuve en Stormfront, nunca jamás habría aceptado que yo había hecho afirmaciones semejantes. Siguiendo con esta lógica, ¿qué no habré dicho? Estaba seguro de que no era racista, sino racialista, a la vez que llamaba «subhumanos» a magrebíes, subsaharianos o rumanos.

Dormía tranquilo convencido de que no era machista ni homófobo, al tiempo que despreciaba pública y privadamente a las mujeres y a los no heterosexuales. Yo me veía como el defensor de lo justo, lo bueno y lo bello, segundos antes de desear la muerte de un judío, un rival político o un presidente del Gobierno.

Estoy seguro de que si no recordaba la brutalidad de mis mensajes era porque desde dentro de la burbuja no percibes que estás cayendo en un discurso de odio. Carezco del conocimiento para explicar cómo podemos llegar a autoengañarnos de un modo tan atroz. Todo se entiende como una necesidad inexcusable y se interioriza que, parafraseando a Thomas Jefferson, «Cuando la injusticia se convierte en ley, la resistencia se convierte en deber». Es nuestro derecho a existir lo que está en juego y el único odio en cuestión es el que nuestros enemigos destilan hacia la patria, los hombres, los heterosexuales o la raza blanca. El odio siempre es el origen de todo, aunque disfrazado bajo nobilísimos ideales tales como la defensa de Occidente, de la familia tradicional o de la cristiandad. Esa es la realidad. Dentro de este mundo, más pronto que tarde y sin tener conciencia de ello, uno termina devorado por un odio casi infinito.

5

Esparta y su ley

Fue en esos debates repletos de bilis que manteníamos en Stormfront donde tomé contacto con camaradas que respondían a *nicks* tales como Wiljan, Blanco, Navas de Tolosa, Loucis Interis o EuropeanPatriot. Wiljan era una muchacha que no tenía más de quince años y que, por la madurez de sus aportes y nuestra mentalidad machista, todos dábamos por hecho que se trataba un chaval de nuestra edad. Con el tiempo la conocería en persona y pasaría a ser parte de mi círculo de confianza. Blanco también entró con fuerza en mi grupo de amistades. Defendía unos planteamientos radicales que se alejaban de algunos de los principales pilares sobre los que se construía el neofascismo. Despreciaba la civilización como concepto, y eso abarcaba los aspectos negativos como la masificación o la contaminación, pero también los aparentemente positivos como el arte, la cultura, la música, el orden... Hablaba de volver a una suerte de barbarismo donde la naturaleza y la raza fuesen los únicos jueces y la única ley. Mantenía un discurso que, con toda seguridad, habría provocado un ictus a personajes como Pedro Varela o Ramón Bau. Sus tesis eran tan rompedoras que más de una vez lo tildaron de «ateo neomarxista».

Blanco y yo hicimos buenas migas. Nos gustaba debatir, y a mí algunas de sus teorías me removían por dentro. Hacían falta nuevas ideas, nuevas estrategias para intentar avanzar en la lucha. Siguiendo esta línea apareció un blog que se hizo muy popular en la burbuja. Se llamaba *Europa soberana* y planteaba una inédita clasificación racial que protagonizó los debates durante meses.

Yo, como he dicho en varias ocasiones, siempre rechacé la etiqueta de racista. Me sentía incómodo con ese adjetivo que ya me adjudicaban mis amigos, los profesores o la familia cuando daba mis primeros pasos en la burbuja. Luego vi que solo los ultras se definían así pública y abiertamente. Acusarnos de racistas era una manipulación más del sistema. A quienes lo hacían en un foro, yo les mandaba un fragmento de un discurso que Léon Degrelle había pronunciado en un acto de CEDADE celebrado en Barcelona: «El racismo alemán ha sido deliberadamente distorsionado. Nunca fue un racismo "anti" cualquier otra raza. No estaba en contra de las demás razas, estaba a favor de su propia raza. Apuntaba a defender y a mejorar su raza, y deseaba que todas las demás hiciesen lo mismo por sus respectivas razas». Era un relato que había hecho mío y que siempre apoyaría dentro de la burbuja: la cantinela de que odiábamos a los negros era propia de la imagen que Hollywood pretendía dar de nosotros. En esta premisa siempre teníamos otro comodín, que era el de la extraña relación que mantuvo en los años cincuenta y sesenta el Partido Nazi de Estados Unidos con la Nación del Islam, la corriente más radical del movimiento negro de liberación. George Lincoln Rockwell, líder de los nazis estadounidenses, llegó a asistir junto a otros camaradas a uno de los mítines de Malcolm X. Todos lucían brazaletes con esvásticas, y no solo no fueron hostigados por los organizadores, sino que los sentaron en primera fila. Ambas formaciones apostaban por la segregación racial, cada una barriendo para su lado, y las unía un profundo antisemitismo. Fue un encuentro más simbólico que trascendente. Lincoln Rockwell se siguió refiriendo a los negros como «animales no mejores que los chimpancés» o «negratas con aros en la nariz». Con todo, a nosotros aquella confluencia puntual, exagerada notablemente con datos falsos, nos servía de ejemplo para «demostrarnos» que los nazis no odiábamos a los negros.

Selección natural para preservar la pureza racial

El debate se enriqueció enormemente, desde nuestro punto de vista, con un estudio publicado en el nuevo blog. Su autor utilizaba el *nick* de Nordic Thunder (NT), y Blanco lo conocía en persona. Hasta aquel momento, las teorías raciales que se manejaban en la burbuja para diferenciar las razas eran las del siglo XIX, basadas en la observación y la comparación. La de NT tenía un carácter supuestamente científico. Viniendo de una fuente nacionalsocialista, absolutamente nadie se cuestionó su validez. Como ocurría con el resto de los postulados, se aceptó de inmediato y se le dio rango de verdad irrefutable. No sabíamos quién era el autor real de la teoría ni si este tenía alguna formación en la materia, daba igual. Fuera de internet, mi entonces admirado ideólogo de la plataforma SIEG, Antonio Hernández, me habló también de la nueva clasificación racial. Dijo sentirse impresionado por que un blog de naturaleza científica abordara el tema de las razas. El informe de NT utilizaba términos como ADN-Y y ADNmt, y hablaba de genes como el OCA2, HERC2 o MC1R. Incluía un sinfín de gráficas en inglés y de supuestos estudios poblacionales. No entendíamos la mitad de lo que decía ni de los vocablos que empleaba, así que tenía que ser muy pero que muy científico. Blanco y yo, como la mayoría de los puristas de la burbuja, nos convertimos en «expertos» en este tema e íbamos por la calle analizando la forma del cráneo, el arco nasal, la línea del labio o la separación de los ojos de los transeúntes. Recuerdo con claridad que Blanco fotografió a un hombre pelirrojo que iba dormido en el autobús porque le llamó la atención la forma de su nariz. En los foros se empezaron a colgar fotos de famosos, personas anónimas, vagabundos e incluso familiares para debatir sobre su condición racial. Las imágenes daban lugar a comentarios de este tipo: «Su nariz está rojizada, sí, pero yo diría que responde al tipo NB y dinárico». «Sobre la doble cresta craneal, creo que tiene que ver la armenización en combinación con algo más.» «¿Estás seguro de que ese pariente tuyo no tiene nada de conguización por residual que sea?»

Esta clasificación tenía una vertiente especialmente polémica en nuestro mundo ya que acababa con la tesis de que los españoles puros eran blancos al cien por cien. Infinidad de ultraderechistas se sintieron atacados e insultados al dudarse de sus orígenes raciales. Toda mi línea afín a los postulados de Nordic Thunder se recreaba con los estallidos de bilis que la ultraderecha nacional católica sufría ante esta actualización de nuestro discurso.

En cualquier caso, siempre habíamos estado enfrentados en la cuestión nacional. Ambos defendíamos España, pero de modos completamente enfrentados. La ultraderecha heredera del franquismo sostenía el concepto de Estado fuerte y centralizado en consonancia con el lema «una, grande y libre». Nosotros, por el contrario, defendíamos que España era un Estado blanco pero multiétnico, conformado por diferentes pueblos que debían aspirar a caminar juntos dentro del marco del Estado como unidad de destino.

Para los ultras todo era una cuestión administrativa con herencia histórica, pero para nosotros la raza lo impregnaba todo y el Estado, como tal, no se podía entender más que como un organismo vivo y biológico que sitúa a sus verdaderos ciudadanos como descendientes de la noble estirpe de personajes como Don Pelayo o los Reyes Católicos.

Si hubiésemos aplicado los criterios del polémico manual a los principales dirigentes de la ultraderecha, muy pocos habrían pasado el nuevo filtro de pureza racial. Pedro Pablo Peña, líder de Alianza Nacional, sería de raza arménida o dinárica (la de menor calidad dentro de la raza blanca) con ciertos rasgos semitas que se detectan sobre todo en los labios. Manuel Andrino, líder de Falange, también sería de raza arménida, aunque mezclada con cónguida (negra). Santiago Abascal estaría ligeramente armenizado y tendría acusados rasgos judíos, como la forma de la nariz y la posición de los ojos. Aunque hoy todo esto me parezca absurdo, sigo sin tomármelo a broma porque no hace tantos años se crearon organismos como la Rassenhygienische und Bevölkerungsbiologische Forschungsstelle («Unidad de Investigación de Higiene Racial y Biología Demográfica»), que aportó los datos «científicos» para legitimar la legislación antijudía en la Alemania de Hitler.

La obsesión por la raza aún se incrementó más en nosotros cuando los laboratorios estadounidenses empezaron a ofrecer análisis de ADN para determinar los antecedentes raciales de las personas. Aunque costaban cerca de 200 euros, Blanco y yo no lo dudamos ni un instante y escribimos a uno de los laboratorios. Pocos días después recibimos en casa un sobre de tamaño mediano con las instrucciones, unos formularios y un pequeño recipiente en el que tenías que depositar una muestra de saliva para enviarla a la dirección indicada. Al cabo de poco más de un mes nos llegó un correo electrónico informándonos de que ya podíamos entrar en nuestros perfiles de la web del laboratorio. Recuerdo lo nervioso que estaba. No tenía dudas de mis ancestros por parte materna, ya que todos los parientes de esa rama de la familia eran rubios y de ojos azules. Las dudas venían por mi padre, que era moreno y con los ojos oscuros. Temía que por esa vía me saliera algo chungo. Finalmente accedí a mi perfil y lancé un grito de alegría: era un 99,9 por ciento europeo. Mi ego racial respiró aliviado. Obviamente, la mayor parte de mis orígenes genéticos, algo más del 74 por ciento, los situaba en España, concretamente en Galicia. Un 8,5 por ciento de mi «yo» procedía de la región comprendida entre Francia y Alemania, y un 7,8 por ciento, de latitudes nórdicas. El análisis arrojaba otros datos interesantes sobre el posible rechazo genético a determinados tratamientos o las probabilidades de desarrollar algunas enfermedades. En mi caso se indicaba un riesgo alto de sufrir un fallo cardiaco, un problema presente en mi familia desde hacía varias generaciones.

El resultado del análisis tenía letra pequeña, y ahí empezaron mis problemas. Leí perplejo que el haplogrupo paterno R-M405 indicaba orígenes celtas, pero el materno L1b1a provenía de África central. «¡Ja! ¡Eres negro! ¡Qué putada!», me dijo Blanco sarcásticamente cuando curioseó en mi perfil. Yo estaba desolado. Y eso que ni siquiera sabía lo que era un haplogrupo. En mi cabeza resonaba un argumento que había escuchado esgrimir mil veces dentro de la burbuja: el supuesto origen africano de la raza humana es una más de las mentiras urdidas por los judíos para erradicar la raza blanca, la única capaz de frustrar sus planes de conquista del nuevo orden mundial. Los mestizos y mulatos, según nuestras creencias, eran más débiles y sumisos. Por eso los judíos buscaban el mestizaje global. Y yo, en aquel momento, me sentí un mestizo más. (Si cada vez que un niño llega al mundo a sus padres les entregasen un informe de estas característicasticas, la sociedad se ahorraría muchas tonterías futuras en materia de discriminación.) «Es falso, no puede ser», le grité a Blanco. Decidí no comentárselo a nadie y olvidarlo. Seguí con mi vida e hice como si nunca hubiera escupido dentro de aquel pequeño bote cilíndrico.

La repercusión de la clasificación racial se prolongó en el tiempo. La polémica aumentó porque NT defendía, al igual que Blanco, en parte una vuelta al barbarismo primigenio, modelo que, por cierto, tiene un enorme seguimiento por parte de comunidades de Norteamérica, totalmente aislacionistas y armadas hasta los dientes. Aquello contradecía el criterio de todos los ideólogos de la burbuja para quienes la civilización era el más alto valor de la raza blanca y la cima de su esplendor. La nueva línea afirmaba que esta civilización solo producía «bastardos raciales», mestizos débiles en lo físico y en lo mental que eran una presa fácil para el marxismo cultural y sus modas. NT hacía un llamamiento a reactivar la selección natural si queríamos salvar la raza. Blanco iba más allá atacando a los ejemplos de superioridad artística que mencionaban los principales ideólogos nacionalsocialistas. A su juicio, Mozart o Beethoven no eran más que «estrogenizados con rulos» que no sobrevivirían ni dos días en un ambiente hostil. Eran afirmaciones absurdas de las que yo me reía con ganas, pero que hacíamos para atacar a todos aquellos que se habían apoltronado en las dinámicas de conferencias y actos de los que eran incapaces de salir. Era necesaria una nueva vía de la acción.

El modelo histórico que proponían era el de Esparta. Esta polis griega se caracterizó por su brutal sistema de selección natural y de adiestramiento militar. Los recién nacidos que no eran lo bastante fuertes y sanos se sacrificaban. Los demás niños, siendo aún muy pequeños, se sometían a la *agogé*, un durísimo entrenamiento físico que duraba años e incluía el manejo de armas y el combate cuerpo a cuerpo. Apelar al ejemplo espartano no era una excentricidad, por mucho que lo parezca, ni nada nuevo en el nacionalsocialismo. El mismísimo Adolf Hitler mostró su admiración por el comportamiento de aquella vieja civilización. En su segundo libro, publicado años después de su muerte, el Führer lo expresó con absoluta claridad: «Esparta debe ser considerada el primer Estado Völkisch. La exposición de los enfermos, los débiles, los niños deformes, en definitiva, su destrucción, era más decente y en verdad mil veces más humana que la miserable locura de nuestro tiempo que preserva a los sujetos más patológicos y, de hecho, lo hace a cualquier precio. Sin embargo, toma la vida de cientos de miles de niños sanos como consecuencia del control de la natalidad o por medio de abortos, para, posteriormente, engendrar una raza de degenerados cargados de enfermedades».

Las palabras de Hitler fueron actualizadas por NT y otros defensores de esta vía. Estos afirmaban que si la sociedad actual atravesaba una profunda crisis llena de trastornos de ansiedad, suicidios y psicofármacos era porque estábamos obrando de espaldas a miles de años de evolución. La tecnología y los avances médicos estaban provocando la multiplicación de una estirpe enferma a la que a la naturaleza le había llevado siglos eliminar mediante la selección natural. El orden natural familiar, surgido del hombre cazador recolector, se estaba invirtiendo a causa del feminismo y las ideologías homosexualizantes.

Este discurso, cargado de violencia, cierta épica y apelaciones a míticas batallas, caló hondamente en mí y en muchas otras personas de la burbuja. Poder aplicar algunas de estas ideas era cuestión de tiempo y de encontrar a las personas adecuadas.

El Taller Espartano

Había que endurecer nuestros cuerpos y liberarlos de las sustancias estrogenizantes que nos feminizaban y nos convertían en seres débiles. Había que estar preparados físicamente para la inevitable batalla que se avecinaba. Las antiguas leyendas nórdicas se entremezclaban con los ciclos de la vida hindúes bajo la sombra de la esvástica. El *Kaliyuga*, la «edad oscura» actual, acabaría cuando los dioses blancos renaciesen en la tierra y desataran la batalla final, el *Ragnarök* del que hablaban los vikingos. Con estas ideas en la cabeza, Blanco y yo comenzamos el proceso de espartanización. Al principio salíamos a realizar largas caminatas por las montañas cercanas a Madrid. Era el mes de noviembre y las temperaturas ya rondaban los cero grados. Cada día elevábamos el listón: más kilómetros, con menos ropa, con peor calzado. Muy pronto, en pleno invierno, pasamos a caminar en pantalón corto y desnudos de cintura para arriba. Lo peor era el inicio, cuando abandonábamos el coche y su confortable calefac-

El autor junto a varios miembros de SCVTVM. En primer término, Pedro Varela y José Luis Jerez Riesco.

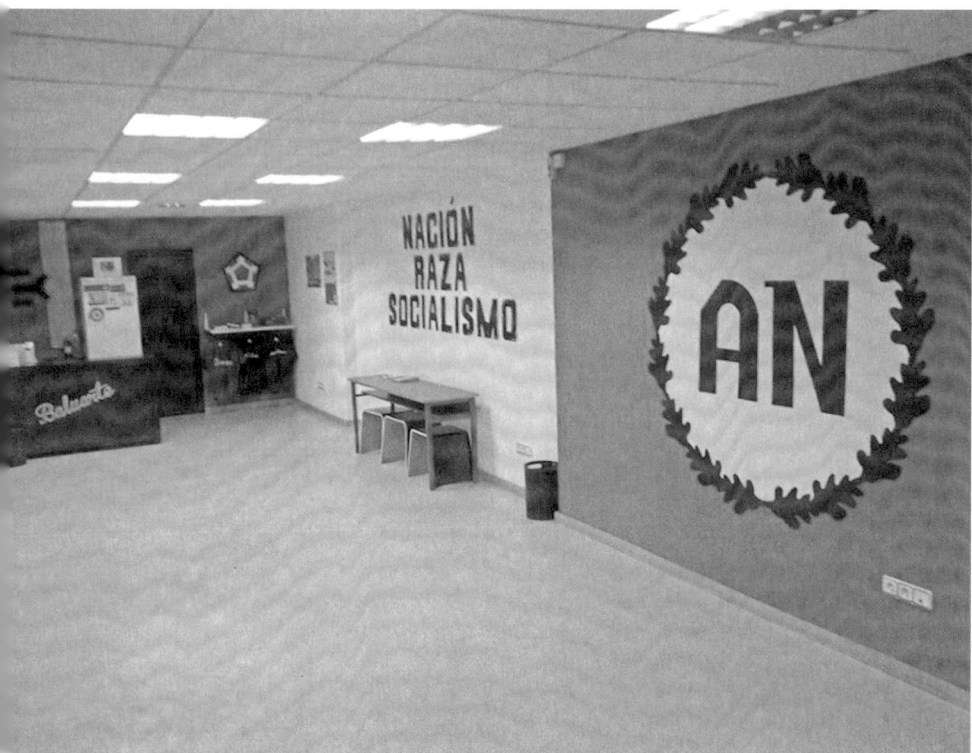

Antigua sede de Alianza Nacional.

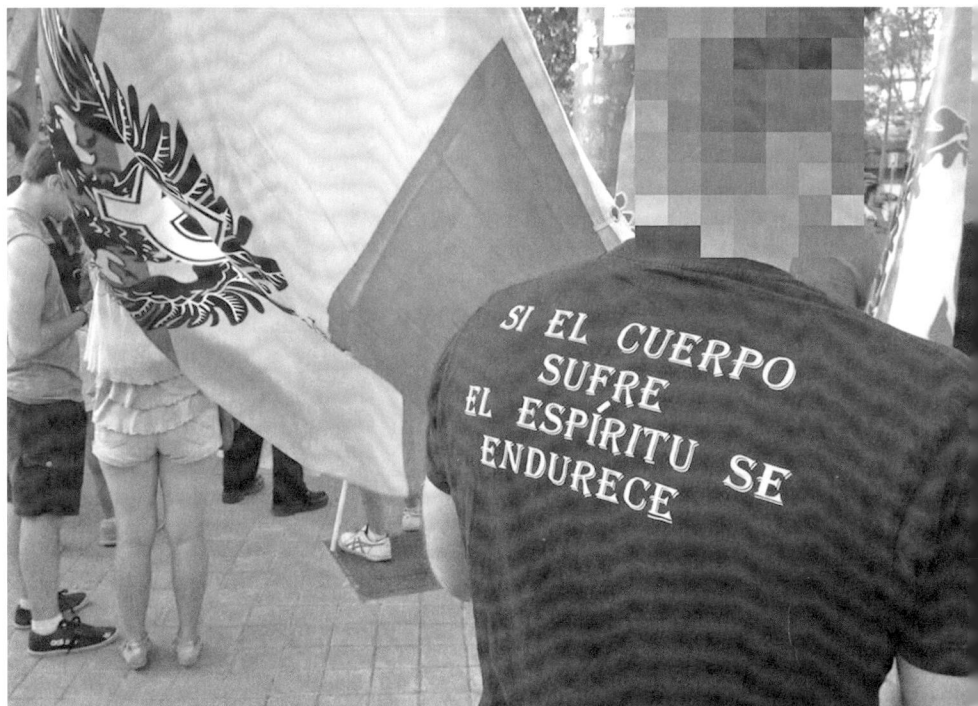

Miembro de SCVTVM trabajando en labores de seguridad durante un acto en Madrid.

Manifestación por el 12 de octubre en Barcelona.

autor junto a compañeros del Taller Espartano.

ga para juramentos de SCVTVM.

El autor y varios compañeros de militancia en un concierto en Madrid.

El autor con Yvan Benedetti en BALUARTE. Al fondo, Pedro Pablo Peña.

Campaña de carteles de Alianza Nacional diseñados por el autor contra la corrupción.

Campaña de Alianza Nacional diseñada por el autor contra la inmigración.

Web de Resistencia Aria.

Número 4 de la revista *La Bandera en Alto*, correspondiente a los meses de octubre y diciembre de 2009.

El pensamiento proscrito
TERCERAS JORNADAS

10:30 Apertura de puertas y presentación de la jornada.

11:00 "Historia siniestra de la masonería"
Rogelio González Orendain. (España/México)

12:30 "Los mercados contra el pueblo"
Dani H. Responsable del C.E.I.E. Madrid.

DESCANSO COMIDA.

16:00 "Contra la islamofobia por la identidad de los pueblos"
Eduardo Núñez. Ascociación Amigos León Degrelle.

17:30 "El Nacional-socialismo y el Sionismo. Relaciones históricas".
Pedro Pablo Peña. Jefe nacional A.N.

19:00 "La represión nos hace más fuertes".
Yvan Benedetti. L'Ouvre Française (Lyon, Francia)

ENTRADA 7€
ENTRADA Y FIESTA FdJ 10€

HOTEL ZENIT CONDE ORGAZ
SALA CANCILLER (1ª PLANTA)
C/ MOSCATELAR 25

25 de abril
1OSTUYOS.NET

AN

Cartel diseñado por el autor para las III Jornadas de Pensamiento Proscrito.

El autor en el Zeppelingfeld de Nuremberg.

LA PIRÁMIDE INVERTIDA DE LA CONSPIRACIÓN

ALEJADO DE LA REALIDAD

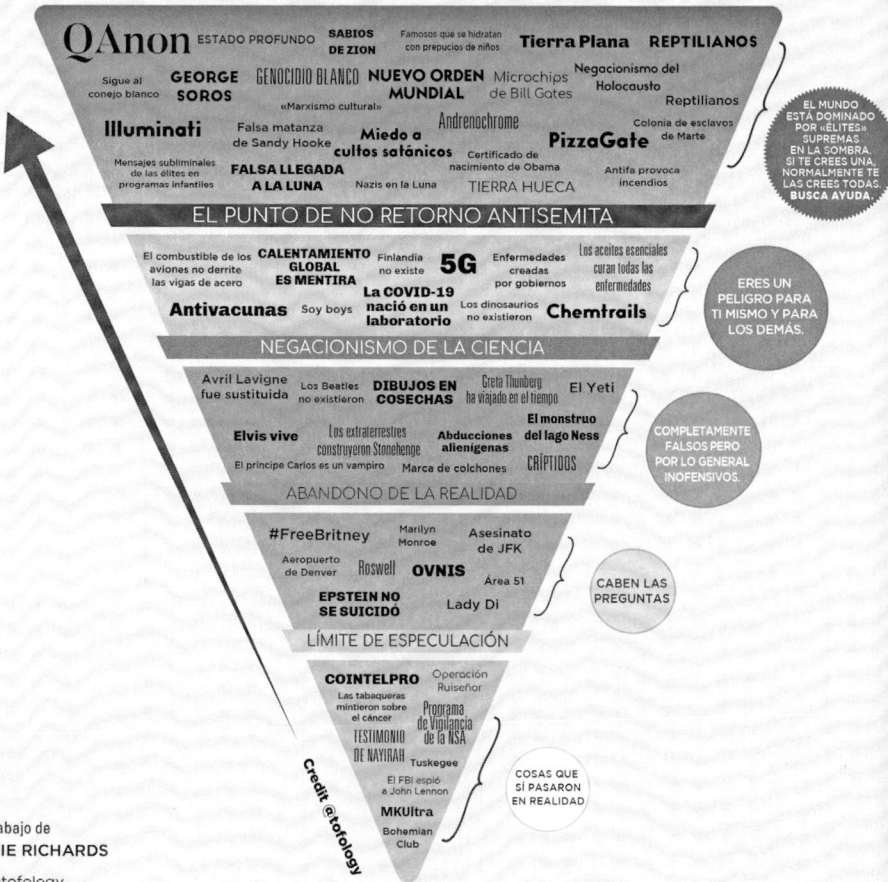

QAnon ESTADO PROFUNDO SABIOS DE ZION Famosos que se hidratan con prepucios de niños Tierra Plana REPTILIANOS

Sigue al conejo blanco GEORGE SOROS GENOCIDIO BLANCO NUEVO ORDEN MUNDIAL Microchips de Bill Gates Negacionismo del Holocausto

«Marxismo cultural» Andrenochrome Reptilianos

Illuminati Falsa matanza de Sandy Hooke Miedo a cultos satánicos PizzaGate Colonia de esclavos de Marte

Mensajes subliminales de las élites en programas infantiles FALSA LLEGADA A LA LUNA Certificado de nacimiento de Obama Antifa provoca incendios

Nazis en la Luna TIERRA HUECA

EL PUNTO DE NO RETORNO ANTISEMITA

EL MUNDO ESTÁ DOMINADO POR «ÉLITES» SUPREMAS EN LA SOMBRA. SI TE CREES UNA, NORMALMENTE TE LAS CREES TODAS. **BUSCA AYUDA.**

El combustible de los aviones no derrite las vigas de acero CALENTAMIENTO GLOBAL ES MENTIRA Finlandia no existe 5G Enfermedades creadas por gobiernos Los aceites esenciales curan todas las enfermedades

Antivacunas La COVID-19 nació en un laboratorio Soy boys Los dinosaurios no existieron Chemtrails

NEGACIONISMO DE LA CIENCIA

ERES UN PELIGRO PARA TI MISMO Y PARA LOS DEMÁS.

Avril Lavigne fue sustituida Los Beatles no existieron DIBUJOS EN COSECHAS Greta Thunberg ha viajado en el tiempo El Yeti

Elvis vive Los extraterrestres construyeron Stonehenge Abducciones alienígenas El monstruo del lago Ness

El príncipe Carlos es un vampiro Marca de colchones CRÍPTIDOS

ABANDONO DE LA REALIDAD

COMPLETAMENTE FALSOS PERO POR LO GENERAL INOFENSIVOS.

#FreeBritney Marilyn Monroe Asesinato de JFK

Aeropuerto de Denver Roswell OVNIS Área 51

EPSTEIN NO SE SUICIDÓ Lady Di

LÍMITE DE ESPECULACIÓN

CABEN LAS PREGUNTAS

COINTELPRO Operación Ruiseñor

Las tabaqueras mintieron sobre el cáncer Programa de Vigilancia de la NSA

TESTIMONIO DE NAYIRAH Tuskegee

El FBI espió a John Lennon

MKUltra

Bohemian Club

COSAS QUE SÍ PASARON EN REALIDAD

Credit @tofology

Un trabajo de
ABBIE RICHARDS

♪ @tofology
◎ @abbiesr
🐦 @abbieasr

Cesiones y consultas creativas:
tofology@gmail.com

Diseño ◎ @anti_conspiracy_memewars

PEGADO A LA REALIDAD

ción. Mi cerebro me pedía que parase, que no siguiera adelante. Blanco me animaba. Decía que no era el sentido común sino el aburguesamiento y la debilidad propia de nuestra era los que me intentaban convencer de que desistiera. Lo cierto es que, al poco rato de andar, el frío desaparecía y el cuerpo se acostumbraba a la dura climatología. Entonces yo tiraba de los «conocimientos» adquiridos a lo largo de los años en la burbuja y afirmaba satisfecho que el alivio se debía a nuestra memoria genética, que recordaba el pasado bárbaro de la civilización blanca.

Éramos conscientes de que el trabajo de endurecimiento debía continuar en la gran ciudad. Nos prohibimos usar agua caliente y empezamos a dormir con la ventana abierta y con la menor cantidad de ropa posible en la cama. Empezamos a relatar nuestras experiencias a los camaradas más cercanos y en los foros. Las historias que contábamos en Stormfront empujaron a apuntarse al reto tanto a Wiljan como a un lituano amigo suyo llamado Henrry. Luego se añadieron al grupo dos amigos de Julián: Paulo y Gijoe. A este último lo había conocido en un concierto que se organizó en Guadalajara. Era un tipo muy fuerte, del norte de Madrid, que se había hecho popular en la burbuja por la brutalidad con que se comportaba en cualquier pelea. Su «hazaña» más famosa la acometió en una boda. Se encontró con la celebración casualmente, mientras caminaba por la calle. En el local donde se festejaba, tanto los novios como los invitados eran negros. Gijoe entró vestido de skin, cubierto de simbología nazi, y se plantó frente al contrayente. Antes de que el hombre pudiera percatarse de lo que ocurría, mi camarada lo derribó de un contundente puñetazo. Los amigos del novio saltaron sobre el agresor, pero este se situó con la espalda en una pared y fue tumbándolos uno a uno. Es imposible saber dónde acaba la realidad y empieza la leyenda, pero la historia oficial terminaba con una boda arruinada y Gijoe dibujando una esvástica en el ventanal del local con la sangre que manaba de su cabeza.

Sus peleas con grupos antifascistas también despertaban admiración. Él mismo me contó que, en una ocasión, los *warros* se enteraron de dónde vivía y fueron a por él. «Eran once, pero acabé con todos —me dijo con una sonrisa en la boca que se transformó en carcajada cuando remató el relato—. Me denunciaron por agresión. El juez alucinaba de que once individuos me acusaran a mí solo de haberlos agredido.» Obviamente, una vida así le había traído muchos problemas con la Justicia y cuantiosas multas. Ahora era padre, había renegado de su pasado ultra y estaba mucho más tranquilo. Para él era el momento de enfrascarse en nuestro proyecto.

Con Gijoe éramos siete en la modesta organización a la que bautizamos como Taller Espartano. No teníamos web ni aspirábamos a ser un movimiento político. Lo que pretendíamos era iniciar una corriente rupturista dentro de un nacionalsocialismo que veíamos estancado. Los siete coincidíamos en que en la burbuja se percibía la sensación de agotamiento, desinterés y hasta de asfixia que el discurso tradicional provocaba entre los militantes. Estábamos seguros de que otros camaradas seguirían nuestros pasos. Ayudó mucho a nuestros propósitos que el popular blog de Nordic Thunder publicara con frecuencia artículos y textos sobre paleodietas, nudismo, descalcismo o alimentación. Poco a poco, atendiendo a las recomendaciones que publicábamos en Stormfront, se organizaron grupos similares en otros puntos de España. El nuestro era el único que permitía la presencia de mujeres. No era un criterio basado en un sentimiento de igualdad ni mucho menos. Simplemente considerábamos que Wiljan era una excepción, una brizna de luz en las tinieblas que invadían la feminidad europea por culpa del marxismo cultural.

Su excepcionalidad la demostró ya en la primera caminata. Wiljan no solo se puso a nuestro nivel, sino que marcó distancias caminando descalza quince kilómetros. Los demás, al ver amenazada nuestra imagen de virilidad, nos vimos obligados a seguir su ejemplo. Aunque intentamos no exteriorizar lo que sentíamos, todos salvo Blanco lo pasamos realmente mal. En los tramos en que había piedras o gravilla sufríamos como cabrones mientras que ella parecía no inmutarse. «Cada vez que os quejáis liberáis estrógenos», nos dijo desafiante. La estrogenización era uno de los temas de moda en la burbuja. Los foros y los blogs acusaban a las élites de buscar la feminización del hombre europeo suministrándole contaminantes ambientales y nutricionales como la leche o el alcohol.

La primera noche que, después de la caminata de rigor, nos quedamos a dormir en la montaña, hicimos una fogata entre unas rocas y hablamos largo y tendido. Describimos el mundo como en realidad lo veíamos: un lugar apocalíptico. Las calles ya no nos pertenecían porque la izquierda se las había entregado en bandeja a legiones de islamistas fanáticos que violaban mujeres y asesinaban blancos con total impunidad. Blanco señaló al horizonte, en dirección a Madrid, y dijo: «Y allí abajo están todos esos blancos estupidizados que nunca harán nada. Europa se va por el desagüe al ritmo de Justin Bieber y Lady Gaga». Yo también me daba cuenta, y distinguía en los ojos de los demás un sentimiento de rabia y desesperación. El deseo de «hacer algo» nunca había sido tan intenso. Al día siguiente, durante la bajada, nos topamos con unos excursionistas. Aún recuerdo su cara de asombro al ver salir de entre los arbustos en plena ventisca a unos tipos rapados y semidesnudos portando una bandera. Ahora soy consciente de lo penosas que eran estas actividades, pero fuera de nuestras fronteras, especialmente en Rusia, sí que han calado y quienes participan en ellas se cuentan por cientos. España es ese país donde todo lo que sí triunfa en otras latitudes se convierte en una patética broma. ¿La raza?

Al regresar de las caminatas nos lanzábamos al ordenador para colgar en Stormfront las fotografías y la crónica del día. Era el pistoletazo de salida para enconados debates. Recibíamos el apoyo de unos y la burla de otros, a los que despreciábamos inmediatamente tachándolos de débiles, cobardes y afeminados. Lejos de desanimarnos por las críticas, comenzamos a realizar otras actividades complementarias: batidas de limpieza por la sierra y campañas de recogida de basura en las márgenes del río Manzanares. Nuestras tesis se vieron reforzadas cuando Nordic Thunder dio un paso más y reunió todas sus ideas en un libro, *Esparta y su ley*, firmado con el seudónimo Eduardo Velasco. En la obra, NT describía el presente y el futuro apocalípticos que habíamos visualizado junto a la hoguera. Una siniestra perspectiva compartida por toda la burbuja. NT señalaba los males que nos aquejaban y planteaba soluciones extrapolando al presente lo mejor de la sociedad espartana. El libro se convirtió en un referente para todos nosotros.

El Taller Espartano sirvió para estrechar lazos. Wiljan y Paulo empezaron una relación sentimental bendecida por el resto del grupo. Asimismo, atrajo a nuevos camaradas, como Piccolo, un burgalés padre de familia que llevaba años practicando y difundiendo el descalcismo. El mote se lo puse yo porque se parecía físicamente al personaje de la serie de animación *Bola de dragón*. Llevaba la cabeza siempre afeitada y era de complexión muy fibrosa por su carácter nervioso. Piccolo llevaba años haciendo prácticas de endurecimiento físico. Le hacía gracia que nosotros nos tomásemos todo aquello como una preparación para el combate cuando para él solo era una forma de vida.

La peor de todas las experiencia que vivimos en la montaña la tuvimos un día en el que Blanco, Paulo y yo decidimos trepar a una cumbre que siempre se nos había antojado inaccesible. Estaba nevando y emprendimos el ascenso con el torso desnudo. Blanco trató de envalentonarnos diciendo que el frío era nuestra madre, puesto que la raza blanca había surgido tras la glaciación de Würm. La tez blanca, los ojos claros y los cabellos rubios no eran más que una forma natural de adaptación a ese clima extremo. Según su teoría, permitían generar la máxima cantidad de vitamina D gracias al sol. Yo quería creerlo, pero lo que sentía era que mis brazos perdían cada vez más movilidad. Tuve miedo y pensé en dar la voz de alarma. Sin embargo, mis dos camaradas no flaqueaban, de modo que seguí adelante para no ceder ante la debilidad.

Cuando llevábamos más de dos horas ascendiendo, el sufrimiento se agravó. A cada trecho nos parecía que íbamos a alcanzar la meta y la loma que teníamos delante siempre acababa siendo una falsa cima. Paulo por fin sugirió que nos diéramos la vuelta y yo lo secundé. Temíamos que Blanco lanzara una fanfarronada y un discurso sobre la estrogenización. No fue así. Él también estaba agotado y, como nosotros, tiritaba de frío. La bajada fue muy dura porque nos perdimos. Nos atemorizaba lo que podía ocurrir si se nos echaba encima la noche en la montaña nevada y literalmente en pelotas. Antes de que el pánico se apoderara de nosotros oímos el distante ruido de un coche. Poco después vimos a lo lejos el aparcamiento donde habíamos dejado el nuestro. La desesperación se convirtió en euforia y se abrieron paso las ensoñaciones. «En cuanto nos dimos cuenta de que nos habíamos perdido dejé de tener frío. Mi mente estaba enfocada en buscar el camino», dije. «Los vikingos podían controlar el dolor, las sensaciones... Dominaban su cuerpo en las situaciones más extremas», añadió Blanco.

A pesar de aquel mal rato, las caminatas no solo continuaron, sino que desembocaron en otro tipo de actividades menos inocentes. Comenzamos un programa de instrucción de combate. Aunque no teníamos armas, practicábamos enmascaramiento, topografía, orientación nocturna, primeros auxilios... Otros grupos parecidos al nuestro nos contaban, a través de internet, que se ejercitaban en campos de *airsoft*. A pesar de que disparan bolas de PVC y no balas, las armas que se utilizan en estos lugares son réplicas casi exactas de fusiles, rifles, ametralladoras y pistolas reales. El simulacro de batalla se realiza con ropa militar de camuflaje. Con el tiempo descubrí que la sugerencia de nuestros camaradas no fue fruto de la casualidad. El *airsoft*, además de a familias y a grupos de amigos, atrae como un imán a ultraderechistas de todo el planeta.

La Bandera en Alto

Julián nunca quiso participar en la aventura espartana. Él seguía anclado en la doctrina tradicional nacionalsocialista y, como tal, consideraba que ninguna de las formaciones existentes, más allá de las reuniones en el CEI, cumplía los estándares mínimos de pureza ideológica. Yo, en cambio, creía que ambas corrientes podían complementarse. Lo importante era moverse, poner en marcha iniciativas que nos permitieran atraer a más camaradas. Por eso le propuse crear una revista física, de papel, nazi de arriba abajo. La clave era elaborar un producto que se diferenciara claramente de lo que podía encontrarse en internet. En la red, lo habitual era toparse siempre con los mismos textos o con versiones hechas cortando y pegando. Julián y yo coincidíamos en que el éxito o el fracaso de nuestra revista dependería de su contenido. Teníamos que publicar artículos nuevos y completamente originales. Yo me comprometí a hablar con Antonio Hernández. Contar con textos suyos daría nivel a la publicación dentro de la burbuja. También me encargué de contactar con Pedro Varela para que accediera a vender la revista en la librería Europa, pues eso nos garantizaría una buena distribución en Barcelona. Julián se centró en involucrar en el proyecto a Ramón Bau y a otros pesos pesados de la burbuja, que podrían escribir sobre los temas que quisieran. Conscientes de que nosotros dos no éramos suficientes para sacar adelante el proyecto, decidimos buscar a otros camaradas serios y comprometidos. Las gestiones fueron rápidas y fructíferas. Se incorporaron dos veteranos: Castillo y David. También aparecieron varios jóvenes con muchas ganas de trabajar. Entre ellos estaban el Chiquitín, un mallorquín cuyo mote lo describía físicamente a la perfección, y Albert, un chaval de Toledo.

Yo tenía el nombre de la revista casi desde el principio en la cabeza: *La Bandera en Alto*. Era la traducción al castellano del título de la canción que el partido nazi alemán adoptó como himno: *Die Fahne Hoch*.

En la primera reunión del nuevo equipo decidimos ser realistas y publicar la revista con una periodicidad trimestral. La portada sería a color, jugando con el rojo, el negro y el blanco, los colores de la bandera nazi. En la cabecera no pondríamos la típica esvástica, sino la cabeza de lobo utilizada como emblema por los comandos Werwolf. Nos pareció un símbolo perfecto porque la Werwolf fue la guerrilla nacionalsocialista que llevó a cabo diversos atentados en la fase final de la guerra y en los meses que siguieron a la rendición alemana. También acordamos que el precio de la revista no superara los tres euros. No queríamos que el coste supusiera un freno para posibles compradores. Nuestro objetivo era llegar a nuevos camaradas, no ganar dinero. De hecho, establecimos una cuota para sufragar las pérdidas que sin duda tendríamos en cada uno de los números.

Estaba claro que éramos pocos y teníamos un presupuesto escaso, pero contaríamos con firmas de gran prestigio dentro de nuestro mundo. Además, siempre podíamos apelar a la historia del partido nazi alemán: comenzó con siete militantes y estuvo a punto de conquistar el mundo. Era algo común a todas las plataformas fascistas de mayor o menor éxito, como Amanecer Dorado o el Partido de la Libertad de Letonia. Siempre creíamos que nosotros seríamos los siguientes en conseguir ese éxito y dejar atrás la marginalidad con que el sistema nos asfixiaba. Como jefe del proyecto, incidí en que la línea editorial tenía que perseguir un único objetivo: hacer un llamamiento a la acción. Debíamos sacar de la inacción a quien nos leyese y provocar vergüenza a aquellos lectores que siguieran decididos a no tomar partido en esta guerra a muerte por la supervivencia de nuestra raza y nuestra cultura. Seríamos absolutamente puristas, intentando mantener y actualizar el discurso del nacionalsocialismo de los años veinte y treinta del siglo pasado.

El primer número lo sacamos adelante sin grandes contratiempos. Antonio Hernández y Ramón Bau nos entregaron con puntualidad dos buenos artículos. Chiquitín y Albert trabajaron muy bien y consiguieron textos originales de otros camaradas. Yo escribí varias secciones y me encargué del diseño. Curiosamente, fueron Julián y Castillo los que dieron más problemas, buscando todo tipo de excusas para no hacer prácticamente nada. Aun así, antes de los tres meses estipulados teníamos acabado el primer número de *La Bandera en Alto*. Solo restaba enviarlo por correo electrónico a la única imprenta que había aceptado el encargo. Media docena de talleres se habían negado a realizar el trabajo debido a la temática que abordábamos. Este obstáculo lo habíamos tomado como un acicate y una prueba más de que nos temían porque éramos los verdaderos enemigos del sistema. Encargamos cien ejemplares del primer número. Nuestro presupuesto no daba para más, puesto que el coste de cada revista superaba en cuatro euros el precio de venta al público.

Unos días después nos presentamos en la imprenta para recoger nuestra obra. Recuerdo la emoción con que abrí una de las dos pesadas cajas y saqué el primer ejemplar. Me pareció perfecto, con los colores muy vivos. La foto de la portada era muy llamativa. Se la habíamos pirateado a la revista *Time*, que la sacó en un monográfico sobre la Alemania nazi. En el monográfico aparecían varias fotografías de la época del Tercer Reich coloreadas con precisión técnica e histórica. Nosotros le borramos la marca de agua con Photoshop a la nuestra y la publicamos como propia. Después de todo, si alguien nos denunciaba no iba a ser precisamente por los derechos de autor de una imagen.

El resto del equipo se animó mucho cuando vio el resultado final. Los ejemplares no eran demasiados, pero nos parecían un buen comienzo. Ya solo nos quedaba distribuirlos. Estábamos replicando los pasos seguidos por el partido nazi en Alemania y descritos por Goebbels en uno de mis libros preferidos de entonces, *La conquista de Berlín*. Para obtener el poder político, primero había que establecer medios desde los que emprender la batalla cultural. Cincuenta ejemplares los venderían en Madrid mis camaradas. Pretendíamos colocárselos a personas potencialmente dispuestas a sumarse a nuestro proyecto. Por ello en la contraportada hacíamos un llamamiento en este sentido, pidiendo diseñadores, escritores, personas con idiomas o, simplemente, «auténticos hombres a quienes se les encoge el corazón ante el aciago destino que nos tiene reservado la judería». Apostamos, por tanto, por hacer una venta muy selectiva. Para nosotros hubiera sido muy fácil hablar con los organizadores de algún concierto de RAC y montar un puesto una hora antes de que tocasen los grupos. Sin duda un montón de ultras nos las habrían comprado, pero creíamos que venderlas así hubiera sido lo mismo que tirarlas a la basura.

Yo cogí la otra mitad de los ejemplares y los cargué en el maletero de mi viejo Volkswagen Polo. Era un coche que había comprado de segunda mano y que literalmente se caía a trozos. Esperé al sábado y por la mañana partí para Barcelona. El auto resistió y a primera hora de la tarde entregué la caja en la librería Europa. Charlé brevemente con Pedro Varela y le di las gracias por permitirnos vender la revista en aquel refugio del nazismo español. Este acuerdo verbal nos daba visibilidad y capacidad de distribución, pero no nos reportaba ningún ingreso. La Europa no nos daba ni un solo euro de lo que recaudaba con *La Bandera en Alto*, tal y como yo mismo había acordado con ellos. No me importaba. Salí feliz de la librería para pasar la tarde con algunos de los camaradas de Barcelona que conocía de internet. Se me hizo tarde, por lo que decidí dormir un rato en el coche antes de emprender el regreso a Madrid. Este ritual lo repetiría con cada uno de los números que sacamos de la revista. El trabajo de redacción, el cada vez mayor esfuerzo económico para sostenerla y el viaje trimestral a Barcelona resultaban realmente duros. Sin embargo, para mí la revista era la demostración de que estaba comprometido de lleno con la causa y nos conectaba de alguna manera con el pasado que nuestros ejemplos alemanes habían tenido que afrontar en su camino hacia el poder.

El primer número voló de la librería Europa en solo unos días y en Madrid también se vendió muy rápidamente. En los nueve siguientes meses publicamos los tres números correspondientes, duplicamos el equipo de colaboradores, mantuvimos el nivel e intentamos crecer. La tirada se elevó a doscientos ejemplares, y vendimos algunos de ellos en Argentina a través de Héctor Buela, el responsable de Ediciones Valhalla, a la que constantemente pedíamos material. Sin embargo, no lográbamos uno de los principales objetivos que nos habíamos marcado: captar nuevos camaradas. Tampoco encontrábamos un punto de venta estable en Madrid, similar a la librería Europa de Barcelona. Las veces que nos habíamos puesto en medio de la calle con un tenderete improvisado la empresa había acabado en un estrepitoso fracaso. Ofrecíamos la revista a quienes nos parecía que tenían un perfil interesante: hombres jóvenes de aspecto viril. Algunos se paraban, pero todos reanudaban el camino en cuanto veían la portada. «Fíjate lo que ha conseguido el sistema —me dijo en una ocasión Albert—. El pueblo rechaza su propia identidad.»

La puntilla a nuestro proyecto se la dio, al año de su nacimiento, una situación que ya me era familiar de los últimos meses en Resistencia Aria. Nadie pagaba ya las cuotas y yo me había arruinado financiando la revista. En este trayecto, además, me distancié definitivamente de Julián. Era evidente que se le iba la fuerza por la boca y que no se comprometía en nada. No le gustaba trabajar ni asistía a actos o concentraciones. Solo le interesaba organizar reuniones para beber cerveza y hablar delante de una hoguera. Toda mi vida había ido seleccionando a mis camaradas según criterios de lealtad a los valores y a la doctrina nacionalsocialista. Aquella selección evocadora de las que debían superar los aspirantes a soldados de las SS se unía a nuestra falsa superioridad moral, desde la que despreciábamos a un pueblo que decíamos defender.

Habíamos sacado cuatro números de *La Bandera en Alto* y, pese al abrupto final, me sentía muy orgulloso de lo que habíamos hecho. Visto desde fuera, fue una acción que, como mucho, llegó a unos pocos centenares de personas, aunque aquello no me desanimaba. Se trataba de tocar varias teclas hasta dar con la apropiada, tal y como hicieron Vox o tantos otros partidos y plataformas que, aun guardando las distancias ideológicas con nosotros, han logrado introducir en las instituciones un lenguaje muy similar al nuestro.

Convencer al enemigo

En aquella etapa en que repartía mi tiempo entre la revista y el Taller Espartano apareció en mi vida una persona que acabaría siendo determinante. Se llamaba Miguel y no tenía nada que ver con mi ideología. En todos los años que pasé en la extrema derecha creo que nunca me negué a debatir con personas ajenas a la burbuja. Las veía como hermanos blancos cegados por la propaganda del sistema a los que tenía que ayudar a abrir los ojos. El instinto de captación del adversario surgió en mí al leer el libro de Léon Degrelle *Hitler. La marcha hacia el Reich (1918-1933)*. En él, el general nazi relataba un episodio de cuya veracidad jamás dudé. Durante la campaña en territorio ruso, como comandante en la 28.ª División «Valonia» de las Waffen-SS Degrelle confraternizaba con sus hombres, a los que arengaba constantemente con emotivos discursos. En una ocasión, siempre según la versión del propio Degrelle, dos hombres entraron en su tienda y confesaron ser miembros de la Resistencia y tener la misión de asesinarlo. Ambos renegaron allí mismo de su militancia, expresaron su admiración por la oratoria del general nazi y se sumaron a sus filas.

Esta filosofía fue la que me acercó a Miguel el día en que contactó conmigo en un canal apolítico llamado #Madrid. Yo había entrado con el *nick* Germania88 y él se hacía llamar Sturm und Drang. No sabía que este nombre era el de un movimiento literario y artístico del que formó parte el mismísimo Goethe. A mí me sonaba a algo alemán, así que en mi mente solo cabía pensar que estaría relacionado con el nacionalsocialismo. Respondí a su «¡Hola!» con mi habitual saludo: «88». «¿88? ¿Qué es eso?», me preguntó. «¿No eres NS?», escribí. «¿NS? ¿Eso qué es?», me contestó. Me di cuenta de que estaba hablando con una persona normal y corriente. «88 significa *"Heil* Hitler"*. Soy nacionalsocialista», le expliqué. En contra de lo que esperaba, Miguel no me insultó ni me sermoneó como solía hacer la gente del sistema. Esas reacciones de histeria obedecían, obviamente, al lavado de cerebro con el que la judería había neutralizado a la raza blanca: «Vaya, yo creía que el 88 era porque habías nacido en 1988». A partir de ahí hablamos de muchos temas políticos. Él defendía una posición contraria a la mía, pero siempre en un tono educado y cortés. Era evidente que tenía cultura e inteligencia, y se expresaba muy bien.

Desde ese día mantendríamos numerosas conversaciones. Él parecía hacer esfuerzos por entender mis postulados. Yo se los explicaba encantado, con la sensación de estar cumpliendo un objetivo, convencido de que estaba ayudando a un europeo esclavizado a escapar de la propaganda oficial. Mis camaradas, en cambio, no comprendían el tiempo que dedicaba a intentar persuadirlo. Muchos pensaban como Gijoe, que si algún día alcanzábamos el poder tendríamos que encerrar a más de la mitad de la población española en campos de trabajo y de reeducación. El lema de los campos nazis, *Arbeit macht frei*, «el trabajo os hará libres», recuperaría de nuevo su sentido. Yo, sin embargo, afirmaba que si la ciudadanía había asumido las tonterías que el marxismo cultural les había metido en la cabeza podría olvidarlas con una buena estrategia de propaganda nacional que le devolviera el orgullo racial. Con este propósito en la cabeza pasaba horas hablándole a Miguel de las maravillas del nacionalsocialismo. Aunque yo sabía más que él sobre el tema, su lógica y su capacidad de argumentación le permitían replicarme de forma contundente. A veces yo reaccionaba con agresividad, como cuando me dijo que ninguna de las ideas que yo atribuía a Marx eran ciertas. Miguel estudiaba el doctorado en filosofía y estaba muy versado en la figura del padre del marxismo. La verdad es que yo creía saberlo todo sobre Marx a pesar de no haber leído nunca sus escritos originales. Mi conocimiento se basaba, como es habitual dentro de la burbuja, en referencias indirectas, siempre sacadas de obras revisionistas de autores como Bochaca, Salvador Borrego o Traian Romanescu. Para mí, eso no suponía una limitación a la hora de debatir, por lo que no me apeé de mi discurso: «Marx era un judío que quería esclavizar a los pueblos europeos. En el Museo Británico se conserva un cheque que la casa Rothschild tendió a Marx para que pudiese desarrollar tranquilamente sus obras». Miguel tardó un segundo en responderme: «Pues, macho, no sé yo dónde acabaría el cheque ese que dices porque Marx murió pobre como una rata y se le murieron hijos de frío y hambre». Rothschild, Soros y Rockefeller son tres de los empresarios que siempre se citan en la burbuja como máximos artífices de la conspiración judía, pero a falta de evidencias opté por la salida clásica: asegurarle que todo lo que me decía era pura propaganda, que le habían lavado el cerebro y que ahí terminaba la conversación.

En esa y otras ocasiones sentí herido mi orgullo porque un rival me superaba en el que yo consideraba mi propio terreno de juego. Ese sentimiento me llevó por primera vez a leer algunos libros del sistema, en los que trataba de encontrar datos para atacar su discurso. Aparentemente, el efecto que estas lecturas me provocaron fue similar al de la película que vi junto a mi padre, *La lista de Schindler*. Sin embargo, a largo plazo tuvieron un impacto inesperado. Miguel fue la primera persona que logró sembrar un atisbo de duda en mis firmes creencias.

Tras una de mis muchas salidas de tono con él, le pedí disculpas y acabamos citándonos para conocernos cara a cara. Me llamó la atención que cumpliera el famoso ideal nordicista nazi: era rubio y alto y tenía los ojos azules, justo lo contrario que la mayoría de los admiradores del nazismo que había conocido hasta entonces, pensé. En persona era exactamente igual a su yo virtual. Era un tipo sereno y con aspecto de no perder jamás el dominio de sí mismo. Escuchaba atentamente y jamás interrumpía, pero llegado el momento argumentaba con frases cortas y muy difíciles de rebatir. Durante un buen rato aparcamos la política y hablamos de otros temas. Miguel me contó que había vivido en Alemania porque tuvo una novia nacida allí. «Te hubiera gustado porque también sabía mucho sobre la Segunda Guerra Mundial», me dijo. «No creo que compartiera mi forma de verla», le respondí. «¿Cuantos modos hay de verla?», me preguntó. «Toda conflagración tiene dos versiones, la de los vencedores y la de los vencidos», repliqué. «Dos versiones sí, pero no dos realidades. Realidad solo hay una», concluyó. Nos enzarzamos durante más de una hora en esta cuestión, hasta que di por zanjado el asunto: «Es que tú no entiendes que todo es una conspiración».

La ultraderecha independentista

Cuando vivía en Galicia siempre había maldecido mi suerte por haber nacido en aquella tierra. Observaba con frustración que en otras regiones aparecían cientos de camaradas decididos a combatir al sistema. Galicia, en cambio, era un mundo aparte. Resistencia Aria había sido un paréntesis, casi anecdótico, en una inactividad que parecía crónica. Cuando nosotros echamos al cierre, lo hicimos con el convencimiento de que pasaría una larga temporada hasta que volviese a brotar una nueva propuesta en Galicia. Me equivocaba.

De la noche a la mañana surgió el Movimento da Resistencia Ariana (MRA). Su irrupción fue tan rápida y su nombre me resultaba tan familiar que pensé que algunos de mis antiguos camaradas estaban detrás de la nueva organización. Cometía un error: el fundador era un skinhead de La Coruña, muy conocido entonces en toda España, apodado Dannynike. Su fama venía de unos meses atrás, cuando los informativos de televisión se hicieron eco de un movimiento ruso llamado Occupy Paedophilia. Sus miembros se hacían pasar por menores en foros de internet para identificar a posibles pederastas. Cuando se ganaban su confianza se citaban con ellos, y al encuentro iban todos los del grupo, que grababan al pederasta mientras le recordaban sus conversaciones con el falso niño. Decían que su objetivo era desenmascarar a pederastas y entregarlos a la policía, cosa que efectivamente hicieron en sus primeras actuaciones, aunque en muchas ocasiones perpetraron agresiones brutales. Los integrantes de Occupy Paedophilia eran neonazis, por lo que poco después equipararon a los pederastas con los homosexuales y dirigieron sus ataques contra estos últimos. En España se importó la iniciativa bajo el nombre de Proyecto Pilla-Pilla. Dannynike fue uno de sus mayores exponentes y me contó cómo había dado caza a auténticos pederastas con ese *modus operandi*.

Sobre ese tema versó mi primera conversación con él en un chat. A partir de ese primer contacto lo vi con asiduidad cuando viajaba a mi tierra para pasar unos días con la familia. Nunca llegué a integrarme en MRA, pero asistí a muchas de sus reuniones. Logró cierta notoriedad en la prensa regional por los conciertos *fake* que promovió. El MRA anunciaba la celebración de recitales nazis en carteles donde alternaban nombres de bandas reales con otras inventadas. La policía y los periodistas siempre picaban. El escándalo terminaba con la policía presentándose en un recinto vacío al que no se acercaba ni un solo ultraderechista y con los periodistas contándolo en la prensa.

Sí fueron reales los encuentros que el MRA organizó con otros grupos nazi-nacionalistas de otras regiones de España. Entre ellos destacaban Gipuzkoa88 o el llamado Consejo Nacional Socialista Castellano. Los asistentes trataban de compensar el escaso número de militantes de sus grupos con una trabajada parafernalia que se inmorta-

lizaba en decenas de fotos: uniformes que incluían brazaletes con cruces célticas en lugar de esvásticas y banderas
en las que el regionalismo y sus símbolos característicos
eran los auténticos protagonistas. En aquellas reuniones
establecí contacto con muchas personas, aunque la única
que acabaría integrándose en el Taller Espartano fue un
destacado miembro del MRA al que llamaré Francés. Dicho sea de paso, este se ha convertido en la actualidad en
un habitual de tertulias televisivas de línea conservadora.

Fomentar el espíritu galleguista que también defendi-
mos en Resistencia Aria le generó al MRA muchas anti-
patías en la burbuja. Resultó muy llamativa la reacción
virulenta, especialmente azuzada desde la ultraderecha
madrileña, hacia las organizaciones que apostaban por
defender la identidad de cada uno de los pueblos que in-
tegran España. Llamativa porque no era nueva y ya era
común dentro de nuestra principal referencia nacionalsocialista. CEDADE hizo siempre gala de un regionalismo
que años después levantaría ampollas en sus herederos,
tanto nazis como ultraderechistas católicos. Este rechazo,
en definitiva, viene a demostrar que en nuestro país la
corriente nacionalista española con reminiscencias franquistas es la que marca el paso dentro de la burbuja.

En otras naciones europeas no es así, y en ocasiones
la ultraderecha mantiene posiciones ultrarregionalistas
y hasta secesionistas. En Bélgica, el partido Vlaams Be-
lang (Interés Flamenco) defendía, junto a las imprescindibles tesis antiLGTBI y antifeministas, la realidad
nacional flamenca frente a la valona. Fue este mismo partido el que en 2017 apoyó una manifestación nacionalista

de Puigdemont en Bruselas. Esteladas y la bandera del león negro sobre fondo amarillo arroparon al nacionalismo catalán bajo el lema de «free Catalonia». En el marco de este idilio, un peso pesado de la burbuja, Joaquín Bochaca, también colgaría esteladas de su balcón en apoyo a este movimiento entre cuyas figuras históricas no es difícil localizar el mismo discurso etnicista y racista que sostenían los nazis.

El carácter identitario de los fascistas belgas viene de lejos, ya que en las Waffen-SS alemanas los voluntarios de ese país se alistaron en unidades separadas, como las SS-Wallonien, en la que combatieron unos cuatro mil valones, y la Langemarck, que encuadró a más de siete mil flamencos. En Italia, la Liga Norte, que actualmente lidera Matteo Salvini, también era secesionista y promulgaba la separación de la Padania. Tanto era así que en 1996 llegó a formalizar una declaración unilateral de independencia (DUI). Una DUI como la que veintiún años después proclamaron los líderes independentistas catalanes y que tuvo unos efectos secundarios sorprendentes y aparentemente contradictorios en la extrema derecha europea. Mientras la Liga de Salvini y otros grupos más minoritarios respaldaron la secesión de Cataluña, la ultraderecha española logró cuotas históricas de apoyo popular por oponerse de forma radical y casi violenta a la DUI en particular y al independentismo catalán en general. En Europa, y a través de los resultados electorales, también puede apreciarse esa distinción entre dos líneas radicales y extremistas de entender y comprender el mundo. Ultras frente a puristas, España frente a Europa.

6

Alianza Nacional

La idea surgió en una marcha por la montaña. Empezaba el año 2012. Las encuestas vaticinaban que el grupo nazi Amanecer Dorado entraría con fuerza en el parlamento griego. Otros grupos fascistas incrementaban su poder e influencia en Hungría, Polonia, Holanda o Francia. España, sin embargo, seguía siendo un erial para nuestras ideas. Debido a mi profundo desprecio hacia todo lo democrático, por ser la democracia en sí misma una idea contraria a conceptos como los de excelencia o superioridad natural, los partidos políticos siempre habían estado fuera de mi punto de mira. El ejemplo griego claramente nos indicaba que aquella vía era posible y merecía la pena probarla, aun en una Europa ocupada. Era obvio que la raza blanca empezaba a despertar y debíamos crear estructuras para canalizar el nuevo amanecer. Teníamos que copiar alguno de aquellos modelos de éxito. Blanco mencionó la experiencia que triunfaba en Italia. Allí, la organización Casa Pound estaba teniendo un gran impacto mediático y social gracias a su estrategia de ocupar edificios abandonados para cobijar a familias sin techo y realizar actividades políticas y culturales. Nosotros, hasta ese momento, siempre habíamos descartado la ocupación porque en España era un recurso monopolizado por la izquierda. Entonces Piccolo puso sobre la mesa otra posibilidad. Un grupo antifascista español había convertido una estación abandonada de Renfe en un centro cívico dedicado a todo tipo de actividades. No la habían ocupado, sino que pagaban un alquiler a Adif, la empresa estatal propietaria del inmueble. La idea nos gustaba, pero nos bastó realizar una breve investigación para descartar esta opción. El precio de la renta era bajo; en cambio, el coste de la reforma de cualquiera de las estaciones disponibles era inasumible. La idea de emular a Casa Pound y apostar por una ocupación ilegal empezó a abrirse paso. Lo primero que quisimos conocer de primera mano fue cómo trabajaban nuestros camaradas italianos. Decidimos contactar con ellos y hacerles una visita.

El Francés, Blanco y yo éramos los únicos con disponibilidad en aquel momento para viajar a Roma, así que dejamos al resto de los camaradas en Madrid. Una vez llegados a la capital italiana no nos costó encontrar el edificio. La sede ocupada estaba en una calle bastante principal y en la fachada había varias banderas de la organización. El portal estaba decorado con infinidad de nombres de artistas, políticos, militares o pensadores fascistas o no fascistas, pero convertidos en referentes europeos por el fascismo, como Séneca o la mayoría de los pensadores griegos. Tras avanzar unos pocos metros por el pasillo llegamos a la recepción; un militante nos identificó, nos dio la bienvenida y nos acompañó a nuestra habitación. Era un edificio de viviendas antiguo, de varias plantas, con una amplia escalera de caracol central muy ancha. Recorrimos un pasillo muy estrecho con las paredes cubiertas de las banderas de distintas organizaciones cuyos miembros habían pasado por allí. No nos sorprendió ver una del Frente Atlético y otra de Ultras Sur. También había enseñas de Amanecer Dorado, Democracia Nacional y diversos partidos rusos y polacos.

La habitación que nos adjudicaron era pequeña y amueblada con literas. Las sábanas estaban limpias y había agua caliente en un baño situado dentro mismo del cuarto. No cabía esperar ningún lujo, pero para tratarse de un edificio ocupado contaba con todos los servicios. Un camarada de Casa Pound nos contó que en aquel momento tenían a cinco familias alojadas y que, además de la zona de viviendas, disponían de salón de actos, estudio de grabación y una azotea para celebrar fiestas, parrilladas y otros eventos al aire libre. La organización disponía de edificios similares en las principales ciudades italianas y sumaba más de cinco mil miembros entre militantes y simpatizantes. Tenían patrocinadores y no eran pocas las pequeñas y medianas empresas que, gustosas, habían contribuido económicamente a la organización. Tras los cinco días que pasamos en Roma concluimos que el éxito de Casa Pound se basaba en presentarse como los defensores de los italianos más desfavorecidos, dándoles el alojamiento que no les brindaba un Gobierno más preocupado por cuidar a los inmigrantes que llegaban desde África.

Cuando regresamos a España, yo estaba decidido a copiar el proyecto de los fascistas italianos. La pregunta era cómo encontrar militantes decididos a embarcarse en una ocupación que, sin duda, sería atacada por el sistema a través de la policía y de los antifascistas. Gijoe insistió en que solo daría con ellos dentro de Alianza Nacional. Blanco y el Francés se opusieron a la idea por su tradicional rechazo a los partidos políticos, por muy nacionalsocialistas que fueran. Los demás decidimos intentarlo.

¿Herederos de Hitler o de Franco?

Nos vimos con Chechu en un bar. El destino quiso que aquel camarada, que fue de los primeros con los que tomé contacto en Madrid, nos introdujese ahora en la aventura de entrar en un partido. Convertido en nuestro padrino en Alianza Nacional, lo primero que hizo para convencernos del acierto de nuestra decisión fue poner en valor la figura de su presidente, Pedro Pablo Peña. Era un referente dentro de la burbuja, principalmente porque había sido encarcelado por intentar quemar vivos a familiares de presos de ETA. Esa era solo una de las «proezas» que constaban en su currículum. Peña acreditaba los tres valores que entonces yo consideraba imprescindibles en un dirigente de la extrema derecha: fanatismo, determinación y arrojo. Chechu nos explicó que había hecho varias huelgas de hambre en prisión para denunciar el trato preferente que recibían los presos de ETA. Además se había negado a aceptar beneficios penitenciarios porque prefirió cumplir íntegra su condena antes que suplicar clemencia al sistema. «No somos un partido como tal —remarcó Chechu—. En nuestro manifiesto fundacional queda claro que no nacimos para luchar electoralmente por ocupar escaños en el Congreso. Somos un movimiento que pretende la revolución nacional.» El único motivo por el que Peña había registrado Alianza Nacional como partido era que así resultaba más sencillo crear una estructura sólida y podía disponer de más medios materiales y humanos.

Chechu se puso después a comparar a su formación con Democracia Nacional, el otro partido nazi español: «Ya sabéis quién es su líder, Canduela. Es un borracho y está a sueldo. Pedro no se embolsa ni un duro, vive de su trabajo y lleva una vida espartana». «Y luego está el tema de Josué», añadió Gijoe. En los medios de comunicación se había informado de que un militante antifascista había muerto por apuñalamiento a manos de un miembro de Democracia Nacional llamado Josué Estébanez. Tras conocerse que el agresor era militante de Democracia Nacional, sus líderes renegaron de él e incluso afirmaron que no era miembro del partido. Días después, cuando fueron conscientes de la solidaridad y admiración que despertaba dentro de la burbuja, Democracia Nacional cambió de actitud y trató de presentarse como «el partido de Josué». Aquel gesto de cobardía primero y de oportunismo después provocó una ola de rechazo hacia la formación y un incremento de afiliaciones a Alianza Nacional, entre las que se encontraba la del propio hermano de aquel nuevo mártir injustamente encarcelado por defender su vida.

Uno de los principales motivos de nuestra reticencia hacia Alianza Nacional eran sus orígenes. El partido salía de una refundación de Alianza por la Unidad Nacional, organización de corte franquista con la que no nos identificábamos. Según Chechu, eso había quedado atrás y Pedro Pablo Peña había evolucionado hacia un nacional-socialismo puro y duro. El lema del partido, «Nación, raza, socialismo», parecía confirmar esta idea. También lo hacían su bandera y su emblema: las siglas AN de color negro dentro de un círculo blanco laureado, todo sobre fondo rojo. «A ver, no os voy a mentir, vosotros ya sabéis cómo es el palo. Franquistas en el partido los hay, pero la mayoría somos NS, y nosotros marcamos el ritmo.» Completamente convencidos, nos dirigimos hacia la sede central del partido, si bien, después de tantas malas experiencias, yo tenía ciertos temores por lo que me pudiera encontrar. Aun así, seguía pensando que si Amanecer Dorado lo había conseguido en Grecia, habría alguna forma de trasladar su exitoso modelo a España.

Alianza Nacional disponía de una oficina de cuarenta metros de largo por diez de ancho en la primera planta de un viejo edificio ubicado en la calle Azcona. Una bandera del partido colgaba de la fachada. Acababan de trasladarse allí desde su anterior sede, por lo que aún estaban pintando las paredes y acumulando material de antiguas campañas. Había una minibarra de bar con nevera y sonaba música de grupos nazis. En la escasa decoración mandaban los colores habituales: columnas negras, muros rojos y el nombre de la sede, BALUARTE, escrito bajo un escudo similar al que lucían las antiguas fortalezas medievales.

Pedro Pablo Peña no estaba. Chechu nos presentó al Comilla, que, tras más de cinco años en el partido, se había convertido en el segundo de a bordo. Nada en él, salvo la camiseta y algún tatuaje no demasiado descarado, daba a entender su posicionamiento ideológico. Era un tipo moreno, de aspecto predominantemente mediterráneo y con cierto sobrepeso. A nuestra mente vino la clasificación racial descrita por Nordic Thunder. Sin duda el Comilla no pasaría el filtro, se intuía su mestizaje. Además, nosotros considerábamos a los gordos unos débiles y de carácter aburguesado. Su fisionomía era la contraria del ideal nacionalsocialista. En el mismo momento en que lo conocimos empezamos a sospechar que sería un enemigo al que deberíamos batir.

En el escalafón, debajo del Comilla estaban Mago, Llote y Alejandrito. De Mago se decía que había estado a punto de morir pocos días después del asesinato de Carlos Palomino. Un grupo de antifascistas que buscaban vengar a su compañero les dieron una paliza a él y a su novia; a Mago le metieron una bengala encendida en la oreja. De resultas de la agresión perdió la audición de un oído y arrastraba secuelas cerebrales que lo incapacitaban para trabajar. Obviamente esta agresión no contó con el respaldo mediático que recibía un antifascista muerto; el sistema sabe quién es su enemigo y obra en consecuencia. Llote se ocupaba de las juventudes del partido y era uno de los militantes más activos. Alejandrito estaba a cargo de las redes sociales y, aunque vivía en Andalucía, siempre aparecía cuando se le necesitaba. Era un virtuoso de la guitarra eléctrica y había formado parte de varias bandas, por lo que tenía cierta fama dentro de la burbuja.

Muy pronto comprobamos que Alianza Nacional era una torre de Babel ideológica en la que convivían franquistas, falangistas y nacionalsocialistas. Aun así, la primera vez que vimos a Pedro Pablo Peña nos reconfortó su compromiso con el legado de Hitler. Había llegado al local mientras se daban los últimos retoques a la pintura y la decoración. «Esto está muy bien, pero aquí falta una esvástica, ¡coño!», exclamó. Ese simple gesto le valió para ganarse nuestra incondicional simpatía. La satisfacción iría en aumento al escucharle declarar cada dos por tres su admiración por el Führer, su adhesión al espíritu del Tercer Reich y su repulsa hacia los ultras futboleros. Nos sorprendió su aspecto envejecido y frágil. Peña aparentaba bastantes años más de los que en realidad tenía. Cuando hablaba, sin embargo, contagiaba su ardor a quienes lo escuchaban. No se comportaba como un líder desapegado ni guardaba las distancias con sus militantes. Por eso pudimos, poco después de nuestra llegada, explicarle los objetivos y las actividades del Taller Espartano. Durante nuestra exposición se mostró receptivo y concluyó calificando de «muy interesante» la iniciativa.

Sabíamos que el Comilla y otros miembros del partido no pensaban igual, así que decidimos ser cuidadosos. Éramos unos recién llegados y si no nos movíamos con pies de plomo podíamos acabar marginados. En las reuniones usábamos un lenguaje sutil, dejando caer la idea de que necesitábamos nuevos discursos con los que atraer a más militantes. Alianza Nacional, en sus más de seis años de historia, había sido incapaz de construir una estructura estable. Sus delegaciones territoriales siempre desaparecían tras un breve periodo de funcionamiento. Además, cada vez que se había presentado a las elecciones había obtenido un número de votos absolutamente ridículo. A primera vista era como si el partido no se tomase en serio a sí mismo y fuera la determinación de actuar, nada más, lo que lo moviese, siempre improvisando la dirección que tomaba. Las campañas de propaganda se organizaban a partir de ocurrencias repentinas que el Comilla, el único con conocimientos de diseño gráfico, plasmaba en carteles elaborados de forma apresurada. La web también era un desastre. La llevaba un tipo al que llamábamos Puentesanos, amigo íntimo del Comilla. Si alguien trataba de conocer al partido a través de ella, sin duda se desanimaría ante el despliegue de desidia virtual que se percibía. El único que hacía un trabajo medianamente eficiente en Facebook y otras redes sociales era Alejandrito.

Yo había vivido situaciones similares por falta de personal y de medios, pero allí había gente de sobra. En BALUARTE siempre se respiraba una actividad tan febril que el local se quedaba pequeño. Raro era el día en que no conocíamos a nuevos grupos de camaradas. Especialmente intensos eran los fines de semana, cuando venían militantes y simpatizantes desde diversos puntos de España. Así fui conociendo a los líderes y a los camaradas más activos de provincias como Valladolid, Sevilla, Asturias o Valencia. Era imposible que entre tantas personas, de todas las edades y oficios, no existiese materia prima suficiente con la que estructurar con eficacia aquel partido.

En privado, los recién llegados culpábamos de la desorganización al que denominamos «espíritu Comilla». Un espíritu que justificaba nuestro ideario racista. Un blanco, en armonía y sin mezcla racial, sería siempre una persona equilibrada, bondadosa, noble y trabajadora. Las razas oscuras eran portadoras de todo lo negativo: maldad, indolencia, agresividad y tendencia al delito. Pensábamos que la ineficacia del partido obedecía a que la dirección la formaban, principalmente, blancos de mala calidad. Nos convencimos de que al partido nazi español le estaba ocurriendo lo mismo que a las naciones en las que se incrementaba el porcentaje de población negra o mestiza: crecían la delincuencia, el paro y el caos. El Comilla estaba dominado por un origen mestizo que lo llevaba a despreciar la disciplina y la buena organización. Nunca podríamos hacerlo cambiar porque el carácter se lo imprimía su condición racial. Tampoco nos gustaba la actitud de Chechu. Pese a habernos facilitado la entrada en el partido, percibimos que su único objetivo político era presentarse ante Pedro Pablo como una figura irremplazable. El Comilla no lo soportaba, ya que lo veía como un competidor directo. Sin aliados, Chechu fue expulsado cuando lo sorprendieron en la sede acompañado de dos chicas a las que acababa de conocer, aunque en realidad el motivo fue una acumulación incesante de faltas de todo tipo.

Volksfront

Tras el interesante viaje a Italia, estábamos decididos a conocer otros proyectos nacionalsocialistas que se hubieran consolidado más allá de nuestras fronteras. Pedro Pablo, de momento, se mostraba reticente ante nuestra propuesta de ocupar un inmueble y copiar el modelo de Casa Pound. Por ello, mientras lo seguíamos presionando, buscamos alternativas o ideas complementarias. Llevábamos tiempo escuchando noticias sobre una organización llamada Volksfront. Creada en la ciudad estadounidense de Portland en 1994, sus miembros se definían como una «organización fraternal de personas trabajadoras de ascendencia europea». Su filosofía era muy diferente a la de la mayoría de los grupos ultras. Volksfront asumía que el sistema había vencido y que la única forma de preservar la raza y la cultura era alejarse de la civilización. Promovía la creación de comunidades blancas completamente segregadas del marxismo cultural y de la campaña de mestizaje urdida por el poder judío. Volksfront tenía delegaciones en Australia y en varios países europeos. Además mantenía estrechas relaciones con Blood&Honour en aquellos países donde no había sido ilegalizada.

El autor del ya citado *Los diarios de Turner*, William Pierce, había estado siempre vinculado a un grupo bastante similar: Aryan Nations. Sus miembros también organizaron comunidades cerradas para blancos. Mientras Volksfront en principio solo aspiraba a establecer pacíficas comunidades aisladas en las que subsistir, Naciones Arias tenía una ideología cristiana radical que hablaba de un advenimiento en virtud del cual los blancos deberíamos luchar por nuestra supervivencia. Sus miembros, dadas las laxas legislaciones relativas al uso de armas en todo el territorio estadounidense, hacían constante ostentación en redes sociales de enormes arsenales de armas con las que supuestamente se preparaban para el colapso del sistema y el caos racial que estaba por llegar. De sus filas surgieron terroristas individuales y grupos como The Order, que planificaron ataques contra judíos, inmigrantes y cualquier otro grupo que en los mismos *Diarios de Turner* se marcaban como enemigos de la raza blanca.

Veíamos casi imposible imitar un proyecto así, pero decidimos contactar con Volksfront a través de su «capítulo» británico. Javi, un skinhead de Fuenlabrada, se encargó de organizar un encuentro con ellos. Ambos salimos hacia Londres en cuanto recibimos el beneplácito de la organización. Ninguno de los dos hablábamos inglés con fluidez, pero nos habían informado de que un camarada portugués nos serviría de intérprete. En el vestíbulo del aeropuerto de la capital británica no nos resultó difícil identificar al primero de nuestros anfitriones. Era un skinhead bastante mayor con varios parches de Volksfront en su cazadora *bomber*. En el aparcamiento nos esperaba otro miembro de idéntica estética y parecida edad. Tras saludarnos con un abrazo, emprendimos un viaje de cuatro horas por carretera que nos condujo hasta una enorme propiedad con una gran casa de varias plantas. Salieron a recibirnos varios hombres que, pese al frío, iban en camiseta y pantalón corto. Era evidente que la estrategia espartana también había calado en Volksfront.

Vimos gente por todas partes y nos envolvió un envidiable ambiente de camaradería.

Nos acomodaron en una habitación y nos dejaron descansar un rato. Después nos llamaron para participar en el evento que habían organizado. Ya era de noche y en la casa había cerca de ochenta camaradas. El idioma dejó de ser un problema a la cuarta cerveza. En *spanglish* hablé largo y tendido con el dueño de un negocio de serigrafiado de camisetas. Me dijo que la comunidad se sostenía con el dinero que todos aportaban de trabajos como el que él realizaba. Tenían un fondo común con el que sufragaban la alimentación, la ropa y el resto de las necesidades. Cada miembro ejercía un oficio que resultaba útil a los demás: había soldadores, carpinteros, médicos, fontaneros, maestros... Buscaban la autosuficiencia para depender lo menos posible del exterior controlado por el sistema.

Vi muchas cosas que me dejaron totalmente desconcertado. Crestas rosas o tatuajes con la A anarquista, rodeada por un círculo. Un cabeza rapada muy corpulento llamado John me explicó que la cultura skin en Inglaterra bebía mucho de la provocación y, aunque ellos habían derivado hacia la ideología nacionalsocialista, no todos los allí presentes tenían orígenes fascistas. John me presentó al camarada más popular, uno de los guardaespaldas de Ian Stuart Donaldson. Este cantante era un mito en la ultraderecha mundial. Fue el líder de la banda Skrewdriver y miembro fundador de Blood&Honour. Su muerte en un supuesto accidente de tráfico se atribuía dentro de la burbuja a una acción terrorista perpetrada por judíos. De todo lo que nos rodeaba, lo más parecido al ambiente en el que solía moverme en España era la ausencia casi total de mujeres. Salvo una joven que iba a cantar esa noche, las pocas chicas que había eran parejas de miembros del grupo.

El presidente del capítulo británico de Volksfront se llamaba Jack. Fue el último en llegar a la casa y quien protagonizó la reunión. Era muy mayor, pero mantenía intacta su estética skin. Tras saludar, uno por uno, a todos los que allí estábamos se situó en el centro de la sala y comenzó a hablar. Lo primero que hizo fue anunciar que el grupo había hecho una colecta para abonar a uno de sus miembros, un chaval de nuestra edad, el dinero que le había robado su expareja. El afectado no sabía nada, por lo que se emocionó visiblemente ante el gesto de sus compañeros. El líder recordó que aquello era mucho más que un grupo político. Eran una familia y tenían la obligación de cuidar los unos de los otros. Hubo aplausos, lágrimas y abrazos. A continuación nos pidió a Javi y a mí que nos acercáramos a él. Según entendimos gracias a la traducción que nos hizo el camarada portugués, Jack nos presentó como los últimos en incorporarnos a la familia de Volksfront. Acabábamos de ingresar en su hermandad. Como regalo de bienvenida nos dio unos parches con la advertencia de que debíamos defenderlos con nuestra vida. Finalmente nos abrazó mientras todos los demás aplaudían. Terminamos la noche bebiendo y festejando con esos nuevos camaradas nuestro «bautizo» como hermanos de Volksfront.

Al regresar a España sopesamos las posibilidades de montar una comunidad al estilo de la que habíamos visitado y lo descartamos casi de inmediato. La única experiencia relativamente similar en nuestro país había sido la de una organización internacional llamada Third Position, nombre que hace referencia a la tercera posición existente entre el capitalismo y el comunismo, que es la del nacionalsocialismo. Dicha organización compró Los Pedriches, un pueblo abandonado de la provincia de Valencia, donde se estableció, a finales de los años noventa, una pequeña comunidad nazi. La diferencia entre ellos y nosotros era que ellos habían contado con cientos de miles de euros para iniciar el proyecto. Nosotros no solo no disponíamos de financiación, sino que muy pronto perdimos el contacto con los camaradas británicos. Fue una de las consecuencias de lo ocurrido el 5 de agosto de 2012 en la localidad estadounidense de Oak Creek. Wade Michael Page entró fuertemente armado en un templo sij de esa población y asesinó a seis personas. Como Page tenía vinculaciones con Volksfront, la Justicia y los medios de comunicación pusieron a la organización en el punto de mira. Antes de que acabara el mes el grupo anunció su disolución.

Peregrinación a la tierra del Führer

Mi extraña relación con Miguel iba consolidándose a pesar de nuestras insalvables diferencias políticas. Yo lo consideraba realmente un amigo y me gustaba provocarlo con mis ideas y ocurrencias. Un día le pedí que me acompañara a Munich, la cuna del nazismo. Era un viaje que quería realizar desde hacía muchos años. Para los nazis tiene tanta importancia como la peregrinación a La Meca para los musulmanes. «Es curioso que los inicios de

Hitler fuesen en la zona más pija de Alemania», me dijo Miguel con ironía antes de aceptar mi propuesta.

Nada más aterrizar en el aeropuerto empecé a analizar a cada una de las personas con las que me cruzaba. Era la primera vez que pisaba Alemania e idealicé lo que vi. Todos los muniqueses me parecían racial y socialmente modélicos. Solo percibí personas altas, bien vestidas, educadas y con miradas limpias. Vi una ciudad impoluta, especialmente cuando la comparaba con Madrid y con lo que me encontraba durante las batidas que Blanco y yo hacíamos para recoger basura en la ribera del Manzanares. Lo que contemplé era para mí increíblemente bello. Entré en los principales templos del nazismo. Me impresionó mucho la cervecería Hofbräuhaus, donde Hitler presentó el programa de veinticinco puntos que marcaría los objetivos del partido nazi. No tomarme una cerveza en aquellas mesas tan cargadas de historia para mi raza habría sido un pecado imperdonable. En las calles de la ciudad, aunque los sucesivos gobiernos habían puesto mucho empeño en borrar las huellas del nazismo, reconocí el estilo arquitectónico del Tercer Reich en algunos de los edificios que habían sobrevivido a la guerra.

Desde Munich nos trasladamos a Nuremberg, donde los nazis organizaron los principales congresos de su partido y algunos de los actos civiles y militares más emblemáticos. Recuerdo la emoción que me embargó al entrar en el Zeppelinfeld, el estadio en el que Hitler hablaba ante miles y miles de soldados. El recinto estaba derruido casi por completo, pero me subí a la tribuna desde la que el Führer lanzaba sus discursos. No me resistí a coger un cascote, que desde entonces guardé como si de una reliquia se tratara. No sabría hasta mucho tiempo después que parte de los materiales utilizados por el Reich para levantar esa edificación y, por tanto quizá también el valioso recuerdo que me llevé, procedían del campo de concentración de Flossenbürg.

Miguel pasó todo el viaje aplicando la estrategia que siempre empleaba conmigo. Nunca buscaba el enfrentamiento total en el debate de ideas porque sabía que eso solo serviría para que yo me cerrara en banda. Se limitaba a lanzar pullitas, mensajes aislados y certeros que resultaban mucho más eficaces a la larga. Ya había logrado que reconociera la importancia del empresariado alemán, y por tanto del sistema, en la financiación del Partido Nazi Alemán. Lo hizo poco a poco, aportando un dato un día, otro al siguiente, y haciendo finalmente una exposición concreta e irrefutable. Aunque pueda parecer una anécdota, asumir que existió esa complicidad entre algunos poderosos capitalistas y Hitler había resultado muy duro para mí y trastocó levemente mis monolíticas creencias.

Un ejemplo de su perspicaz forma de actuar es lo que hizo en un mercadillo de Nuremberg. Compró un libro en alemán titulado *Ha vuelto*. Las letras simulaban el bigote de Hitler y su tradicional flequillo, en la parte superior de la portada, completaba el sintético retrato del Führer. «Está teniendo mucho éxito aquí —me dijo—. Es una novela cómica en la que se narran las peripecias de un Hitler que reaparece de golpe en la Alemania actual y ve lo mucho que han cambiado las cosas.» Miguel advirtió el desconcierto en mi rostro. Sabía que yo insistía una y otra vez que en ese país solo se hablaba de Hitler para relatar sus supuestos crímenes. Comprobar que la sociedad alemana era capaz de abordar el tema en clave de humor me rompía todos los esquemas. «Léelo cuando regresemos. Hay una buena traducción al español. Te gustará», me aseguró. Yo me mostré muy cabreado, taché el libro de «obra del sistema» y pensé que haría mención al dogma del holocuento, motivo por el que el sistema debía de haber bajado la guardia ante aquel título. Miguel sonrió. Tanto él como yo, aunque no lo verbalizamos, sabíamos que acabaría haciéndole caso.

A pesar de que aquello provocó algunas discusiones desagradables entre Miguel y yo, estar en el antiguo origen del despertar europeo me devolvió al sueño que por fin estaba haciendo realidad. De nuevo me encontraba ensimismado disfrutando de aquellas avenidas arboladas e impecables que, salvando las distancias, seguramente no se diferenciaban mucho de las del Tercer Reich. Eran increíbles las maravillas arquitectónicas o culturales que nuestra raza era capaz de producir cuando era consciente de su potencial. Fue en aquel momento cuando me interrumpió la única algarada a la que asistí. Se produjo en un barrio poblado mayoritariamente por inmigrantes. Un grupo de «morenos» montaba un enorme jaleo en la puerta de un bar. «Putos turcos. No saben comportarse», le dije a Miguel. Cuando llegamos a su altura y pudimos escuchar sus improperios, descubrimos que eran unos españoles bastante borrachos. Miguel se limitó a mirarme y yo traté de hacerme el tonto mientras buscaba una razón mental que explicara lo que acababa de ocurrir. Habría sido un excelente documento para demostrar hasta qué punto las tesis de Nordic Thunder eran correctas. Era inevitable que, cuanto mayor fuese el mestizaje o la influencia del marxismo cultural en las sociedades europeas, nuestras capacidades superiores terminaran convirtiéndose en vestigios para finalmente desaparecer en un caótica subhumanidad marrón.

De nuevo en España compartí mis experiencias con los camaradas de BALUARTE. La admiración que expresaron cuando describí mi paso por los templos del nazismo se tornó en ira en cuanto glorifiqué el comportamiento de los alemanes y los situé varios peldaños por encima de los españoles. «Si quieres ser alemán, quédate allí», «Aquí somos blancos puros», «Cada uno tiene sus características», me dijeron unos y otros. Yo defendí mi tesis hasta el final.

Un nuevo impulso para Alianza Nacional

Día a día fue calando en nosotros la idea de que teníamos que plantear batalla para cambiar la perversa dinámica que inmovilizaba a Alianza Nacional. Sus actividades se centraban casi invariablemente en recordar el pasado. Participé en decenas de actos en diversos cementerios para homenajear a los caídos en la defensa del fascismo. Visité tumbas de líderes falangistas, de intelectuales fascistas y de aviadores alemanes de la Legión Cóndor. El número de asistentes a cualquiera de estos eventos rozaba el ridículo. Siempre íbamos los mismos y rara vez nos reuníamos más de cincuenta. Teníamos que hacer auténticas piruetas para que las fotos que subíamos a internet dieran la impresión de que el éxito de convocatoria había sido mucho mayor del real. Sujetar dos banderas cada manifestante, especialmente los que se encontraban en la fila de atrás, era uno de los trucos que más utilizamos.

Cada acto seguía un ritual casi idéntico, independientemente de que el homenajeado fuera Ramiro Ledesma, Agustín Muñoz Grandes o los voluntarios de la División Azul. Llegábamos en grupo para evitar que los antifascistas nos cazaran en el camino. Portábamos banderas y una pancarta grande de lona. Un orador nos arengaba elogiando al protagonista del día y atacando con virulencia al sistema en general y al gobierno de turno en particular. Acto seguido cantábamos algún himno y nos disolvíamos. En determinadas ocasiones, la jornada culminaba por la noche con un concierto al que asistía muchísima más gente. Pedro Pablo mantenía que lo importante no era el número de personas, sino hacer acto de presencia y tratar de salir en los medios de comunicación. Nos animaba afirmando que la población se echaría en nuestros brazos cuando el sistema aplicase medidas más «progres» y, según nuestra visión, más destructivas para el orden natural. Años después, cuando vimos el ascenso fulgurante de Vox, quienes habíamos asistido a esas charlas coincidimos en que nuestro líder se había equivocado en las siglas, pero no en la predicción.

Aquellos actos irrelevantes le parecían maravillosos a la vieja guardia del partido, en su mayor parte procedente de la antigua Alianza por la Unidad Nacional. Sin embargo, a muchos de las nuevas generaciones nos producían sentimientos encontrados. Nos atraía la parafernalia y el recuerdo de los héroes fascistas, mientras que nos repugnaba el franquismo de caspa y toros que se respiraba en algunos de los homenajes. Incluso cuando se apartaban del guion habitual, el resultado solía ser poco edificante. En Valladolid, el partido organizó unas «Jornadas contra las drogas» en las que se celebró un torneo de fútbol sala. El ayuntamiento nos cedió un polideportivo municipal y todo transcurrió con relativa normalidad a ojos del Comilla y el resto de los dirigentes. Nosotros lo vimos de forma muy diferente y así se lo dijimos. Fue Gijoe el que empezó la ofensiva: «Ha sido una puta basura. El noventa por ciento de los participantes estaban borrachos. Muy propio de unas jornadas contra las drogas». Y yo la continué: «Pues no sé, tío, si hubiese sido un acto de la CNT o del Partido Comunista igual te decía que había estado genial, pero si ese es el espíritu que se va a inculcar a las juventudes en la España que defiendes, permíteme que yo me baje de ella». El Comilla se quedó perplejo, aunque no contestó. En los días posteriores colgué en las paredes de BALUARTE unas cuartillas informativas con imágenes muy duras sobre los efectos del alcohol y de las drogas. El texto que las acompañaba hablaba de la pureza de la raza y de la amenaza que representaban los estupefacientes. Incluí una cita del *Mein Kampf* de Hitler: «Aquel que física y mentalmente no es sano no debe ni puede perpetuar sus males en el cuerpo de su hijo. Enorme es el trabajo educativo que pesa sobre el Estado racista en este orden, pero su obra aparecerá un día como un hecho más grandioso que la más gloriosa de las guerras». Los carteles generaron un gran malestar y Pedro Pablo me ordenó retirarlos.

Ciertamente, en la burbuja una cosa era la teoría y otra la práctica. Por supuesto, podía explicarlo. Aun me asombra la plasticidad de mi fanatismo para ser, pese a la naturaleza monolítica, capaz de adaptarse y resolver cualquier situación o circunstancia. Las explicaciones no solían alejarse demasiado unas de otras y casi siempre la culpa era del sistema y de su propaganda. Tal como lo veíamos, la judería y sus medios de comunicación se esmeraban en arrancar el verdadero discurso purista del nazismo que nosotros defendíamos y en cambiarlo por el del ultra, la violencia y el alcohol. Dado que nuestros enemigos contaban con medios materiales y económicos prácticamente infinitos, era obvio que no teníamos nada que hacer en esa batalla cultural salvo resistir.

Era evidente, en cualquier caso, que si nos limitábamos a criticar no lograríamos nada. Por eso empezamos a organizar dentro de Alianza Nacional actividades diametralmente diferentes a las habituales. Inspirándonos en nuestra experiencia en el CEI, montamos una visita a unas tumbas godas que había en una montaña. Wiljan, experta en la materia, nos hizo de guía. También preparamos varias marchas por el campo para tratar de inculcar la filosofía del Taller Espartano. En la primera de ellas establecimos dos niveles: una versión para «estrogenizados» y otra mucho más exigente para «hombres de verdad». El Comilla eligió la caminata *light*, mientras que Pedro Pablo optó por la dura. Nuestro líder terminó cojeando porque perdió la uña de un dedo del pie. Aun así, con más de sesenta años, dejó en muy mal lugar a todos los que habían elegido la ruta más fácil. Aquel tipo de actividades tenían bastante éxito entre la militancia y suponían, en mi opinión, un soplo de aire fresco que contrastaba con las acostumbradas visitas a los cementerios. Algunos camaradas de Alianza Nacional, como el Japonés, se fueron sumando a nuestra forma de entender el partido.

Aún más importante fue la acción que promovimos para repartir comida entre familias españolas desfavorecidas. Alianza Nacional tenía en su web una sección llamada «Banco de Alimentos» que estaba prácticamente inactiva. La dirigía Sonia, una amiga del Comilla que nos daba largas siempre que le proponíamos realizar una campaña en la calle. En nuestra cabeza estaba el proyecto de Casa Pound en Italia. Ayudando a compatriotas con problemas económicos, Alianza Nacional podría adquirir mucha notoriedad y despertar simpatías en una parte de la población. Era tan sencillo como lanzar un llamamiento para que la gente donara alimentos y después repartirlos solo entre familias españolas al cien por cien. Sonia siguió demorando el tema, así que decidimos actuar por nuestra cuenta. Gijoe, Paulo, el Japonés y yo captamos a otros miembros del partido para la acción. Cada uno nos gastamos diez euros para comprar productos de primera necesidad, como leche, zumos o fruta. Preparé unos sencillos pasquines con el logo y el correo electrónico de la organización en los que explicaba que Alianza Nacional salía en defensa de nuestro pueblo ante la pasividad y la traición de los partidos del sistema. Sin informar al Comilla ni a Pedro Pablo, recorrimos el barrio entregando la comida a las personas que encontrábamos viviendo en la calle. Mientras unos hablábamos con ellas, otros repartían los pasquines a la gente que pasaba y los demás inmortalizaban la acción en vídeos y fotografías. Cuando Pedro Pablo vio el material gráfico quedó maravillado. El Comilla tuvo que tragarse su indignación y las ganas de reprocharnos que hubiéramos actuado a sus espaldas. La militancia de BALUARTE propuso repetir la acción a nivel nacional. El partido subió a su web y a las redes sociales las fotografías y los vídeos como si hubiera sido una idea bien madurada. Nosotros nos sabíamos ganadores frente a un Comilla cada vez más aislado.

Sonia quedó muy desautorizada por su manifiesta inacción. «Esa está ahí porque se folla a Comilla y punto», les dije a mis camaradas más cercanos. «Hombre, es que las pibas del palo sirven para eso y poco más», respondió Paulo. En Alianza Nacional había pocas mujeres y, salvo en el caso de la esposa de Pedro Pablo, su papel era el que había descrito mi camarada. La encargada de atender la pequeña barra de bebidas que había en BALUARTE era prima de Sonia y había sido elegida para esa tarea por su atractivo físico. El «reclamo» funcionó de maravilla y la barra, pensada en principio para que consumiera la militancia, se acabó convirtiendo en un bar clandestino al que acudían ultraderechistas de todas las organizaciones. Los únicos que tenían vetado el acceso eran los hooligans. Pedro Pablo y el Comilla vieron la oportunidad de financiación que se abría con el inesperado negocio y autorizaron la celebración de fiestas los fines de semana.

Aunque nosotros no veíamos con buenos ojos la mutación que sufría nuestra sede, la acabamos aceptando porque nos permitía disponer de más fondos para realizar actos y campañas de propaganda.

7

O fieles esposas o feminazis

La escasez de militancia femenina en Alianza Nacional la atribuíamos a dos causas. La primera era achacable al sistema, que había provocado la degeneración de las mujeres, despojándolas del sentimiento de feminidad. De la segunda era responsable el propio género femenino, que, por su naturaleza, no se veía atraído por los partidos. Por eso casi todas las chicas que habían ido pasando por BALUARTE, de las que no recordábamos ni los nombres, siempre lo habían hecho como meras novias de militantes.

Era una cuestión que, en cualquier caso, no nos preocupaba, pues creíamos que la política no estaba hecha para ellas. Lo había dicho el propio Hitler en un discurso pronunciado en septiembre de 1934: «Si se dice que el mundo del hombre es el Estado, su lucha, su disposición al dedicar sus habilidades al servicio de la comunidad, entonces quizá se pueda decir que el mundo de la mujer es más pequeño. Su mundo es su marido, su familia, sus hijos y su hogar». Y también en *Mein Kampf*: «El tipo humano ideal que busca el Estado racista no está representado por el pequeño moralista burgués o por la solterona virtuosa, sino por la obstinada encarnación de la energía viril y por mujeres capaces de dar de nuevo a luz verdaderos hombres [...]. La finalidad de la educación femenina es, inmutablemente, formar a la futura madre».

Este discurso ha sido superficialmente puesto al día por ideólogos actuales como Ramón Bau, que dice en *Nuestras ideas*: «El trabajo de uno de los miembros de la familia debe estar suficientemente remunerado como para poder satisfacer las necesidades de esta familia, fomentando así el Estado que el otro miembro pueda ocuparse de funciones más elevadas como son la educación de los hijos, fomento del arte y cultura familiar, acciones socialistas en pro de la comunidad, etc. [...] La mujer nacionalsocialista reclama como un honor el derecho a ocuparse de esta actividad no remunerada, en pro de la comunidad, estando acorde, además, con su disposición natural para la cría y educación de los hijos».

Igual que en Resistencia Aria, dentro de Alianza Nacional la cuestión femenina tenía un carácter secundario y nuestro principal objetivo era la lucha contra el poder judío. Durante mi estancia en el partido, en determinados momentos se plantearon campañas sobre esta cuestión. A medida que el feminismo fue tomando más fuerza en la sociedad, nosotros reaccionamos a ese ascenso que, por supuesto, no era más que un nuevo frente de batalla que el sistema abría dentro de las sociedades blancas. Dábamos instrucciones a nuestras escasas militantes femeninas sobre cómo debían ir dirigidas las campañas oponiendo siempre la feminidad y la naturaleza perfectamente definida de la mujer a la ideología del feminismo y sus preceptos antinaturales.

Tanto nosotros como nuestras militantes defendíamos abiertamente el machismo, no como algo negativo sino como parte de la misión que la naturaleza nos tiene reservada en función de nuestro género. Dado que había una diferencia fundamental entre lo masculino y lo femenino, habría sido absurdo que nuestro movimiento no hubiese fomentado históricamente la creación de secciones femeninas dentro de las organizaciones. Así se ha hecho desde el origen del fascismo en todas sus vertientes; en el nazismo alemán, el fascismo italiano o el nacionalcatolicismo franquista, las militantes femeninas podían desarrollar sus cualidades exclusivas sin interferencia masculina. La actividad política y militar quedaba en manos de los hombres, que además contaban con otro atributo natural exclusivo: el liderazgo. Hasta ese momento, todos los grupos neofascistas españoles habían hecho un uso estrictamente utilitarista y propagandístico de sus militantes mujeres, y Alianza Nacional no sería nunca una excepción. Ellas protagonizaban carteles, fotografías, ofrendas florales o desfiles, pero nunca ocuparían puestos de relevancia en la dirección. La reclamación feminista de los techos de cristal en nuestra sociedad encontró un fuerte eco dentro de la burbuja. Era el lugar que les correspondía y que debían aceptar. Un hombre es valioso para el fascismo *per se*, pero una mujer solo es valiosa por su fuerza biológica para dar a luz y criar a sus hijos. En este contexto, dentro de la burbuja las manifestaciones de millones de mujeres sosteniendo unas reclamaciones de igualdad que ya estaban conquistadas desde hacía años nos hacían subirnos por las paredes. El judaísmo había truncado el instinto maternal y cariñoso de las mujeres mutándolo en violencia y odio contra los hombres.

Nordic Thunder había fijado desde hacía meses su objetivo en el movimiento feminista y los artículos publicados mensualmente en su blog eran fagocitados por todos nosotros con avidez. La aportación de NT en este aspecto fue fundamental, dado que nunca en la historia reciente el feminismo había contado con una presencia mediática igual, por lo que los partidos de la burbuja carecían de un discurso claro al respecto.

En su artículo «Crisis española y los tabúes del 15-M (II de III)» podemos leer:

> Ahora se ve con más claridad que la liberación de la mujer en realidad ha sido una estrategia del gran capital para destruir la célula familiar, duplicar la mano de obra, reducir los sueldos a la mitad, aumentar el consumo y dejar a los hijos a merced de la agresiva propaganda emanada de las multinacionales. Entendemos que el verdadero machismo consiste en pensar que la mujer ha de adoptar la conducta de un hombre y en no reconocer la importancia económica y social de la madre y del ama de casa.
>
> Que Amancio Ortega (Inditex) e Isak Andic (Mango) sean los hombres más ricos de España da una idea de hasta qué punto los hábitos de la mujer frustrada

canalizan el dinero del pueblo a los bolsillos de la oligarquía capitalista.

En «Esparta y su Ley» continúa:

> La agresividad del hombre, su instinto de matar, su tendencia a poseer y someter (violar), su gran impulso sexual, su mayor fuerza, bravura, potencia, voluntad, dureza y resistencia hacen que los hombres tengan que ser sometidos a una disciplina especial que cultive y encauce esas energías con el fin de lograr grandes hazañas.
>
> La feminidad espartana tomó el aspecto de jóvenes atléticas, alegres y libres, pero a la vez graves y sombrías. Eran como las valkirias, la compañera perfecta del guerrero. Mujeres trofeo en tanto que aspiraban al mejor hombre.

Género y raza se defienden exactamente igual dentro de la burbuja. Se trata de la preservación de unas peculiaridades exclusivas otorgadas por la naturaleza y que los actuales movimientos marxistas o igualitarios se afanan en destruir.

Del mismo modo en que en mi época todo giraba en torno a la raza, cuanto más fuerte se ha hecho el feminismo en la calle, mayor atención ha ido atrayendo dentro de la extrema derecha. Hoy día reconozco nuestro mismo discurso difundido por toda la sociedad, especialmente de la mano de Vox. Nuestra misma reacción de victimización total es la que reproducen ahora millones de hombres de cualquier edad y condición (incluso dentro de la izquierda) frente al avance de un movimiento que ni siquiera comprenden. Reflexionando sobre este punto, pude ver con mucha mayor claridad una realidad de la que no era consciente estando dentro de la burbuja.

Machistas y orgullosos

El problema para la ultraderecha y para buena parte de la sociedad masculina española no es el feminismo, son las mujeres en general. Nunca lo reconocerá abiertamente, pero la misoginia, entendida como un desprecio hacia las mujeres, en especial hacia las que rompen los dictados de la burbuja, es algo intrínseco que define esencialmente a todo el movimiento. Está siendo un punto de salida muy claro; todo el ideario y discurso misógino que extendieron estas organizaciones está calando entre todo tipo de jóvenes y entrando con fuerza en las instituciones. Existe una misoginia socialmente normalizada, por la que una mujer ha de comportarse como ese ser segundón, sumiso y superficial siempre atento a los deseos masculinos.

Yo mismo negué esta realidad innumerables veces. Como muchos, creía que éramos los auténticos defensores de las mujeres frente a los progres que solo querían masculinizarlas. No hacía sino repetir lo que mantenían sobre el feminismo los referentes de la burbuja, como lo que afirmó Pedro Varela en una conferencia pronunciada en 2017: «Y las chicas, por mucho que lo nieguen las feministas y se nieguen a admitirlo, son femeninas y son dulces y les gusta ponerse monas. ¿Y por qué se ponen monas las chicas? Pues las chicas se ponen monas para gustar. ¿Y por qué quieren gustar? Porque si no los chicos no las miran, y si no las miran no pescan novio, y si no pescan novio no se casan. [...] Quieren prohibir que las piropees, por ejemplo. [...] El hecho de que el hombre piropee a las chicas es un reconocimiento que rinde pleitesía a la feminidad, y eso es hasta bonito, es mejor la feminidad que el feminismo. Con la feminidad, el hombre heterosexual, europeo, cristiano, blanco ha llevado en la palma de la mano a la mujer».

Utilicé los mismos argumentos que se repiten una y otra vez en ese mundo para negar mi misoginia normalizada socialmente. Si hay mujeres e incluso candidatas en mi partido, ¿cómo voy a ser misógino? Si tengo un montón de amistades femeninas, si he nacido de una mujer, si me he criado junto a varias hermanas, ¿cómo voy a ser misógino? Un relato, por cierto, que sirve asimismo cuando hay que desprenderse de la etiqueta de homófobo o de racista.

El sesgo en este aspecto era tan brutal como en todo lo demás. Mi capacidad de reflexión o juicio, como la de mis camaradas, se había anulado y el ataque sin cuartel era la única opción válida ante aquel nuevo ariete del judaísmo. Lo terrible, como digo, es que estos mismos síntomas ya no son de la burbuja, sino de la casi totalidad de la población masculina española.

Las típicas frases exculpatorias del tipo: «¡Es que ahora todo es machismo!» ya se repetían mucho dentro de la burbuja y machismo únicamente se traducía como malos tratos físicos.

Esta coincidencia se hizo especialmente patente en relación con los hechos posteriores a la violación de los Sanfermines.

En un editorial publicado en la web de Democracia Nacional el 7 de diciembre de 2018, con el título «Confirmado: las feministas solo se movilizan contra el hombre español», podemos leer ya en el primer párrafo:

> Después de que la Justicia haya confirmado la condena de nueve años de cárcel por abuso sexual a los miembros de La Manada, a pesar de los claros indicios de que las relaciones sexuales de este grupo de sevillanos con su «víctima» fueron consentidas en todo momento, las feministas han convocado protestas por toda España.

Y un poco después continúa: «Mientras tanto, las otras "manadas", siguen actuando sin que ninguna feminista se moleste en organizar ninguna protesta ni manifestación».

Racismo y feminismo se entremezclan en el mismo discurso y, como he dicho, esto ya se lee y se escucha habitualmente más allá de la extrema derecha.

Volviendo a la época en que las paredes de la burbuja se alzaban imperturbables, a pesar del escaso número de mujeres que había en nuestro entorno viví no pocas experiencias que reflejan, al menos en parte, la forma en que se establecen las relaciones en este ámbito. Pilar, la primera amiga que tuve en Madrid, me transmitió desde el momento en que la conocí el ambiente de baboseo constante con el que debía lidiar, aunque en ocasiones lo asumía como algo natural y de lo que no podíamos desligarnos. Sin excepción, todas las mujeres que conocí en la burbuja aspiraban, como máxima realización individual, a ser madres. No lo concebían como algo inoportuno e interiorizaban esta misión del mismo modo que nosotros debíamos normalizar el morir por nuestra raza, llegado el momento. No veían un papel por encima ni por debajo del otro. Tanto ellas como nosotros hablábamos de complementariedad y de que únicamente se trataba de respetar cierto equilibrio natural. Lo que el judaísmo había hecho con las mujeres blancas, sirviéndose del feminismo, multiplicaba el odio hacia nuestros enemigos. La mujer blanca era para los hombres el más valioso tesoro y la cuna de la regeneración racial, a través de la cual levantaríamos de nuevo Europa. El feminismo obligaba a las mujeres a renunciar al maravilloso don de la maternidad y el odio hacia sí mismas las había convertido en carcasas vacías llenas de resentimiento.

Cuando Pilar me presentaba a sus amigas, solo decía su nombre de pila si la chica no tenía pareja. En caso contrario era, simplemente, «la novia de...», y desde ese momento el trato directo con ella estaba vetado para todo hombre, si no quería tener problemas con su pareja. En mis veinte años de militancia nunca encontré a una camarada que se enfrentara a estas situaciones o que las calificara de retrógradas. Esa actitud estaba totalmente normalizada, solo las feminazis la rechazarían. Cualquier aspecto que mencione de nuestro discurso a este respecto está extendido por las calles desde hace tiempo: la crítica despiadada al Ministerio de Igualdad, sostener que esa igualdad lleva siglos conseguida en Europa entre hombre y mujer, burlarse de todos los preceptos feministas, presentar la Ley Integral de Violencia de Género como una cacería contra los hombres por el mero hecho de serlo, y así un largo etcétera...

Si no fuera por contar siempre, de fondo, con la excusa natural que dicta que la política es cosa de hombres, quizá habríamos tenido que plantearnos que la crónica escasez de mujeres en nuestras filas se debía a nuestro discurso. Recuerdo uno de los pocos actos donde pudimos contar con presencia femenina, organizado en honor a los caídos en Carabanchel. Apenas éramos una docena de camaradas que ya nos conocíamos sobradamente junto a una pareja que había viajado desde Mallorca. Los hombres saludamos al chico estrechándole la mano y a la chica dándole dos besos en las mejillas. Antes de que termináramos de saludarnos, él la agarró con firmeza del brazo y le dijo: «Ya está bien de besos». Todos aceptamos ese gesto como una reacción normal y hasta justificada.

Por el lado ultra estas dinámicas adquirían un componente exagerado hasta para nosotros. Siempre he percibido que en esos ambientes las mujeres no pasan de ser simples galones que sus parejas masculinas lucen con orgullo. Es curioso cómo prácticamente en todas las expresiones de extremismo, ya sea izquierda, derecha o islamismo radical, la mujer es un actor absolutamente secundario. En la burbuja, las más atractivas siempre son las novias de los cabecillas. Es una forma más de ostentación en un juego en el que ellas mismas participan gustosamente, presentándose con el ya mencionado «novia de» y jamás por su nombre propio. Cuanto más profundo se entra en el radicalismo de extrema derecha, más violentos son los roles de género. Para hablar con alguna de estas «mujeres galón» era mejor pedir permiso a su chico (o, en función de quien fuese, era mejor no hacerlo en absoluto) si no querías correr el riesgo de acabar envuelto en una trifulca. De nuevo, este proceder se observa en otros ambientes de nuestra sociedad: cualquier mujer que vaya a una discoteca se considera accesible o inaccesible en función de si lleva o no acompañante masculino. Los celos y toda relación tóxica o hasta enfermiza encuentran dentro de la burbuja una normalización en tanto muestras de auténtica, sana y guerrera masculinidad. Cuando una pareja se rompía, había que mantener un tiempo las distancias porque el halo de pertenencia perduraba. Una de las chicas con las que mantuve una relación en el ámbito de la extrema derecha me enseñó capturas de pantalla con los mensajes que su ex le enviaba (medio año después de romper) al enterarse de que se veía con otro hombre. Mensajes de una violencia extrema y desmedida, bastante parecidos a los que yo publiqué en el foro de Stormfront, pero teniéndola a ella como destinataria. ¿Su reacción?: «Es que me quería mucho...».

Esa diferencia entre lo que se espera de un hombre y lo que se espera de una mujer se observa como parte del orden natural. El líder valiente y capaz frente a la compañera femenina y sumisa. Juntos componen el ideal de familia, núcleo principal de la sociedad. La igualdad se considera uno de los cánceres provocados por la «modernidad». Así lo explica el ya mencionado ideólogo Joaquín Bochaca: «La Igualdad absoluta no existe en la Naturaleza. No existe igualdad entre las especies animales y vegetales; todas tienen sus propias peculiaridades y es justamente esa diversidad natural la que hace la vida posible en nuestro planeta. La Igualdad absoluta no existe en la realidad, y de poder llevarse a la práctica equivaldría al caos». A partir de esta idea se justifican ese racismo y ese machismo positivos, sostenidos por el deseo de preservar la vida y el orden natural que rige todas las cosas.

Prostitutas y proxenetas

Encuadrada en el purismo ideológico de mi línea política, la mujer era elevada a poco menos que un ser de luz sagrada al que había que venerar como llave (o tumba) de la raza blanca. En la línea ultra la cuestión era bien distinta y, con el trasfondo de la prostitución o la pornografía, las cotas de degradación observadas eran brutales; y lo curioso es que fascistas y antifascistas igualan dentro del mundo del fútbol su desprecio total hacia la mujer. Si alguien ha visitado el campo del Sporting o los bares que hay en los alrededores de El Molinón, seguramente se habrá encontrado con carteles o pegatinas de una de las secciones de su hinchada. Su nombre: Puteros Gijón. No es muy diferente el lema que los ultras del Betis imprimieron en su día en camisetas y pancartas: «Cachorros curveros borrachos puteros». Ni de las pegatinas en las que se ve una bandera rojigualda y una mujer practicando una felación que utilizó para financiarse el grupo de ultras del Español auto-denominado Offenders («delincuentes»). «Con gordas también follamos», «Burundanga y gordas con tanga», se leía en el de los hooligans del Betis. «Sexo, fascismo y osasunismo», en el de los ultras del equipo de Pamplona. Claramente, la misoginia pesa más que los ideales políticos dentro del mundo ultra.

En el caso de los nazis, de puertas para fuera, de la misma forma que se rechazan las drogas y se las condena por ser degradantes y contrarias a los principios y valores del movimiento, lo mismo ocurre con estas actividades. Sin embargo, puedo atestiguar que un alto porcentaje de los dirigentes y militantes de la ultraderecha utilizan a las prostitutas como un bien de consumo más. Y lo hacen con orgullo, comentando con sus camaradas los detalles de cada visita que realizan al burdel de turno. Ser un putero no solo no es un insulto, sino que es sinónimo de la hombría y virilidad de las que se hace ostentación.

Más graves si cabe son las vinculaciones directas de algunos dirigentes ultraderechistas con el negocio de la prostitución. Cuando yo apenas llevaba un año en Madrid estalló un enorme escándalo dentro de la burbuja. El periodista Joan Cantarero publicó un libro en el que destapaban las conexiones con la prostitución del partido ultra España 2000. En la investigación se desvelaba que su fundador, José Luis Roberto, alias el Cojo, era también el secretario general de la Asociación Nacional de Empresarios de Locales de Alterne (ANELA). Cantarero publicó los nombres de otros miembros destacados del partido que ocupaban puestos clave en ANELA. De hecho, el responsable último de la web y las redes sociales de España 2000 era quien gestionaba al mismo tiempo la comunicación en internet de ANELA y de numerosos clubes de alterne. España 2000 es una de las formaciones con mayor presencia ultra en sus filas, tradicionalmente rechazado y marginado desde su fundación por la línea purista de la extrema derecha.

El escándalo fue de tal calibre que otras formaciones de la burbuja, especialmente Democracia Nacional, arremetieron sin piedad contra Roberto y sus hombres. A pesar de las críticas más o menos enérgicas, la podredumbre moral de quienes mercadean con el cuerpo de las mujeres estaba también presente fuera de los márgenes de España 2000. Ellos lo reconocían casi con orgullo, pero eran muchísimos los militantes de otras formaciones ya mencionadas los que debían verse reflejados en el espejo de la vergüenza cuando se les criticaba. Me atrevería a decir que dentro de grupos como CEI y sus sucedáneos esta realidad era inexistente, como lo era para mí, pero dentro de los partidos sí existía otra figura calificada comúnmente como «la puta del palo» («palo» es cómo llamábamos informalmente al movimiento).

No era ni mucho menos el caso de una profesional pagada para prestar servicios sexuales, sino de mujeres militantes, seguramente con poca autoestima, y de las que todos se aprovechaban sin evitar, al mismo tiempo, estigmatizarla por ello. Me constan varios casos repartidos por la geografía nacional. Todos ellos los conocí después de descubrir, abruptamente, que en Alianza Nacional en Madrid también teníamos la nuestra.

Se llamaba Triana y a mis ojos solo era una de las pocas chicas que se dejaban ver por la sede. La conocí cuando ella tenía diecinueve años, aunque llevaba sumergida en el mundillo ultra desde que era menor de edad. No era absolutamente española, parte de su familia procedía de Sudamérica. En su caso, este dato no me importaba porque las raíces extranjeras eran blancas de pura cepa. Seguía la línea falangista y muy españolista, por lo que discutíamos a menudo de política. No se puede decir que llegáramos a ser novios, pero tuvimos una estrecha relación que no les pasó desapercibida a mis camaradas. Fue Gijoe el que me advirtió un día que esa chica no me convenía porque estaba marcada. Este término se utiliza en la burbuja para calificar a las mujeres que pertenecen a otro o que han pasado por muchas manos. Yo me cabreé considerablemente, no sabía a qué se refería Gijoe, hasta que sacó el móvil y, tras buscar en sus archivos, me dijo: «Mira esto». Tardé unos instantes en comprender lo que estaba viendo. Era un vídeo sexual en el que participaban Triana y varios skinheads, entre ellos Chechu. «Tío, es la puta del partido —me dijo Gijoe—. Hasta yo me la he follado.» No volví a quedar con ella.

Analizándolo ahora, igual que el discurso de la violencia y la guerra estaba completamente normalizado en nuestras vidas hasta el punto de hacerse invisible, el desprecio hacia la mujer, entrase o no en nuestros cánones, debía transcurrir por la misma línea. A lo largo de mi trayectoria en la extrema derecha escuché de episodios de violaciones, pero mi reacción ante tales noticias era una de dos: las consideraba exageraciones de la víctima o sencillamente entendía que habían sido protagonizadas por ultras del fútbol, a quienes atribuíamos todas las tropelías que el sistema intentaba adjudicarnos a los nacionalsocialistas.

La prueba de que mi ceguera también entraba en juego aquí me llegó a través de un excamarada al que llamaré Víctor. Había militado en Democracia Nacional y estaba, como yo, tratando de abandonar aquel mundo. Sobre la base de su relato he reconstruido la historia de Tesa, con la que entonces intentaba iniciar una relación a pesar de ser la chica de la que se aprovechaban los ultras de su ciudad.

Dieciocho añitos

El teléfono sonó por enésima vez. Tesa supo que Bernardo no pararía hasta que respondiera sus mensajes de WhatsApp. Había salido con él y con sus amigos un par de veces después de que su pareja la abandonara. La relación había sido dura, como todas las anteriores. Su novio le repetía, cada vez que se enfadaba, una frase que ella acabó interiorizando: «No eres más que una tía del montón y tienes mucha suerte de que yo esté contigo». Viviendo siempre pendiente de él, bajo su control, fue perdiendo a todas sus amigas. Por eso, cuando su novio la cambió por otra chica, Tesa se quedó sola. Sus únicas referencias estaban dentro del ambiente ultra. Solo conocía este mundo. Bernardo y Víctor, dos chicos muy diferentes, se habían acercado a ella, pero aún no había decidido qué camino tomar.

«Te esperamos en El Fuerte. No me falles», ordenaba el último mensaje de Bernardo. Tesa no sabía decir que no. Era otro de los efectos del tipo de relaciones a las que estaba acostumbrada. Se vistió y maquilló sin demasiado esmero y salió de casa. El Fuerte era un bar muy conocido de Valladolid. Frente a sus puertas se habían producido varias reyertas entre grupos políticos rivales. Cuando llegó ya estaba lleno de gente, en su inmensa mayoría hombres. Era un local no demasiado grande con la barra, situada en el centro, decorada con pequeñas banderas de España. En las columnas había carteles del partido griego Amanecer Dorado y de diversas formaciones ultraderechistas españolas.

Vio a Bernardo con cuatro amigos. Estaban en una esquina del bar, apoyados en una barra repleta de botellas de cerveza vacías. «Ya era hora», le dijo antes de abrazarla y posarle una mano en el culo. A Tesa no le gustó, pero no quería dar una mala imagen, así que no hizo nada. Saludó, uno por uno, al resto de los chicos y escuchó la conversación que mantenían. Se notaba que estaban ya bastante borrachos porque pasaban rápidamente de la euforia y la alegría a la rabia y la crispación. Hablaban del partido que jugaría al día siguiente el Valladolid contra el Valencia en Mestalla. Iban a viajar todos en un autobús que habían alquilado. Bernardo llevaba la voz cantante en el grupo. Lo apodaban el Grande, pues era muy corpulento. No paraba de repetir que la iban a liar gorda en Valencia, hasta que uno de sus amigos, al que llamaban el Segurata, lo interrumpió: «¿Habéis visto la foto que ha subido la puta esta?». Todos dirigieron inmediatamente la mirada a su teléfono. En la imagen se veía a una chica muy joven, vestida con un biquini, en la playa. A Bernardo se le crispó la cara y exclamó: «¡Qué hija de puta!».

Tesa no tuvo que preguntar lo que ocurría porque el Segurata se adelantó: «Es la Mara. Una zorra que se folló el Grande y que se la ha liado a base de bien». Bernardo completó el relato muy alterado: «Venía mucho por aquí. Le gustaba la política y asistía a todos los actos. Nosotros fuimos los que le abrimos la puerta. La tratamos como a una reina. Una noche como tantas salimos de fiesta. Bebimos, lo pasamos bien y me la follé. Al día siguiente me denunció porque dijo que la había violado. La muy hija de puta...». El odio en su voz era cada vez mayor: «Aún no me había ni levantado de la cama y ya tenía a los maderos aporreando la puerta de mi casa. Así de rápido va todo cuando se trata de perseguir a los hombres». Los demás asintieron. «Como me la cruce alguna vez, me la cargo. Menuda zorra. Ahora está con un parguela. Nos la hemos follado la mitad de los que estamos aquí. ¡Que se joda!».

Tesa guardaba silencio. Conocía de vista a la chica y cuando ocurrió aquello oyó que la habían drogado y violado. Lo que no sabía era que Bernardo estaba implicado en los hechos. «Tranquila —le dijo el Segurata—. Todo es mentira. Nosotros protegemos a las mujeres, no les hacemos daño. ¿Quieres otra cerveza?» La charla continuó por otros derroteros hasta que Víctor entró en el bar y al verla se acercó a ella. «Hola, Víctor.» El Grande y los demás miraron con desprecio al recién llegado. «¿Qué pasa, que te gusta este tío?», le preguntó a Tesa el Segurata. Víctor lo ignoró y se volvió hacia ella: «Me ha dicho tu hermana que te buscara y te llevara a casa. No sé qué ha pasado, pero tienes que ir urgentemente». Tesa no entendía nada porque su familia no sabía de la existencia de Víctor. Aun así, no supo decir que no: «Me tengo que ir». Bernardo la agarró por la cintura y soltó: «Esta se queda aquí, lárgate tú». Aunque Víctor no se movía en el ambiente futbolero, llevaba años militando en organizaciones ultraderechistas, de modo que no se amilanó: «O se viene conmigo o tendré que volver con su padre para que se lo expliques a él». Tesa notó que la mano de Bernardo se retiraba mientras este lanzaba varios improperios. Cuando abandonaban el bar, Víctor escuchó que uno del grupo, cuya voz no pudo identificar, decía: «Ahí se va nuestro polvo de hoy».

Cuando se alejaron de El Fuerte, Víctor le habló con dureza. «Te dije que no quedaras con esta gente. No son trigo limpio. ¿Por qué los sigues viendo?» Ella se disculpó e intentó justificarse: «Lo siento, pero no tienes por qué preocuparte. Me tratan bien. Me invitan a todo y me hacen sentir realmente importante. Con ellos estoy protegida, de verdad». Víctor no daba crédito a lo que oía: «Hazme caso. Los conozco bien y no son buena gente. Prométeme que no vas a volver a verlos». Ella vaciló un instante. No sabía decir que no: «Te lo prometo». Se despidieron en el portal y quedaron en tomar algo juntos al día siguiente. «¡Hasta mañana!», se dijeron sonrientes.

Acababa de salir el sol y el teléfono vibraba sobre la mesilla. Tesa trató de desperezarse antes de contestar. Era Bernardo y dudó si contestar o no. «¿Sí?», dijo al fin.

«Ven ahora mismo a la estación de autobuses.» «No puedo, tengo que...» «Te he dicho que vengas ahora mismo.» Tesa recordó las advertencias de Víctor, pero no quería que Bernardo se enfadara. «Bueno, ahora voy.» «¡Date prisa!» La chica se vistió todo lo rápido que pudo, se despidió de su madre y se marchó de casa. Solo tardó cinco minutos en llegar a la estación. Bernardo estaba en uno de los andenes charlando con otro tipo. Tesa no habría sabido decir cuál de los dos estaba más borracho. «Te vienes con nosotros a Valencia», le dijo sin saludarla. «¿Cómo voy a ir a Valencia?», respondió ella. «Subiéndote al autobús. Vas gratis.» «Pero no puedo...» «Sí que puedes. Solo vas con unos amigos a un partido de fútbol.» Tesa vio como todas las miradas se dirigían hacia ella desde las ventanillas del autocar. Empezó a sentirse agobiada. «¿Quieres que me enfade?», le dijo Bernardo mientras le señalaba con la mano la puerta del vehículo.

Tesa estaba abrumada. Él le doblaba la edad y era enorme. Aunque no sabía decir que no, esta vez tampoco dijo que sí. Se limitó a callarse y a dejarse llevar. En el autobús, lo primero que notó fue el intenso olor a tabaco y el atronador sonido de la música. No se dio ni cuenta de que se cerraban las puertas y el autocar emprendía la marcha. «¡Chavales! —gritó Bernardo—. ¡Esta es Tesa! ¡Dieciocho añitos!» Los treinta o cuarenta pasajeros rugieron y aplaudieron. Algunos fumaban y todos bebían. Bernardo le arrancó la camiseta. Tesa supo lo que vendría a continuación. Se sintió trasladada a otra parte. Como si lo que ocurría no le estuviera pasando a ella. Los sonidos parecían muy lejanos: las risas, los aplausos, la forma en que jaleaban al que se ponía encima de ella. No sabe cuánto duró. No sabe cuántos fueron. Trató de pensar en otras cosas.

Cuando Víctor volvió a hablar con ella, unos días después, Tesa se lo contó todo. Le dio muchos más detalles de los que aquí aparecen sobre lo ocurrido en el interior de aquel autocar. Él le rogó que denunciara los hechos. Ella no lo hizo.

8

Éxitos y fracasos

En 2013, Alianza Nacional organizó las Jornadas del Pensamiento Proscrito. Pedro Pablo eligió el 20 de abril, aniversario del nacimiento de Hitler, como fecha para celebrar el acto, en el que intervendrían varios ponentes nacionalsocialistas. Se alquiló el Salón Imperial de un hotel de una conocida cadena y se distribuyó un cartel anunciando el evento. Eran tiempos en los que las redes sociales habían adquirido un papel importante y la izquierda se movilizó en masa para denunciar la «complicidad» del hotel con los nazis. Horas más tarde, uno de los responsables del establecimiento comunicó la cancelación del alquiler. Lo mismo ocurrió poco después con el hotel Miguel Ángel: contratación, campaña de denuncia en las redes y cancelación. Algunos medios progres, como *La Marea,* aunque se equivocaban en el motivo de la fecha escogida para la convocatoria, se vanagloriaban de lo que habían conseguido: «Los nazis no encuentran dónde recordar el aniversario de la muerte de Hitler. Ya son dos hoteles de Madrid los que han suspendido el acto organizado por el partido de extrema derecha Alianza Nacional previsto para este sábado, después de que la presión ejercida por los internautas haya obligado al último a rectificar». Sin tiempo para buscar un nuevo local, Pedro Pablo dio la orden de presentarnos en el Miguel Ángel a la hora en que estaba previsto iniciar el acto. Yo no pude asistir, pero mis camaradas se encontraron con decenas de antidisturbios en la puerta principal del hotel. Tras minutos de gritos y tensión, una organización hermana nos cedió su local. Allí acabó celebrándose una jornada devaluada en la que solo intervinieron dos de los cuatro ponentes invitados: F. M. G., que habló sobre «la prevaricación legal de los juicios de Nuremberg», y A. P., que lo hizo sobre la represión política actual.

El aparente fracaso del acto fue, en realidad, un gran hito para Alianza Nacional. Durante unos días el partido salió de su invisibilidad habitual para aparecer en los medios de comunicación tradicionales y centrar buena parte de los debates en las redes sociales. En los meses siguientes, Pedro Pablo quiso aprovechar esta notoriedad y se reunió con dirigentes de otros grupos de la burbuja con la intención de unir fuerzas y enterrar las rivalidades que nos habían enfrentado durante años. En aquella época, el ambiente político español estaba especialmente caldeado por el llamado *procés*, emprendido por los independentistas catalanes. El objetivo de los diversos grupos era crear una alianza para presentarse a las elecciones bajo el nombre de La España en Marcha.

Asalto a la librería Blanquerna

En medio de la tensión territorial con Cataluña, propicia para la ultraderecha, varios políticos catalanes iban a celebrar la Diada en un acto público organizado en la librería Blanquerna de Madrid. Pedro Pablo y algunos dirigentes de Democracia Nacional y Falange decidieron montar una protesta en la puerta del recinto. Se trataba, inicialmente, de una acción de perfil bajo en la que se gritarían consignas, se abuchearía a los asistentes mientras entraban y se leería un manifiesto denunciando la complicidad entre el Estado y los secesionistas. Pedro Pablo ni siquiera acudió porque no lo creyó lo suficientemente importante para desatender otras obligaciones. Paulo fue el único de nosotros que estuvo allí, ya que no tenía que trabajar, y nos mantuvo informados a través de WhatsApp.

Todo transcurría según lo previsto hasta que varios miembros de Falange decidieron por su cuenta entrar en el local. Fueron momentos de incertidumbre, pero los demás acabaron siguiendo sus pasos. No seguían instrucciones previas, al menos los militantes de Alianza Nacional. La acción acabó con doce detenidos y tuvo un impacto mediático descomunal. Todas las televisiones, radios y diarios abrieron con las imágenes de los asaltantes enfrentándose a varios políticos catalanes, voceando y ondeando banderas de Falange, de España y de Alianza Nacional. Durante unos días fuimos protagonistas por una protesta que sabíamos a ciencia cierta que había despertado las simpatías de miles y miles de españoles que nada tenían que ver con la burbuja. El tema catalán era un verdadero filón para atraer simpatizantes y, si lo hacíamos bien, también votos. Pedro Pablo lo vio tan claro que buscó una mayor visibilidad erigiéndose en abogado defensor de varios de los encausados.

Unos días después, nuestro líder fue invitado al programa *El gato al agua,* de la cadena de televisión Intereconomía, que esa noche presentaba el periodista Javier Algarra. Varios camaradas nos reunimos en casa de un compañero para ver a Pedro Pablo Peña hablando en *prime time.* Estábamos eufóricos. Peña justificó el asalto y expuso algunos de nuestros postulados ante miles de espectadores. El presentador le permitió incluso defender el uso de la violencia armada contra quienes amenacen la unidad de España. Pedro Pablo puso como modelo a los unionistas que combatieron al IRA en Irlanda del Norte: «A sangre y fuego, respondiendo cada golpe con un golpe», dijo Peña. Todos los contertulios lo atacaron con dureza. Nosotros aplaudíamos extasiados cada arranque de ira que provocaba en los «enemigos del Estado». En aquellos días, Alianza Nacional multiplicó su militancia.

Estaba claro que el enfrentamiento visceral con los independentistas catalanes nos daba importantes réditos políticos. Solo había pasado un mes cuando tuvimos ocasión de aprovechar una nueva oportunidad de explotar esta baza. Era el 12 de octubre, día de la fiesta nacional, y viajamos a Barcelona para celebrarlo allí, desafiando al separatismo. Yo me desplacé en mi coche con Gijoe, Paulo y el Japonés. El resto del partido viajó en unos autocares que se habían alquilado para la ocasión. Mientras que nosotros llegamos sin problemas, los demás camaradas tuvieron que soportar un estricto control policial que les hizo bajar de los vehículos para identificarlos uno por uno. Finalmente nos reunimos todos en las inmediaciones de la plaza de España de Barcelona. Aunque fue una marcha conjunta en la que participamos varias formaciones ultras, los miembros de cada partido se agrupaban detrás de su propia pancarta. Nosotros cerrábamos la manifestación con banderas de Alianza Nacional y algunas rojigualdas. En las cercanías se estaba produciendo una concentración antifascista, pero la policía la mantuvo convenientemente separada de nosotros.

Empezamos a corear una de las pocas consignas que habíamos pactado todos los convocantes: «Contra ETA, metralleta». A partir de ahí, cada uno comenzó a gritar lo primero que se le ocurría: «Artur Mas, cámara de gas», «Nos vamos a cargar a la puta de Artur Mas», y otras frases de este estilo. A mí me indignaba que no hubiera instrucciones claras sobre cómo vestir, qué tipo de formación emplear en la marcha o qué lemas entonar. Aquello no era disciplina nacionalsocialista. Por otro lado, la contribución de nuestra delegación en Cataluña no fue nada cuantiosa. Eran seis chavales con crestas, cadenas, medias rotas y cazadoras pintadas con espray. Al verlos pensamos que eran antifascistas, hasta que nos saludaron con un «¡*Heil* Hitler!». En cualquier caso, se puede decir que la manifestación fue un gran éxito. Todos los medios de comunicación se hicieron eco de nuestra presencia y obviaron el espectáculo que daban algunos de nuestros camaradas que, completamente borrachos, llegaron a interrumpir los discursos que daban nuestros líderes. Nuestra influencia en el partido empezaba a hacerse notar y creo que fue gracias a nuestro empuje que la delegación catalana al completo fue expulsada de inmediato por estas actitudes indignas.

La España en Marcha

A pesar de la nada épica intrahistoria de los acontecimientos, septiembre y octubre de 2013 fueron unos meses históricos para Alianza Nacional, pues disfrutamos de una continua atención mediática y ganamos centenares de militantes. Las cosas no se hacían nada bien, pero creíamos estar en la fase de despegue que años atrás habían vivido nuestros camaradas griegos con Amanecer Dorado. Así lo leyeron también los líderes de las distintas formaciones de extrema derecha, que decidieron sellar la alianza en la que llevaban meses trabajando. Pedro Pablo Peña nos lo anunció a bombo y platillo en la sede del partido: Alianza Nacional se sumaba definitivamente a la plataforma política La España en Marcha (LEM). En ella se integrarían Democracia Nacional, Falange, Nudo Patriota Español y el Movimiento Católico Español. El primer objetivo sería obtener un buen resultado en las elecciones europeas que se iban a celebrar en el mes de mayo. Aunque a muchos no nos hacía gracia unirnos a los representantes del franquismo, todos aplaudimos la decisión. Al menos en teoría, en la burbuja las organizaciones funcionan acatando la voluntad incontestable de su líder. Una de las frases que más repetíamos cuando hablábamos de la obediencia y la lealtad era esta: «Las asambleas son cosa de rojos». Creíamos que la igualdad era una aberración ideológica que buscaba erradicar la excelencia y nivelar por abajo a toda la sociedad. Nos autoconvencimos de que La España en Marcha cumpliría su tarea de defender a nuestro pueblo frente al marxismo cultural.

El primer acto conjunto consistió en una marcha contra la inmigración bajo el lema «Protejamos nuestras fronteras». Pese a que se había decidido acudir con banderas de España y símbolos de la plataforma, cada organización hizo lo que quiso. Aparecieron estandartes falangistas, banderas franquistas, cruces célticas... La pancarta que abría la manifestación rezaba «Alto a la invasión» y, esta sí, reunía los logotipos de todas las formaciones de LEM. Desde un coche con altavoces en el techo sonaron el *Cara al sol*, varias marchas legionarias y la canción de Estirpe Imperial «Iremos a un bar».

Nuestro instinto agresivo comienza a aflorar,
buscaremos pelea por toda la ciudad.
Y cuando estemos cansados volveremos al bar,
a beber, a beber, a beber, a beber.
Nos iremos a un bar, nos iremos a un bar,
¡a emborrachar, a emborrachar!
Y beberemos hasta reventar.

Ese acto nos hizo presagiar que el futuro no nos depararía nada bueno. Yo aproveché la necesidad que tenía Pedro Pablo de contentar al sector más purista y le propuse constituir una especie de SA, una guardia de corps que agrupara a los militantes más fanáticos y que trabajara como servicio de seguridad del partido. El líder aceptó. El nombre, SCVTVM, me lo sugirió Antonio Hernández, quien, aunque jamás tuvo relación, ni remotamente, con este partido, se interesaba por mis progresos y seguía de cerca mi trayectoria personal. Él tenía un boceto que nunca llegó a utilizar en la frustrada plataforma SIEG. Estaba inspirado en la Sociedad del Escudo de Yukio Mishima, un nacionalista japonés cercano al fascismo, y significaba precisamente eso, «escudo».

A partir de aquel diseño monté pasquines, trípticos y documentos llenos de filosofía nacionalsocialista para los más avanzados y otros más elementales, salpicados de los símbolos de Alianza Nacional, y se los presenté a Pedro Pablo y a los primeros candidatos. Los integrantes de SCVTVM tendrían que pasar una prueba física de acceso, en sintonía con las actividades que estábamos acostumbrados a hacer en el Taller Espartano, y respetar unos valores éticos de acuerdo con el pensamiento que nos legó Adolf Hitler. El Comilla estaba cada día más desconectado del partido, así que no se interpuso en nuestro camino. Ordené imprimir unas camisetas negras con una lambda espartana laureada en blanco y, en la espalda, el lema «Cuando el cuerpo sufre, el espíritu se fortalece». Los tres primeros en superar la prueba física fueron Paulo, Gijoe y el Japonés. Después les siguieron otros jóvenes militantes. SCVTVM comenzó a actuar como servicio de orden en algunos de los actos y manifestaciones en que participaba Alianza Nacional. Yo, paradójicamente, tuve que posponer mi entrada en el grupo que había ideado. Acababa de sufrir una enfermedad muy grave que me había tenido ingresado dos semanas y todavía no había superado las secuelas. Estuve cerca de morir, y los días que pasé en el hospital, viéndome en una cama con tubos en la nariz para poder respirar, tuvieron en mí repercusiones tan poderosas y profundas que no fui capaz de interpretarlas debidamente hasta unos años después.

Fue un periodo duro, y no solo por los problemas de salud. El Ejército me había abierto un expediente administrativo para expulsarme. La razón es que había llegado a mi cuartel un detallado informe sobre mí en el que, por medio de fotografías y publicaciones, se me relacionaba con un perfil no oficial que tenía en Facebook. Desde que entré en el Ejército había tenido la precaución de usar, en los foros y en las redes sociales, dos tipos de cuentas diferentes. En las cuentas en que utilizaba mi nombre real y mi fotografía nunca hablaba de política y solo aceptaba a mis conocidos más «normales». En la otra empleaba uno de mis *nicks* habituales, Earl Turner, nunca subía fotos en las que se me viera el rostro, expresaba mis opiniones sin filtro alguno y como amigos tenía a todos mis camaradas. Aun así, descubrieron el truco. No era el primer problema que me acarrearía en el Ejército mi radicalidad, ni sería el último. Uno de los incidentes más dolorosos se produjo cuando estaba en disposición de participar en una misión militar en el extranjero. Un superior me vetó y me dejó en tierra aduciendo que no se fiaba de mí. Ahora el expediente abierto suponía una amenaza aún mayor para mi futuro profesional. Aunque traté de sobreponerme con el mantra victimista frente al poderoso sistema, todo aquello fue un durísimo golpe del que me costó recobrarme.

Poco a poco me fui recuperando de mis dolencias y finalmente logré evitar la expulsión del Ejército gracias a la pericia de mi abogado. Coincidiendo con mi regreso a la actividad política se confirmaron nuestras peores expectativas sobre La España en Marcha. Fue el día en que Pedro Pablo nos mostró el logotipo con el que nos presentaríamos a las elecciones europeas. Era un asunto sobre el que habíamos mantenido varias reuniones en BALUARTE. En ellas habíamos renunciado a nuestro ideal, una cruz celta, para encontrar un símbolo más neutro que convenciera a todas las líneas ideológicas de la plataforma. El acuerdo inicial se fraguó en torno al dibujo de la empuñadura de una espada. Y resultaba que todo aquel proceso quedaba en nada. Los líderes apostaron por un símbolo franquista: el águila de San Juan con el yugo y las flechas. Como dirían ellos, «¡Con dos cojones!».

Cuando nos lo enseñó se rompió la tradicional sumisión al líder. Algunos se pusieron en pie para marcharse del local y otros levantaron la voz alarmados. Pedro Pablo tuvo que hacer malabares para evitar una fuga general de militantes. Nos aseguró que él se había opuesto, pero que España era un país complejo en el que los cambios de rumbo debían ser graduales. Subrayó el valor de que la plataforma nos hubiera permitido exhibir la cruz céltica en algún acto, algo impensable hacía solo unos meses estando Falange de por medio. Esto era cierto, y el argumento le sirvió para ir calmando los ánimos. La rígida disciplina no llegó a quebrarse ese día, pero la herida abierta no sanaría nunca.

La precampaña electoral se desarrolló con más pena que gloria hasta el momento de organizar las II Jornadas del Pensamiento Proscrito. Solo faltaba un mes para la celebración de las elecciones y Pedro Pablo quiso poner toda la carne en el asador. Personas de prestigio dentro de la burbuja, como Santiago Ríos, José Luis Jerez Riesco o Eduardo Núñez, harían de teloneros a las dos estrellas del día: el histórico Pedro Varela y el revisionista alemán Ernst Zündel.

Al igual que el año anterior, se programaron las jornadas en una fecha próxima a la del aniversario del nacimiento de Hitler. Un conocido hotel accedió a alquilarnos uno de sus salones. La experiencia de la primera edición nos llevó a no revelar el lugar hasta el último momento. Hasta el mismo día del acto, en Stormfront se podían leer mensajes de los camaradas solicitando información como este: «¿Cómo se averigua la dirección? Lógicamente entiendo que como hay tanta rata democrática no se puede poner aquí, a la vista de todos, pero necesito saberlo». Usamos el boca a boca y los móviles para dar los detalles pocas horas antes del inicio del acto. Afortunadamente para nosotros, la estrategia funcionó y la izquierda no se enteró de nada.

La asistencia desbordó nuestras previsiones. El público destacó especialmente la conferencia de Varela sobre la ideología de Hitler y la de Zündel, centrada en las consecuencias jurídicas e históricas de la persecución. Tras el acto nos fuimos a BALUARTE para celebrar una fiesta que se prolongó hasta altas horas de la madrugada. La jornada supuso un éxito para el Comilla y su equipo, lo cual me llevó a pensar que «la parte blanca de su ser» se manifestaba en este tipo de acciones positivas, lamentablemente mucho más escasas que las negativas.

La ilusión y la esperanza generadas por las acciones desarrolladas durante 2013 y la primera mitad de 2014 desaparecieron el 25 de mayo. La España en Marcha obtuvo apenas 17.000 votos en las elecciones europeas. El fracaso, pese a ser esperado, supuso un duro golpe para la moral de la militancia.

La alianza con las demás organizaciones ultras agonizaba, pero con el empuje de Falange se decidió realizar un homenaje a Onésimo Redondo en Valladolid. El motivo parecía justificar la urgencia con que se organizó. La izquierda tenía muy avanzado un proyecto para derribar el monumento que se erigía en esa ciudad en honor del líder falangista, y que, en efecto, el ayuntamiento desmontó definitivamente en enero de 2016. A nuestro modo de ver, Redondo estuvo más cerca de Hitler que de Franco, así que nos pareció muy oportuno el acto. Lo que no esperábamos era que se desplegara la parafernalia habitual de los actos franquistas: misa al aire libre, ofrenda floral y un buen *Cara al sol* para terminar. El Comilla y sus hombres más cercanos presentaron la dimisión después de aquel espectáculo. Los responsables de las campañas, la web y las juventudes abandonaron el partido.

El revés casi definitivo lo encajamos en pleno mes de agosto. Desde que estábamos en Alianza Nacional habíamos hecho varias campañas de recogida y reparto de alimentos, intentando importar el modelo de Casa Pound. Sin embargo, nunca logramos convencer a Pedro Pablo de las ventajas que nos depararía una ocupación. A nuestro presidente le repugnaba el concepto mismo porque atentaba contra la propiedad privada y porque en España únicamente ocupaban los antifascistas. Nosotros contratacábamos con el ejemplo de Italia. Una ocupación nos daría visibilidad y nos pondría en el epicentro de la atención mediática. Además, nos reportaría un sustancial ahorro económico. Tras las elecciones estábamos en una complicada situación financiera. Los ingresos del partido, que ahora se iban en pagar el alquiler de BALUARTE, podrían ser destinados a organizar actos y campañas de propaganda. Todo serían beneficios si ocupábamos un inmueble. La acción nos permitiría, a la vez, vincularnos a un movimiento de referencia mundial como era el de los neonazis italianos. Fue en vano. Pedro Pablo no cedió.

Aquel verano, el de 2014, un grupo de ultraderechistas, exmilitantes de diversas formaciones de la burbuja, ocuparon un edificio en el barrio de Tetuán. Nacía Hogar Social Madrid. Comilla y algunos de sus colaboradores se unieron a la iniciativa. Tras ellos se fueron más militantes nuestros, uno de los cuales era un camarada especialmente valioso que se perfilaba como jefe de las juventudes. Se llamaba Marcial y con el tiempo se convirtió en la mano derecha de la líder del nuevo movimiento, Melisa Domínguez. Esta veterana activista había pasado por varios partidos y era muy cuestionada en la burbuja por su falta de pureza racial. Varios camaradas que se integraron en Hogar Social me confirmaron que dentro de esta organización se le hacía la misma crítica a la espalda porque no era completamente blanca. Aun así, si las esvásticas convivían con las drogas en las fiestas y los conciertos, también podían hacerlo con una líder como Melisa. De forma paulatina, Hogar Social se fue convirtiendo en el protagonista absoluto de la escena fascista española, imitando el modelo de Casa Pound. Alianza Nacional entró en una fase de declive que yo interpreté como una oportunidad para cambiar las cosas. Había llegado el momento de dar un giro de timón y construir un nuevo partido verdaderamente nacionalsocialista.

Ascenso al poder

Miguel seguía ocupando un espacio importante en mi vida. Nos veíamos de cuando en cuando y era la única persona de fuera de la burbuja con quien hablaba de política. No sé exactamente por qué, pero se me ocurrió pedirle consejo para elaborar el nuevo programa político de Alianza Nacional. El que estaba vigente era muy elemental y constituía un batiburrillo de ideas, partiendo más de tópicos que de realidades, parecido al del resto de los grupos ultraderechistas. Yo quería preparar uno inspirándome en el de Amanecer Dorado y sintetizarlo en veinticinco puntos. Un número de puntos simbólico porque era el mismo que había utilizado Hitler en el primer programa del partido nazi alemán. Los aspectos clave serían la condena al Estado de Israel, la defensa de la salida de la Unión Europea y de otras organizaciones supranacionales como la OTAN, que considerábamos entes sionistas, la lucha contra el separatismo y el combate para frenar la inmigración. Sin embargo, yo quería hacer hincapié en medidas sociales que siempre habían quedado relegadas a un espacio cuasi residual. «Miguel, tú eres de izquierdas. ¿Qué te parecen estas medidas?», le pregunté. Lo leyó con calma hasta el final. De vez en cuando veía que fruncía las cejas sutilmente, al pasar, supuse, por los puntos más conflictivos del programa. Ahí estaban las expulsiones en caliente de inmigrantes ilegales o la ilegalización de los partidos separatistas. Al cabo de un rato levantó la vista del texto y me miró con una sonrisa incómoda: «A ver. Algunas propuestas, como abandonar la OTAN o negarse a pagar la deuda, te las firmaría cualquier miembro del Partido Comunista. Pero hay otros... que pienso que están fuera de la realidad». Yo le respondí tirando de manual: «Vaya, eso es lo que pensamos los nacionalsocialistas de los que vivís en el sistema, que estáis fuera de la realidad».

La nuestra era una relación tortuosa que sobrevivía gracias al respeto que nos teníamos. Los dos compartíamos el interés por la Segunda Guerra Mundial, aunque, por supuesto, las fuentes en las que nos informábamos eran diametralmente distintas. Él seguía la historia oficial y yo la que consideraba la auténtica historia, la que estaba prohibido difundir bajo la amenaza de persecución política, social e incluso judicial, como en el caso de Pedro Varela. Habíamos debatido largo y tendido sobre el pasado y sobre el presente sin ponernos nunca de acuerdo. Sin embargo, me gustaba mucho de él que, al contrario que los demás, se leía los textos o libros que le recomendaba.

Sus comentarios no me hicieron cambiar ni una coma

del programa, que poco después sería asumido por todo el partido. En el texto definitivo aparecían propuestas sociales como garantizar la sanidad y la educación públicas y gratuitas. Junto a ellas estaban las propuestas a las que nos era imposible renunciar, como acabar con el Estado de las autonomías, cerrar las fronteras para la inmigración ilegal, crear un Ministerio de la Familia para promover la natalidad, limpiar el aparato periodístico español, implantar la pena de muerte por ahorcamiento para los delitos más graves, construir campos de trabajos forzados o instaurar el *ius sanguinis* para que solo los ciudadanos «de sangre nacional» tuvieran derecho a los «privilegios» promovidos desde el Estado.

El éxito que cosechó el programa me confirmó que tenía las manos libres para avanzar en el proceso de reconstrucción de Alianza Nacional. En mis planes solo había un obstáculo, de índole logística, y era que acababa de mudarme a Córdoba por motivos laborales. Mi dedicación en aquellos tiempos era total y sacrificaba el poco tiempo libre que tenía para viajar constantemente a Madrid. Pedro Pablo había prescindido de los habituales e ineficaces actos en cementerios o monumentos y se había echado a un lado. Yo me convertí en jefe de propaganda, aunque comencé a actuar de facto como secretario general del partido. Fiché a Henrry para que diseñara una nueva web cuyos contenidos dependerían únicamente de mí. Wiljan estaba muy ocupada estudiando la carrera de Medicina, pero se incorporó para ayudar a SCVTVM en los planes de formación física de sus integrantes. Blanco, en cambio, continuó rechazando la militancia y se alejó definitivamente de nosotros. En la antigua cúpula de Alianza Nacional, Alejandrito apostó por el cambio que yo proponía y se mantuvo al frente de las redes sociales. Úrsula, una skingirl extremeña que se había incorporado al partido tras el asalto a Blanquerna, atrajo a nuevos militantes y empezó a trabajar para intentar organizar una nueva sección femenina.

La web que diseñó Henrry era predominantemente negra y, por vez primera, disponía de un estructura ordenada e intuitiva. La información se actualizaba a diario, lo que de inmediato generó un incremento en el número de visitas. Lo que no cambiamos fue el dominio *lostuyos. net*. Era magnífico y, de hecho, lo convertí en el nuevo lema del partido. No irradiaba tanto purismo como el anterior, «Nación, raza, socialismo», pero resultaba eficaz y mucho más representativo de la nueva línea que queríamos implantar. Hice serigrafiar chubasqueros negros con la inscripción «Los tuyos» a la espalda y el logo del partido en el pecho. Eliminé las banderas rojas y las cambié por un viejo modelo que tenía el mismo diseño pero de color negro. Se organizó una biblioteca nacionalsocialista en BALUARTE con decenas de libros para que todos los que tenían problemas para adquirirlos o guardarlos en casa, como me ocurrió a mí de joven, pudiesen acceder a ellos. Prohibimos la estética skin e impusimos la obligatoriedad de acudir a los actos pulcramente vestidos y aseados.

Muy importantes fueron los cuadernillos de formación que confeccioné, que servirían también para captar nuevos militantes. En ellos ofrecía a los jóvenes lo mismo que yo había leído a sus años. Sabía en qué orden había que leer determinados textos para que su impacto fuera tan grande en sus mentes como lo fue en la mía. Conocía el lenguaje simple y directo que me había ido guiando en el proceso de radicalización. Yo había carecido de herramientas mentales para frenar el avance del radicalismo y ahora me aprovechaba de mi aprendizaje para sortear los posibles frenos y llegar al fondo de sus cerebros. No lo hacía porque tuviese una mente malvada que buscara convertir a los chavales en unos racistas. En mi fuero interno estaba convencido de que así los liberaría de la opresión progre, antiblanca, apátrida, feminista y LGTBI.

La gran asignatura pendiente seguía siendo establecer una estructura territorial. Solo en Valladolid existía una delegación potente, así que empecé a viajar por todo el país para intentar reparar el daño causado por la funesta experiencia de La España en Marcha. Valencia, Sevilla, Castellón..., allí donde surgían nuevos militantes me plantaba yo con mis discursos, mis panfletos de propaganda y los cuadernillos de formación. En una reunión nacional expuse un plan para dejar de priorizar las ciudades y centrar nuestras acciones de propaganda y captación en localidades de tamaño pequeño o medio. Lo justifiqué recordando la estrategia que desarrolló Joseph Goebbels. El partido nazi construyó bastiones en los pueblos que rodeaban Berlín y lanzó desde ellos su campaña para implantarse en la capital alemana. Nos fijamos objetivos en función del número de militantes de cada delegación. Montamos mesas en medio de la calle para dar a conocer el partido. Organizamos debates e intentamos que los militantes participaran en charlas para que fueran acostumbrándose a hablar en público.

Entre las numerosas campañas que emprendimos en esos meses hubo una que tuvo bastante presencia en los medios de comunicación. La sociedad estaba conmocionada por la cascada de casos de corrupción que afectaban a la clase política: la Gürtel, la Púnica, los ERE... Diseñamos unos carteles amarillos donde aparecía el lema «NO a la corrupción», utilizando el dibujo de una horca para componer la «o». Los distribuimos entre sedes y militantes para realizar una pegada nocturna simultánea en las fachadas de bancos, partidos políticos y sindicatos. Durante varios días estuvimos recortando los trofeos: artículos e informaciones publicadas en los periódicos que se hacían eco de nuestro trabajo.

En aquella época empezamos a seleccionar cuidadosamente los actos en los que participábamos. No queríamos repetir los festejos anteriores trufados de misas, caspa e himnos franquistas. Acudimos a la tradicional celebración del 2 de enero en Granada, en la que se conmemoraba el aniversario de la toma de la ciudad y la expulsión de los árabes a manos de los Reyes Católicos. En Madrid dimos diversas conferencias que nos permitieron captar a nuevos militantes. Yo mismo impartí diversas charlas, entre ellas una sobre los comandos Werwolf que atrajo a no pocos miembros de diverso potencial.

Llegó abril y tocó organizar las III Jornadas del Pensamiento Proscrito para conmemorar, un año más, el natalicio del Führer. Aunque no pudimos repetir el nivel de la edición anterior, logramos que viniera el líder ultraderechista francés Yvan Benedetti con una ponencia titulada «La represión nos hace más fuertes». Su presencia nos permitió llenar el salón contratado para la ocasión. Benedetti, presidente de L'Œuvre Française, contó que en su país tenían un grupo muy similar a SCVTVM. Sus miembros también vestían con camisetas negras y hacían actividades de endurecimiento en la montaña y adiestramiento militar con el fin de prepararse para los «tiempos duros».

Todo transcurrió bien hasta que empezó la charla de Pedro Pablo sobre las relaciones históricas entre el sionismo y el nacionalsocialismo. Al adentrarse en el periplo de Israel, alabó a los grupos terroristas judíos, como la Haganá y el Irgún, que lucharon contra las tropas del Imperio británico. Ese sorprendente elogio surgió, sin duda, del profundo odio que Pedro Pablo profesaba a los ingleses por mantener ocupado Gibraltar, un detalle que los oyentes desconocían. Vimos que muchos comenzaban a removerse en sus asientos. Nosotros nos mirábamos, asombrados, pero nos pusimos a aplaudir para demostrar nuestra lealtad y sentido de la disciplina. En el turno de preguntas, José Luis Jerez Riesco, fundador de la Asociación Cultural Amigos de Léon Degrelle, descalificó la ponencia de Pedro Pablo y afirmó que le apenaba enormemente ver a un *goy* (término despectivo con que los ultraortodoxos judíos se refieren a los no judíos) alabar a sus amos judíos. La conversación fue subiendo de tono y nuestro líder terminó diciendo que los españoles eran unos cobardes y que tenían «más cojones» los miembros de las organizaciones terroristas: «Yo no soy contrario a ETA por los muertos, que me traen sin cuidado. Soy contrario a ETA porque es antiespañola. Puestos a elegir entre un etarra y un tipo del PNV, me quedo con el etarra porque el del PNV es un mierda y el etarra ha pagado por lo menos veinte años de cárcel». Todo se había grabado y el audio corrió como la pólvora por los foros de la ultraderecha. La imagen de Alianza Nacional volvió a quedar por los suelos.

Por aquel entonces, en nuestro grupo de más confianza ya hablábamos sin tapujos de que Pedro Pablo había perdido el norte. Los ultras iban más allá; lo apodaban Gandalf y lo amenazaban de muerte en las redes. Aun así, por un sentido muy profundo de la lealtad, nunca conspiré contra él. Continuaba haciéndolo partícipe de todo y pidiéndole casi de modo reverencial permiso para cualquier cambio. Él parecía no aprender de sus errores, ni siquiera del fracaso de La España en Marcha. Tanto era así que un buen día nos comunicó que estaba intentando organizar un acto conjunto con un nuevo partido llamado Vox. Según nos contó, conocía a varios de sus fundadores y parecían estar interesados en firmar una alianza entre nuestras formaciones. Nosotros nos opusimos de inmediato. Por lo poco que sabíamos entonces de Vox, nos atraía su defensa de la unidad de España, su política de mano dura contra la inmigración o la denuncia de los *lobbies* feministas y LGTBI. Sin embargo, acabábamos de salir de una mala experiencia con partidos pseudofranquistas, y esta vez no queríamos unirnos a quienes además defendían el Estado de Israel. La propuesta quedó en nada y meses después empezó la fuga de militantes, ideólogos y dirigentes de Alianza Nacional hacia Vox. La sangría se añadía a la que nos seguía provocando Hogar Social Madrid con sus constantes e impactantes acciones. En un acto final de desesperación, Pedro Pablo ordenó a un grupo de militantes ocupar todo el edificio en el que se encontraba nuestra sede, aprovechando que se había quedado vacío. Esto me sumió en una profunda depresión. ¿Por qué daba esa orden después de haberse negado durante meses a hacerlo, cuando no existía esa iniciativa en nuestro país? ¿Negarte cuando cuentas con el factor sorpresa y hacerlo a toda prisa y mal para quedar ante todos como unos segundones? Por si esto fuera poco, tras aquella muestra de incapacidad para el liderazgo, Pedro Pablo sintió la necesidad de replegar los jirones que quedaban de su partido de nuevo sobre los actos en cementerios. No podía más y dimití. Como muestra de apoyo me acompañó todo mi círculo de confianza y la delegación de Valladolid entera, que era la última con miembros suficientes como para recibir aquel nombre. Alianza Nacional había dejado virtualmente de existir y solo quedaban su presidente y algunos reductos que no sumaban nada.

Para mí y para mi círculo fue un duro golpe. No solo por el trabajo y la dedicación que habíamos puesto en el partido. Nuestras ilusiones y esperanzas al completo se habían ido por el retrete. Fue una época terrible en todos los planos. En el cuartel, en Córdoba, mi situación no había mejorado. Sospechaba que mis anteriores superiores habían informado sobre mí a los responsables de la nueva unidad. Durante meses me hicieron la vida imposible, de nuevo por mis ideas. Tuve la sensación de que buscaban que pidiese una baja por motivos psicológicos como paso previo al abandono definitivo del Ejército. Seis meses después de mi dimisión, la delegada de Sevilla de Alianza Nacional me llamó para pedirme que reconsiderara mi postura y se ofreció a trabajar conmigo para echar a Pedro Pablo. Yo decliné la propuesta. Estaba convencido de que Alianza Nacional había perdido cualquier oportunidad de crecer y se había dejado comer la tostada por Hogar Social Madrid y por Vox.

Me sentía en un callejón sin salida. En más de quince años de militancia había empezado creando una humilde página web y había terminado siendo el jefe de propaganda del, a mis ojos, único partido nacionalsocialista español. Una larga trayectoria, pocos resultados tangibles y ningún efecto importante. El empeño había sido inútil. El pueblo seguía ciego y el sistema mantenía intacto su poder. No tenía energías para nada más que replegarme y pensar en el siguiente movimiento. En este camino me acompañaron algunos camaradas, los más irreductibles de todos y en los que tenía una confianza ciega. Dado que Hogar Social Madrid estaba dominado por la línea ultra de la burbuja, integrarnos en ella como habían hecho Comilla y otros exmiembros de Alianza Nacional no era una opción. De nuevo estaba como al principio de mi llegada a Madrid. Solo que ahora contaba con mucha más experiencia y tenía un gran número de contactos dentro de la burbuja.

Siempre había tenido esperanzas de encontrar la frecuencia correcta con la que levantar o formar parte de un movimiento nacionalista como el que estaba fraguándose en otros países. La política militante o de partidos era inútil y ahora lo sabía. Por centrarme en mis objetivos aquí había rechazado propuestas de ótros camaradas de irnos a combatir en el exterior, tal y como habían hecho muchos en la guerra de Siria contra el Estado Islámico en 2014, o posteriormente en Ucrania, adonde grupos nacionalsocialistas de todo el mundo acudían a combatir.

Lo habíamos intentado todo. ¿Qué nos restaba por hacer?

9

El último cartucho

Aunque era guardia civil, Samuel se había ganado el respeto de los compañeros durante nuestra militancia en Alianza Nacional. Los que nos fuimos del partido y algunos antiguos miembros de otras organizaciones llevábamos un tiempo viéndonos fuera del ámbito político, del que ya no queríamos saber nada. Hogar Social Madrid no dejaba de cosechar éxitos que yo miraba con envidia, pues representaba el futuro que la incompetencia de Pedro Pablo nos había arrebatado a todos. Aquel día Samuel me preguntó por teléfono si podía ir a verlo para hablar de un asunto que tenía entre manos, sin darme más detalles. Nos encontramos en uno de nuestros bares de referencia. Samuel solo tardó unos segundos, después de saludarme, en ponerme delante un libro de tamaño mediano. Su portada la cubría una bandera tricolor (azul, blanca y verde), y el título era *A Distant Thunder*, de Harold Covington. El libro estaba escrito en inglés. Samuel me explicó que trataba sobre una zona de Estados Unidos que se independizaba e instauraba una nación de blancos. «La bandera es la de esta nueva nación. Sus colores representan el azul del cielo, el verde de la naturaleza y en el medio... los blancos», añadió. Me gustó la idea, pero la veía bastante similar a la que se expone en *Los diarios de Turner*, y así se lo dije. «Ya verás que son muy diferentes», me contestó. Samuel había traducido el libro al español y quería publicarlo en una autoedición de Amazon. Me comprometí a ayudarle con el diseño y nos pusimos manos a la obra.

Un par de meses después recibimos las cajas con los primeros ejemplares para venderlos entre los camaradas. Entonces por fin pude leer el libro y confirmar las diferencias con la obra de William Pierce. Covington se explayaba en la forma en que debía organizarse una célula terrorista. Hablaba de los métodos para captar adeptos, obtener armas y ocultarlas y tomar precauciones para no ser descubiertos por la policía, así como de los criterios para seleccionar posibles objetivos. Era una verdadera guía para iniciarse en la lucha armada escrita en forma de una simple novela. Fui tomando notas mientras la leía. En aquel tiempo, mi desencanto con la acción política en España crecía en proporción al prestigio que iba adquiriendo a lo largo y ancho del planeta Amanecer Dorado. Todos los medios de comunicación y los partidos del sistema se unieron contra esta organización. Era, para quienes estábamos en la burbuja, la prueba evidente de que nuestros camaradas griegos seguían la estrategia adecuada. Amanecer Dorado hacía daño al poder y por eso le surgían enemigos por todas partes, también en la llamada «derecha democrática». Nos encantaba su estética. Su emblema era una esvástica griega, que simbolizaba exactamente lo mismo que la alemana pero trasladado a la nación helena. Celebraban desfiles y concentraciones nocturnas con antorchas imitando la parafernalia de los camisas pardas. Su fulgurante ascenso nos sorprendió de verdad porque siempre creímos que la revolución vendría de la Europa del Este. En Rusia, los grupos fascistas llevaban años creciendo exponencialmente. Naciones vecinas como Polonia, Hungría o Letonia seguían idéntico camino. Para mí era algo casi poético pensar que el fascismo resurgía en la tierra que propició su destrucción durante la Segunda Guerra Mundial. Estaba realmente convencido de que la sangre de aquellos bravos soldados alemanes florecía ahora en los lugares donde había regado los campos de batalla. Jamás habría esperado que ese efecto también se produjera en la vieja Grecia.

En un contexto internacional en el que los postulados identitarios y antisionistas experimentaban un avance más o menos notorio, España una vez más era la excepción. Aunque Hogar Social Madrid había superado en mucho las expectativas de cualquier otro partido o sigla en los últimos diez años, su actividad seguía siendo insignificante en el panorama político nacional. En Alianza Nacional, sobre todo después de la conferencia en la que nuestro presidente apoyó públicamente la valentía etarra, las conversaciones tanto entre la gente del partido como en el círculo más ligado a SCVTVM habían subido de tono. A nuestra mente venían imágenes del dolor y los destrozos provocados por ETA, pero asegurábamos que aquello no era comparable a una hipotética resistencia armada nacionalsocialista porque los etarras eran marxistas y nosotros teníamos la razón de nuestro lado. Si odiábamos a ETA mientras admirábamos a los camaradas que tomaban las armas era porque repudiábamos los objetivos políticos del grupo armado vasco, no sus métodos para alcanzarlos. ¿Qué diferencia había entre los medios aplicados por ETA y los de los comandos Werwolf? Pues eso.

Samuel participaba en los debates que manteníamos por aquel entonces, y mientras tanto los demás bromeábamos a sus espaldas sobre si no sería un infiltrado que trataba de llevarnos en esa dirección para luego detenernos. El nombre de Antonio Salas planeó de nuevo en mi memoria. No sé si la propuesta de Samuel fue un movimiento madurado previamente. Quizá llevaba tiempo dándole vueltas y, animado por la coyuntura que atravesábamos tanto en lo personal como en cuanto a nuestras opciones políticas, se decidió a plantar una semilla en aquel grupo de confianza.

Por supuesto tenía mucho peso el factor tiempo. Siempre el tiempo. Era lo que verdaderamente nos impedía retirarnos de la política y dedicarnos a llevar una vida más o menos tranquila. ¿Cómo podríamos mirarnos al espejo si, sabiendo la verdad, no hacíamos nada al respecto? Era imposible eludir aquel imperativo moral. Debíamos hacer algo pronto, pues apenas quedaban dos o tres generaciones de blancos. El judaísmo estaba a punto de culminar el genocidio racial que perpetraba desde hacía décadas fomentando el mestizaje.

Nordic Thunder, en su popular blog, llevaba tiempo advirtiendo de que se avecinaba un choque mundial en el que una población europea progre, débil y afeminada tenía todas las de perder ante una juventud islámica, combativa y con su brutalidad instintiva intacta. No podíamos permitir que aquello sucediese. Por nuestras familias y nuestros hijos o hermanas.

Todos nosotros nos habíamos hecho con un ejemplar del libro de Covington y solíamos comentar pasajes de sus capítulos en nuestros encuentros y en nuestros grupos de WhatsApp. Al principio todo era en un tono de broma, o al menos eso creía yo. Así, cuando nos encontrábamos ante un edificio del Gobierno, alguno de nosotros deslizaba comentarios del tipo «Excelente lugar para un atentado», y cosas por el estilo. Comentarios, insisto, en broma, pero que igual no lo eran tanto dadas las circunstancias cada vez más desesperadas en que nos encontrábamos.

Después de leernos el libro entero y llevar meses en aquella situación, algo debió de hacer clic en nuestras mentes.

¿Un regalo envenenado?

Aunque pueda parecer sorprendente, durante esta peligrosa etapa seguí viéndome con Miguel. Ya eran varios años de relación, y quizá por eso decidió dar un paso muy arriesgado. Aprovechó el día de mi cumpleaños para regalarme un libro diferente a todo lo que yo había leído hasta entonces. Cuando rompí el papel de regalo y vi la portada me quedé sin saber qué decir. Se trataba de *Economía sin corbata: conversaciones con mi hija*, de Yanis Varoufakis. Me había topado varias veces con la figura de este economista griego, vinculado a la formación de izquierdas Syriza, cuando seguía las informaciones sobre Amanecer Dorado. «Te servirá para conocer los fundamentos reales de la economía de mercado —me explicó Miguel—. Y puedes leerlo con la conciencia tranquila porque Yanis no es judío», bromeó. Yo seguía sin abrir la boca. Era una obra a la que nunca jamás me habría acercado por mí mismo, y mi primer impulso fue rechazarla. Miguel adivinó mi reacción e insistió: «Me ofendería enormemente que no lo aceptases». Eran momentos de frustración e incertidumbre, así que le di las gracias y me lo guardé.

Esa misma noche lo empecé a leer con toda clase de reticencias. Los libros del sistema me parecían tan previsibles como sus periódicos. Me había costado mucho superar los efectos que me había provocado en Galicia el veneno marxista y democrático contenido en ese tipo de obras. Además, yo siempre había sido un negado para las matemáticas y, por extensión, para el lenguaje económico. Sin embargo, en las primeras páginas Varoufakis lanzaba al aire una pregunta cuya respuesta había escuchado en decenas de conferencias a las que había asistido en la burbuja: «¿Por qué no surgió ninguna superpotencia en África o en Australia? ¿Es por el ADN de sus habitantes?». Esta coincidencia despertó mi curiosidad y me empujó a seguir leyendo. El autor, como es obvio, contestaba de forma diametralmente opuesta a la de nuestros ideólogos, pero no lo hacía con el discurso programado y antirracista que yo esperaba cada vez que discutía con personas aborregadas por el sionismo. Varoufakis aportaba una serie de sólidos argumentos históricos, sociales y económicos. «¡Claro que no es por el ADN!», concluía. Aunque parezca ridículo, creo que si no dejé de leer en ese momento acusando a Varoufakis de propagandista judío fue porque daba respuesta a las preguntas que los nacionalsocialistas nos hacíamos desde el principio y que los progres evitaban siempre contestar. Tengo que decir que el libro está concebido como una conversación entre el economista y su hija pequeña, a la que el autor intenta explicar con un lenguaje muy simple el funcionamiento de nuestro mundo. Ciertamente, los planteamientos que Varoufakis explicaba con gran sencillez echaban por la borda creencias demasiado arraigadas en mí para aceptarlos sin rechistar, pero aun así, a medida que iba avanzando página tras página, aquella lectura me interesaba más y más.

Cuando me quise dar cuenta tenía el libro lleno de frases subrayadas, páginas marcadas y esquemas explicativos en los márgenes y en las guardas. Aprendí infinidad de conceptos: superávit, beneficio, valor, desigualdad o mercado. Sin embargo, las que de veras me suscitaron profundas reflexiones fueron las páginas donde se define qué es la deuda, las causas que la provocan y el origen de las crisis económicas. Para mí, la verdad absoluta era que los cracs bursátiles los provocaban los empresarios judíos para chantajear y empobrecer a los Estados cuando no servían a sus fines. En todas mis fuentes de información, desde los libros y las conferencias de la librería Europa hasta los textos originales de Hitler, Goebbels o Julius Streicher, la economía siempre había sido la cadena con la que el judío rodeaba los pies y las manos del ario europeo. Yo mismo había impartido charlas en Alianza Nacional sobre «la economía del sistema» que habían sido todo un éxito. En ellas repetía las tesis de mis ideólogos sobre la mano judía que mece la cuna de nuestro sistema económico. Esta misma idea la había resumido en los cuadernillos de formación que elaboré para los militantes más jóvenes. Me puse a hacer memoria y no recordé ni una sola conferencia de las muchas a las que había asistido que hubiera brindado a los asistentes una explicación medianamente profunda sobre el tema. Todas iban en la línea de obras como *El enigma capitalista*, de Joaquín Bochaca: los vaivenes económicos eran culpa de un plan oculto, un programa secreto y un poder oscuro.

En ocasiones dejaba de leer el libro no porque no lo entendiese o me topase con la típica verborrea antinazi, que me aburría por estar basada en mentiras y clichés, sino porque verdaderamente tenía sentido. Al final, sin embargo, no fui capaz de abandonar la lectura, como cuando abrí por vez primera el *Mein Kampf* y creía estar recibiendo una verdad oculta para la mayoría. Como entonces, si bien las circunstancias eran diferentes, me resultaba imposible ignorar aquellos conceptos tan bien hilados y que explicaban muchos de los puntos ciegos que había en mi propio discurso.

Mal momento para empezar a dudar.

La inercia que lleva a matar

Samuel me dijo que fuera yo solo. Me citó en una dirección concreta, cercana al monte de El Pardo. También me pidió que antes de salir de casa apagara el móvil y le quitase la batería. No me comentó el motivo del encuentro, y me intranquilizó su hermetismo. Las semanas previas todas las conversaciones habían girado en torno a los hechos narrados por Covington en su libro. Habíamos llegado tan lejos que incluso nos habíamos descargado el manual *El libro de cocina del anarquista*, un documento que, según se había dicho siempre, explicaba los detalles para fabricar explosivos caseros. En el debate que generó el libro, yo era de los que defendían que, si bien en algún momento habría existido un manual auténtico en internet, el que nosotros nos habíamos bajado había sido manipulado por la policía para que ninguno de los procedimientos diera como resultado un auténtico explosivo.

Aquel mes de junio, curiosamente, se creó un ambiente surrealista para mantener aquellos debates. Un camarada estadounidense acababa de asesinar a nueve personas en una iglesia de afroamericanos en Charleston (Carolina del Sur). Yo no estaba del todo de acuerdo con el objetivo elegido por el terrorista. Lo comparaba en cierta manera con el atentado de Oklahoma. Consideraba a Timothy McVeigh un héroe, hasta tal punto que estuve a punto de tatuarme su rostro en una pierna. Sin embargo, creía que hubiera sido preferible detonar el coche bomba por la noche para reducir el número de víctimas y no granjearse tanto rechazo entre la población. Samuel y otros compañeros, en cambio, no ponían objeciones: el fin justificaba los medios.

Aquellas conversaciones me volvían a la mente mientras me dirigía a El Pardo en mi coche. Era terrible el modo en que el sistema nos empujaba a los blancos a llevar a cabo actos de resistencia como los de Charleston u Oklahoma. En realidad, los europeos preferiríamos vivir en paz con nuestras familias, pero precisamente esto era lo que el judaísmo nos pretendía arrebatar. Quizá todo lo que habíamos hecho hasta entonces había sido una preparación para algo más. Al igual que Hitler creía en una providencia que guiaba sus actos, nosotros pensábamos que hasta el más mínimo acontecimiento ocurría por algún motivo que en unas ocasiones entendíamos y en otras no. Después de casi una vida de confrontación violenta con el sistema surgía el problema de que este no era un mero entramado político-cultural, sino que era el mundo entero. Vi la salida de la autovía hacia El Pardo y giré el volante mientras seguía cavilando. Te ibas elevando, poco a poco, por encima del ciudadano medio y dejabas de percibir a las personas como tales. Ibas mamando esta visión a través de lo que leías y escuchabas: «La masa, para mí, no es otra cosa que un rebaño de ovejas mientras no está organizada», resumía Benito Mussolini. En el mejor de los casos, estas ovejas serían piezas de un mecanismo mayor. En el peor, simples traidores con unas vidas tan mediocres que podían ser segadas sin ninguna consideración. Lo argumentó el propio Hitler en *Mein Kampf*: «Quien no está dispuesto a luchar por su existencia o no se siente capaz de ello es que ya está predestinado a desaparecer».

Cuando las opciones políticas fallaban y alguien creía haber sido elegido para culminar la misión fundamental de luchar por la supervivencia de Europa, de nuestros seres queridos y de todo lo bello y justo que hay en el mundo, solo quedaba el último cartucho. ¿Era en esta convicción en la que la providencia nos indicaba que debíamos apoyarnos? Sin embargo, ya había habido decenas de acciones armadas con cientos de muertos en países como Estados Unidos, Noruega o Alemania y nada había cambiado. Samuel nos había expuesto sus reflexiones sobre esto alguna vez, diciendo que la revolución blanca era inevitable porque los blancos, como pueblo, la llevábamos dentro y podía estallar tanto en el atentado número siete como en el veinte. Lo que resultaba imposible de saber era el momento en que lo haría, que dependía de diferentes factores. Podía compararse con una ruleta rusa, en la que el disparo mortal tal vez se demoraba, pero tarde o temprano llegaba.

Estos debates chocaban con parte de las ideas que había absorbido leyendo especialmente a Bau y a Pedro Varela, personalidades muy críticas en sus discursos con la violencia ultra, pero que a la vez habían influido directamente en ese implacable sentimiento que nos movía a todos a actuar. Viéndolo ahora con distancia, pienso que no se pueden señalar obras o autores concretos que desde dentro de la extrema derecha inequívocamente fomenten el terrorismo. Bien al contrario, lo que se desprende casi siempre de estas lecturas es una condena a los actos violentos, y esto es lo que yo percibí. No obstante, sin que haya un libro específico al que pueda atribuirse la responsabilidad de promover la violencia, esta sin duda alguna recae de manera colectiva en prácticamente todos ellos. Unidos entre sí, complementándose unos a otros, ideas como el odio al sistema, el amor por los más altos valores que siempre se perciben en peligro mortal, y fenómenos tangibles pero distorsionados, como el feminismo o la inmigración, empujan inevitablemente hacia este final. Una persona radicalizada es proclive a usar la violencia de forma generalizada. Que lo haga o no dependerá de factores coyunturales, como el país y el momento en el que vive, o de circunstancias personales, como pueden ser las relaciones familiares o la fortaleza mental. Y de otro condicionante: el puro y duro azar.

El hecho que no deberíamos olvidar es que si analizamos de modo desapasionado las motivaciones profundas de los terroristas de la burbuja descubriremos mentalidades que creen estar imbuidas de un idealismo casi romántico. La lucha armada no es para ellos sino el más grande sacrificio que pueden hacer para salvar a su pueblo, tal como lo hicieron las legiones espartanas en las Termópilas o las Waffen-SS de Berlín.

Esta realidad, que suele ignorarse en el mundo «normal», se puede extrapolar a la mayor parte de los grupos terroristas. Sus miembros creen estar sacrificándose para salvar a los suyos de la tiranía de otros. En el relato de las razones que me llevaron a recurrir al último cartucho basta cambiar un término aquí y otro un poco más allá para que todo concuerde con el *leitmotiv* de otras corrientes violentas. Si al describir al enemigo sustituimos «judíos» por «infieles» y «raza blanca» por «islam» o «cultura musulmana», nos encontraremos con el credo del ISIS o de Al Qaeda. Pongamos «Estado español» en el primer apartado y «pueblo vasco» en el segundo y cualquiera sabrá a qué banda terrorista me estoy refiriendo. Los crueles criminales se consideran a sí mismos unos héroes que luchan contra la maldad absoluta.

Samuel me recibió en la puerta de la dirección indicada. Dentro había otros siete hombres. No los conocía a todos. Con algunos había compartido militancia y con otros había coincidido esporádicamente en actos o celebraciones. Samuel me dijo que había pedido a algunos de nuestros compañeros que trajesen a un invitado de su más absoluta y entera confianza. A mí no me hizo aquella petición porque sabía que mis más allegados camaradas estarían ya allí. Sonreí con gesto afirmativo.

Era una mezcla peculiar entre miembros de las FFCCSE, ingenieros químicos, guardias de seguridad y algún universitario. Samuel tomó la palabra de inmediato y habló de forma breve pero clara. Lo que guardo en la memoria de aquel día es que, con una expresión extremadamente seria, dijo que todos los que estábamos allí considerábamos que habíamos fracasado. Era hora de dejar la palabrería y dar un paso al frente, si es que de verdad queríamos evitar lo que se nos venía encima. Ya en Alianza Nacional, Samuel se mostraba como uno de los más críticos con el tema racial y por ende la inmigración masiva y descontrolada. Según él, el sistema había aumentado descaradamente el flujo de africanos hacia Europa en aras de convertir en un gueto todo nuestro continente. «Un paso al frente para hacer ¿qué?», preguntó uno de los que yo no conocía. «Lo que sea necesario», respondió Samuel.

No hicieron falta más explicaciones, creo que todos lo entendimos al instante. Yo bajé la mirada al suelo y pensé en lo que estábamos viviendo. ¿Verdaderamente quería hacer aquello? Reconozco que tuve miedo, y dudo que yo fuese el único.

Recordé el primer párrafo de *Los diarios de Turner*: «¡Hoy empezó finalmente! Después de todos estos años de hablar y nada más que hablar, por fin hemos realizado nuestra primera acción. Estamos en guerra contra el Sistema, y ya no es una guerra de palabras».

Pensé también en mis padres y en el daño que ya les había causado. Me vi entrando en prisión, con la imagen en la cabeza de uno de mis camaradas más cercanos, que se había visto implicado en el asalto a Blanquerna y tenía una condena de varios años de cárcel pendiente, y de la profunda crisis familiar de dolor y sufrimiento que eso había provocado. De nuevo los tatuajes de mis brazos. Enfrente, mi madre llorando. Eran pensamientos muy duros. Si de verdad luchaba por mi familia y por mis ideas, no debería tener que elegir entre ambas cosas.

La conversación fue corta y no hablamos mucho más. Samuel afirmó que una decisión como aquella no podía tomarse deprisa y corriendo, y nos pidió que lo reflexionásemos durante una semana. Los que estuviesen de acuerdo en que la lucha contra el sistema debería ser llevada a otro nivel se reunirían en el mismo lugar y a la misma hora transcurrido aquel plazo.

Lobos no tan solitarios

Pasé los días siguientes sin apenas dormir. Me encontraba en una encrucijada de la que no sabía cómo salir. Desde luego, en mi casa no sabían absolutamente nada de mi carrera política dentro de la burbuja. Únicamente les hablaba de cosas triviales, fuera del trabajo, fuera de la ciudad de turno en la que viviese. La angustia con la que veían mis padres mis progresos hacia Resistencia Aria cuando vivía con ellos me había hecho decidirme a marcharme a Madrid para evitarles el mal trago de creer que me estaban perdiendo. Deberían sentirse orgullosos de que un hijo suyo estuviese dispuesto a entregar la vida si era preciso por los más nobles ideales. Sin embargo, ahí estaba el problema: ahora estos ideales me exigían pasar por encima de las personas a las que yo más quería.

Sin dejar aparcados estos pensamientos, repasé todo cuanto había hecho en aquellos veinte años y cada uno de los pasos que había dado en distintas direcciones. También los que no di, tratando de adivinar hacia dónde me habrían llevado, y si me habrían conducido a un destino diferente, donde no tuviese que escoger entre hacer sufrir terriblemente a mis padres o intentar salvar a mi pueblo.

Busqué el ejemplo de otros camaradas que hubieran andado aquel camino e indagué cómo había sido su trayectoria y adónde habían llegado.

Las principales organizaciones armadas dentro de la escena internacional son dos: The Order y Combat18 (el número 18 alude a la primera y la octava letras del alfabeto, iniciales de Adolf Hitler). Las acciones de estos dos grupos han servido de inspiración a la mayoría de los terroristas que han perpetrado atentados durante los últimos treinta años desde dentro de la burbuja. Su principal doctrina se basa en un sencillo concepto: «resistencia sin líder». En la burbuja nos reíamos cuando escuchábamos a los medios de comunicación hablar de «lobos solitarios» y considerar a quienes actuaban de forma individual simples locos que atentaban completamente enajenados.

Nosotros sabíamos bien que no era así y que esos camaradas se habían limitado a seguir unas pautas perfectamente diseñadas. Durante años leí un montón de manuales que hoy siguen disponibles en internet. No en la *Deep Web* ni en páginas encriptadas, sino en portales abiertamente fascistas accesibles al común de los mortales. Lógicamente, yo conocía la resistencia sin líder desde hacía muchísimos años. Era un concepto muy parecido al de «nacionalismo autónomo» pero llevado hacia la cuestión de la resistencia armada. La palabra «resistencia», por cierto, se utilizaba como término contrapuesto a «terrorismo». Era una pirueta idéntica a la que hacíamos para no autodefinirnos como racistas, ni homófobos ni violentos. Por supuesto tampoco seríamos terroristas.

La resistencia sin líder era indetectable para el sistema: en efecto, las fuerzas y cuerpos de seguridad se habían mostrado ineficaces a la hora de detener cualquiera de los atentados perpetrados en el marco de esta forma de lucha. Uno de los portales dedicados a la resistencia sin líder más visitados en nuestro país describe así sus ventajas: «Un judío acribillado en una sinagoga de Poway, 22 personas asesinadas en El Paso, 4 víctimas mortales en un ataque a un mercado judío en Jersey, 11 muertos en el asalto a una sinagoga de Pittsburgh... Para cualquier fuerza policial es fácil identificar a los activistas más determinados siempre que estos les brinden la posibilidad precisamente militando activamente en organizaciones y partidos políticos. Por medio de supuestos registros aleatorios por la calle, visionando los vídeos de Blanquerna o de cualquier acto público, o en cualquiera de las situaciones que a lo largo de toda una vida de militancia y activismo nos expondrán a una identificación policial o a que cualquier cámara capte nuestras actividades. Pero todo esto desaparece con la resistencia sin líder. Muchos de esos lobos solitarios no habían militado jamás en una plataforma política y, al no estar fichados, la policía no sabía ni que existían. ¿Cómo hará el sistema para frenar eso? Es fácil: no puede».

Los manuales sobre de este tipo de tácticas explican cuál es el terreno en el que se empieza a jugar la partida antes de pasar a la acción: «El sistema cometió el gran error (en muchos países está ya creando sistemas de control pero estos son aún ineficaces) de poner LA RED a nuestro servicio y alcance, craso error que facilita las cosas al resistente sin líder, ya que multiplica y optimiza sus posibilidades de difusión, de desarrollo de contactos». Internet y las redes sociales proveen a los lobos solitarios de aquello que les niegan las comunidades reales. Ahí se adoctrinan, se radicalizan y hacen amigos. Si viven en Estados Unidos les será muy fácil aprender a manejar armas o incluso fabricar explosivos. Los que acaban actuando reciben el agradecimiento y la admiración de decenas de miles de camaradas repartidos por todo el planeta, y su ejemplo se convierte en estímulo para un nuevo lobo solitario, que perpetúa este ciclo sin fin.

Hasta ahora ningún ataque había provocado la respuesta prevista por Samuel y no se había desencadenado el imparable estallido racial. Los militantes de QAnon esperaban exactamente eso durante la ceremonia en la que fue investido el presidente Joe Biden. Sin embargo, muchos camaradas seguían lanzándose uno tras otro a dar aquel fatídico paso. Supongo que cualquiera de ellos se había hecho las preguntas que yo me estaba haciendo en aquellos instantes. Podía seguir engañándome. Montar un nuevo proyecto político. Entrar en Hogar Social Madrid, quizá en Democracia Nacional, y volver a empezar desde cero. Pero pasaría lo mismo que siempre: nada.

Si mi ataque provocaba la reacción profetizada por William Pierce, entre otros muchos, sería un héroe de la revolución, un mártir en caso de no sobrevivir. Si no lo lograba, me convertiría por lo menos en un ejemplo para aquel que sí lo consiguiera más adelante.

Anders Breivik detonó una bomba frente al despacho del primer ministro noruego el 22 de julio de 2011. El ataque, que provocó la muerte a ocho personas, solo era el primer capítulo de su plan. Horas después, en la cercana isla de Utoya, asesinó a 69 miembros y colaboradores de las juventudes del Partido Laboralista, en su mayor parte adolescentes. Tras ser detenido, se conocieron los detalles de su proceso de radicalización y de cómo se preparó para los atentados. Breivik se había convertido en un ferviente ultraderechista en internet. Fue también en la red donde aprendió a fabricar el explosivo, a base de fertilizantes, que hizo estallar en Oslo. Por supuesto, la prensa local lo calificó de loco, aunque posteriormente el propio tribunal que lo condenó a más de veinte años de cárcel avaló los informes psiquiátricos en los que se afirmaba que Breivik cometió los asesinatos siendo plenamente consciente de lo que estaba haciendo. A lo largo del juicio, el acusado justificó sus ataques sin pestañear ni esbozar arrepentimiento alguno: «Actué en nombre de mi pueblo, mi religión y mi país. Exijo ser puesto en libertad». Y dejó claro que no era un enajenado que había atentado por casualidad, sino que sus acciones formaban parte de un plan global: «Mis hermanos en los movimientos de resistencia noruego y europeo están sentados siguiendo este caso mientras planean nuevos ataques», dijo en tono amenazante durante su alegato final ante el tribunal.

A Breivik, como antes a Timothy McVeigh, lo considerábamos un héroe dentro de la burbuja. Sabíamos que aquel que los periodistas presentaban como un loco con brotes psicóticos no era sino un camarada que se había sacrificado por la causa. Pensé en los padres de Breivik. Incluso busqué información sobre ellos, pero no di con nada interesante. Todos los que han participado en estas acciones de represalia contra el sistema y sus amos tenían el mismo perfil que Breivik. Prácticamente todos han leído si no *Los diarios de Turner*, otro manuscrito de autor desconocido que haga las mismas propuestas que el de Pierce.

En Estados Unidos, la letalidad de los grupos terroristas de ultraderecha ya supera a la de los islamistas radicales, hasta tal punto que en 2019 el departamento de

Seguridad Interior consideró el supremacismo blanco una de las mayores amenazas terroristas para el país. El modelo se está copiando en otras muchas naciones. Se trata de una cadena de sucesos aparentemente aislados. El atacante cita a alguno de sus antecesores en el manifiesto que publica en internet antes de cometer su acción armada. Un manifiesto en el que se repiten los argumentos que yo había oído y defendido miles de veces dentro de la burbuja: amenaza de islamización, exterminio de la raza blanca, homosexualización de nuestros hijos, criminalización de lo masculino, conspiración, conspiración y más conspiración. Manifiestos que, tras la matanza de turno, corren como la pólvora por los foros y las redes sociales y sirven de ejemplo a otros camaradas. Los ataques, nada publicitados por la prensa internacional, se cuentan por millares y vienen de lejos. Uno de los que más me impactaron antes, durante y después de estar en la burbuja fue el de Jonathan Haynes, que en 1993, y tras leer *Los diarios de Turner*, asesinó a un cirujano plástico porque con su trabajo «degradaba» la pureza racial.

Quizá el mejor exponente de la estrategia de resistencia sin líder fue el que saltó a los medios cuando yo ya había abandonado la burbuja. Un país tan tranquilo y alejado del habitual ruido político como es Nueva Zelanda se levantó un día con la noticia del mayor atentado de su historia. Brenton Tarrant asesinó a 51 personas en dos mezquitas de la localidad de Christchurch. El mundo entero, y los apesadumbrados ciudadanos neozelandeses especialmente, se preguntaba qué había ocurrido para que se produjera una matanza así en una nación tan apacible.

Los periodistas utilizaron los términos acostumbrados para definir al agresor: «loco», «enajenado», «desequilibrado». Tarrant no era nada de eso. Él mismo se presentó como una persona blanca normal, y así lo confirmaron los exámenes psiquiátricos. Se había radicalizado en los foros de internet hasta llegar al convencimiento de que podía y debía actuar por su cuenta. Ante el tribunal declaró su objetivo: crear una atmósfera de miedo que incitase a la violencia contra las personas de religión musulmana. Tarrant emitió en directo buena parte de su atentado. Junto con las imágenes de la matanza, puso en línea un documento llamado *El gran reemplazo*, un texto en el que elogiaba a Anders Breivik y pronosticaba que el sistema, si los blancos no lo impedían, sustituiría las poblaciones étnicamente europeas por otras con orígenes africanos. Hoy no puedo evitar sentir un profundo malestar al releer ese documento y confirmar que Tarrant decía justamente las mismas cosas que planteábamos dentro de nuestra célula de resistencia. Tras la matanza de Nueva Zelanda volví a ver, aunque esta vez sin compartirlos, los mensajes de apoyo que se lanzaban desde la burbuja española después de cualquier atentado. Algunos de sus autores habían compartido militancia activa conmigo en los grupos políticos por los que pasé.

No había compasión en los tuits ni en los grupos ultras de Telegram. Las víctimas eran musulmanas, por tanto, simples salvajes, violadores y asesinos. Los mensajes eran exactamente igual que mis propias intervenciones en Stormfront. El lenguaje no variaba un ápice, y eso que yo me consideraba uno de los más moderados al lado de, por ejemplo, cualquier seguidor de la línea ultra o futbolera.

Al cabo de una semana leyendo y reflexionando concluí que no podía negarme a la petición de Samuel. Era demasiado lo que estaba en juego, y demasiado lo que otros camaradas habían sacrificado. ¿Acaso yo era mejor que ellos?

El Círculo

Siguiendo las enseñanzas de Covington, durante las reuniones posteriores se decidió una estructura compartimentada de tal modo que si una sección caía no pudiese ni queriendo dar información de las demás. Así evitaríamos el motivo por el que había caído The Order. Uno de sus militantes había sido detenido sin saberlo sus compañeros y, tras ser presionado durante unos días, terminó por ceder aviniéndose a traicionar a sus camaradas. Las distintas áreas serían: finanzas, propaganda, captación, formación, logística, seguridad, reserva y, por último, la que llamamos eufemísticamente «acciones», aunque todos sabíamos lo que era. Yo asumí la sección en la que más experiencia tenía, la de propaganda. Sin haberlo meditado demasiado, acabamos llamándonos El Círculo, pues siempre utilizábamos ese término para referirnos a un área concreta de la organización: el círculo militar, el círculo de finanzas... El siguiente paso sería fijar los objetivos a largo plazo.

Éramos conscientes de que llegaría un momento en

que, por la propia estructura orgánica que estábamos creando, aquellas reuniones no podrían llevarse a cabo sin comprometer la compartimentación. Hoy día, de hecho, aún me pregunto qué caminos llegó a seguir el círculo de acciones fuera del conocimiento de todos los demás. ¿Marcar objetivos? ¿Seguimiento? ¿Planificación? Muy por encima, en su día se habló de algunos líderes de la burbuja, especialmente de Pedro Pablo Peña, a quien se consideraba culpable del fracaso de la lucha política durante décadas. Se había consensuado, de hecho, que eliminar a objetivos de la burbuja centraría la atención policial sobre grupos antifascistas, dándonos así margen de maniobra para pulir nuestras primeras acciones estando libres de sospecha. Mientras eso no ocurría debíamos decidir cómo constituir la parte más elemental de nuestra estructura de tal modo que, en caso de filtrarse su existencia, la información hecha pública no fuese suficiente para poner en peligro al movimiento.

De lo que más hablamos en los encuentros iniciales fue de cosas variopintas e inocentes, como medios de financiación, lugares donde guardar el material y, especialmente, formas seguras de comunicarnos entre nosotros. Durante varias semanas, todas las conversaciones versaron sobre estos temas, y no abordamos ningún otro asunto. Creo que en cierto modo todos nos resistíamos a empezar a hablar de lo que tendríamos que hacer en el futuro.

Quien más quien menos había sido detenido, había sufrido palizas y había vivido situaciones de violencia en las calles, y muchos de nosotros habíamos temido, en al menos una ocasión, por nuestra vida. No obstante, lo que planeaba sobre nuestras cabezas era peor que todo aquello, y no nos atrevimos a verbalizarlo hasta muchas semanas después.

Después de que cada círculo propusiera unas ideas aproximadas sobre zulos y formas rápidas de conseguir dinero, se trató la cuestión de las armas. Ni Samuel, que era guardia civil, podía usar su arma reglamentaria sin ser identificado ipso facto ni los que éramos militares podíamos sacar armas de nuestros respectivos cuarteles. Cualquiera que sepa algo de estos mundos conoce la extrema seguridad de las instalaciones militares, así que nadie propuso conseguirlas de esta manera. El método estrella era el que ya habían usado con éxito algunos lobos solitarios o integristas islámicos: se trataba de hacerlo a través de internet. Por otro lado, Samuel dijo que tenía en marcha algo de lo que no podía hablar, pero que si le salía bien le permitiría hacerse con un arma de fuego sin enmarronar, o sea, que no había sido empleada en ningún acto delictivo.

Si no ocurrió este mismo día ocurrió poco después. Uno de los militantes, al que yo no conocía demasiado bien pese a que era el invitado de confianza de un buen amigo con el que había compartido todo tipo de vivencias en la burbuja, manifestó su deseo de salir de El Círculo.

Nos lo dijo en el bar en el que nos había citado. Adujo que pretendía ingresar en la Guardia Civil y no quería ver truncado su futuro por las actividades de las que estábamos hablando. Samuel le preguntó que a qué creía que se refería cuando al principio habló de hacer todo cuanto fuese necesario. Este suceso impacientó enormemente a los más decididos del grupo, y quien lo había introducido tuvo que intervenir con firmeza en su defensa a fin de evitar que se tomasen medidas contra su persona. Yo mismo estuve tentado en aquel momento de anunciar también mi salida del grupo. Supe con certeza que aquello iba en serio cuando uno de los colaboradores del círculo de Samuel contó días atrás de su intención de matar un perro callejero como preparación para el futuro. Varios se quedaron mudos y yo especialmente impresionado. «¿Hacer qué?», preguntó el encargado de finanzas. Samuel interrumpió la conversación diciendo que si titubeábamos por un perro lo mejor sería irse a casa. Su compañero retomó su relato. Explicó que lo había preparado imaginando que era una persona. Necesitaba ver si cometía errores de planificación, y de hecho así fue. Cómo y dónde matarlo. Cómo transportar el cadáver. Qué hacer con la sangre. Cómo limpiar el coche. Qué recorrido seguir con el cuerpo en el maletero. Cuál era un buen lugar para deshacerse de él. Y así un largo etcétera. Mis temores e incertidumbre no hacían más que crecer.

No sabía qué pensar. Me encontraba en una montaña rusa emocional, por lo que unos días estaba completamente determinado a seguir adelante y otros me atenazaban la inseguridad y los remordimientos por mi familia.

Samuel y otros dos eran los que me parecían los más decididos del grupo. No tenía ni la menor duda de que harían cualquier cosa que en aquellas reuniones se considerase necesaria para el avance de nuestros planes. Yo no me veía tan convencido, y esto me carcomía por dentro. Muchas veces, mientras alguno de los del círculo de acciones hablaba sin atisbo de duda en la voz, yo miraba a los demás y me costaba leer sus expresiones. ¿Sería yo el único que vacilaba? ¿Era débil? En aquellos tiempos me acordé de mi análisis genético y de aquel haplogrupo africano. ¿Era mi mala raza la que se manifestaba en esos momentos? Plantearme aquella pregunta en semejantes circunstancias me alejó por unos instantes de la realidad, y me entró una risa estúpida al pensarlo.

10

Ruptura

Pensé que me vendría bien quedar con Miguel para despejarme un poco de lo que estaba viviendo en aquella época. Después de que me regalara el libro de Varoufakis, yo le había prestado uno de mis favoritos, que hablaba un poco de todo, aunque no de economía: *Etología y política*, del doctor Doyto Soas. En esencia era un libro que demostraba hasta qué punto nuestros genes, y por lo tanto la raza, determinan factores tan importantes como el comportamiento, la personalidad o el carácter. Sabía que lo estaba leyendo, pero aún no me había hecho ningún comentario. Cuando apareció donde nos habíamos citado, frente a las puertas de un conocido centro comercial madrileño, llevaba un bulto en la mano, esta vez metido dentro de una bolsa de plástico. Nunca se lo he preguntado, pero supongo que entonces percibió que era el momento de subir la apuesta en lo que a tomar riesgos conmigo se refiere. Antes de darme el libro me hizo prometer que lo leería, fuese el que fuese, y que no lo miraría hasta haber llegado a mi casa. «Llevas la palabra "honor" tatuada por todo el cuerpo, júrame por él que lo leerás.» Titubeé unos segundos, pero la curiosidad pudo conmigo. Lo acepté y me lo metí en el bolsillo del abrigo, y nos pusimos a hablar un poco de todo, excepto, claro está, de El Círculo.

Al regresar a casa observé el libro con detenimiento. Karl Marx parecía mirarme fijamente desde la portada. Era una auténtica herejía sostener aquella obra en mis manos: *Crítica de la economía política. Una introducción a* El Capital *de Marx*, de Michael Heinrich. Estaba especialmente vetada a los miembros de la burbuja, pero ni siquiera me hacía falta leerla porque, como cualquiera de mis camaradas, sabía de sobra lo que había en sus páginas: homosexualismo, destrucción de las identidades nacionales, antirracismo, desprecio por lo espiritual... En definitiva, la base misma sobre la que se levantaba el sistema.

Aun así, empecé por el prólogo, escrito por el profesor César Ruiz Sanjuán, y me desarboló por completo. No porque ese texto aportara argumentos contundentes e irrebatibles en defensa del marxismo cultural, sino porque la cuestión de la que hablaba no guardaba ni la más remota relación con lo que yo tenía en mi mente. «A ver si ahora va a resultar que no sé lo que es el marxismo», le comenté a Miguel por WhatsApp a los pocos días. «Si dices eso tras unas cuantas líneas, entonces espera y verás.»

No me gustó aquella premonición y seguí leyendo. Es importante señalar que cuando conocí a Miguel me dijo que estaba estudiando filosofía. En aquel momento acababa de empezar el doctorado, y cinco años después alcanzó el título de doctor con una tesis sobre la figura de Marx, en la que era un experto. Es decir, cada vez que yo hablaba de marxismo él podría haberme humillado sin el menor esfuerzo, y sin embargo no lo hizo. Siempre había sido prudente y comedido, y a medida que avanzaba en la lectura del libro yo iba poco a poco comprendiendo el porqué.

Yo me esperaba un desarrollo teórico de la obra de Marx, seguramente con anotaciones o complementos escritos por aquel tal Heinrich. Había leído infinidad de libros, de Bochaca y otros, que comentaban las teorías de Marx, y todos se basaban en ese esquema. Sin embargo, nunca había llegado a las teorías en sí mismas, y ahora no comprendía nada.

De hecho, solo había pasado un par de páginas cuando me topé con una aclaración que tuve que leer varias veces antes de continuar: «Pero además, esta comprensión reducida de la obra teórica de Marx se insertó como un elemento adicional en una teoría general de la naturaleza, de la sociedad y de la historia, a partir de la cual se pretendía dar respuesta a todas las preguntas posibles. Así quedó constituida una ideología que es lo que comúnmente se comprende bajo el rótulo de "marxismo", y que ciertamente tiene muy poco que ver con la teoría de Marx».

¿Qué diablos significaba todo esto? Yo mismo había escrito introducciones al revisionismo o negacionismo del Holocausto con esos mismos términos. Daba por sentado que a quienes iban dirigidos mis cuadernos habían sucumbido hasta cierto punto al adoctrinamiento del sistema y el dogma del holocuento, atribuyendo a los historiadores revisionistas una ideología que poco o nada tenía que ver con ellos y su mensaje.

Así me aseguraba de romper todos los prejuicios y resistencias creados a partir de falsas ideas que no guardaban la menor relación con el revisionismo y sus autores. Acababan de cambiar las tornas, y ahora era yo quien por lo visto atribuía al marxismo una ideología que sencillamente no era en absoluto la de Marx. ¿Qué era entonces el marxismo?

«La teoría de Marx es una de las herramientas más potentes de que disponemos para comprender la dinámica interna del sistema capitalista.» Y la idea que saqué de aquellas primeras páginas es que su autor se esmeraba en presentar al marxismo como una especie de lentes a través de las cuales el capitalismo podía ser entendido desde sus orígenes hasta sus más recientes consecuencias. Ciertamente había una ideología llamada «marxismo», pero que, lejos de provenir de Marx, se basaba en una serie de resúmenes elaborados por su colega Engels para convertir una obra tremendamente compleja y abstracta en un texto comprensible para cualquier mente del siglo XIX. Con el paso del tiempo, los resúmenes se fueron simplificando en exceso hasta resultar en ideas fuera de contexto y desvirtuadas de su sentido original. Más tarde comprendería que las ideas sobre marxismo expuestas por todos y cada uno de los camaradas a los que yo había leído no solo partían de estas simplificaciones, sino que además las manipulaban.

¿Cómo no iba a guardar silencio Miguel cuando yo iniciaba mis monólogos sobre Marx, demostrando lo poco que sabía hablando de sus teorías como si fueran otra cosa? Me imagino que se sentía como quien acude a ver una película y por un fallo del operador se proyecta otra totalmente distinta. Cada párrafo del libro me descolocaba más que el anterior, y llevaba muy pocas páginas leídas cuando mi mente se colapsó; cerré el libro y lo dejé en mi escritorio.

Seguí con mi vida varias semanas, pero no fui capaz de desconectar de aquel puñado de hojas. Tal como me ocurrió con el libro de Varoufakis, estaba sometido a uno de los impulsos por los que me había hecho nazi: el de la curiosidad. Hacía muchos años me había llevado a meterme en los chats e investigar el revisionismo del Holocausto, y ahora me carcomía por dentro y me suplicaba que siguiese leyendo. No pude resistirme.

Un buen día cogí el libro, bajé al bar de enfrente de mi casa y, tras pedirme una jarra de cerveza, me senté a la mesa más recóndita del local. Empecé por el primer capítulo: «Capitalismo y marxismo». Las dos caras de la misma moneda, pensé, pero de nuevo todo se desmoronó.

En la época de Resistencia Aria, en la biblioteca nacionalsocialista de nuestra sede vi un título que me llamó poderosamente la atención y lo leí en un par de semanas. *Socialismo nacional contra socialismo internacional*, de Cesare Santoro. En la portada, una esvástica enfrentada a la hoz y el martillo no dejaba lugar a dudas. El libro contraponía el nazismo frente al marxismo. Confrontaba ambos sistemas en todos los ámbitos posibles: el nacional, el económico, el cultural, el artístico, el espiritual, etcétera. Ahora, en este primer capítulo, me esperaba lo mismo que en el libro de Santoro, pero entre capitalismo y marxismo.

Sin embargo, no encontré una comparativa porque de nuevo el autor dejaba claro que no existía una idea marxista con su propio discurso y estructura. De lo que trataba era de analizar el capitalismo a través de las herramientas y conocimientos que Marx había desarrollado para hacer esto posible.

«¿El marxismo entonces es como una radiografía del capitalismo?»

La respuesta de Miguel, que no recuerdo textualmente, venía a decir algo como lo que sigue:

«Más o menos así es, pero añadiendo a esa radiografía todos los conocimientos que te permiten interpretarla y entenderla correctamente.»

«Vale, pero supongo que el marxismo también son las propuestas de Marx para sustituir el capitalismo por otro sistema.»

«No. Marx en ningún momento propone un sistema económico alternativo. *El Capital* es un estudio del modelo de producción capitalista, y esto es a lo único que se dedica en los tres tomos. Hace un par de comentarios brevísimos al final del libro tercero y en el primero, pero son detalles puntuales que ocupan menos de media página.»

«Sin embargo, tiene un libro que se titula *Manifiesto comunista* que es todo ideología.»

Yo intentaba aferrarme a lo que sabía, y todo lo que había leído desde que había tomado conciencia política iba en contra de lo que afirmaban aquellas primeras diez páginas. Al principio simplemente creí que no entendía lo que leía y me encerré en un pequeño bucle dentro del prólogo, releyéndolo sin parar.

Volví a echar mano de mis referencias: Bochaca, Hitler, Bau o Varela, sin contar que todos los demás autores revisionistas sostienen la misma postura sobre el marxismo. Miré de nuevo en YouTube varias conferencias de Varela sobre la cuestión o en las que trataba el tema de pasada. Llegué incluso a pensar que había entendido mal a todos estos autores o que por algún tipo de fallo en mi capacidad de comprensión atribuía al marxismo cosas que no eran, pero no. El discurso era claro y el problema no había sido mío. También pensé que solo era un prólogo y que aquel tal César Ruiz Sanjuán podía tener sus propias ideas sobre la figura de Marx. Luego, al poco de empezar con el libro propiamente dicho, también esto quedó desmentido. Mientras tanto, Miguel continuaba con sus respuestas tajantes.

«*El Capital* es la ópera prima de Marx y el libro al que dedicó toda su vida. El *Manifiesto* es un panfleto que escribió con Engels siendo los dos muy jóvenes y en un contexto histórico determinado. Es como si tú publicas un libro superimportante que adquiere protagonismo histórico y la gente en cambio te recuerda por algo que sacaste a toda prisa al principio de tu carrera como escritor.»

«Vale, sí, pero igual la gente da protagonismo al *Manifiesto*, por mucho que sea un panfleto, porque es donde expone lo que realmente piensa.»

«Es que ni eso, porque la mayor parte de ese texto, cuando habla del fin de la familia o de abolir la patria y la nacionalidad, lo hace refiriéndose al capitalismo y a cómo este actúa en esa dirección.»

En este punto de la conversación fue cuando, rojo de vergüenza, tuve que reconocer que no me había leído el *Manifiesto* (ni ningún texto original de Marx). Miguel me respondió que se había dado cuenta nada más empezar a hablar conmigo, pero puesto que a todas luces era un tema que me afectaba en lo personal no había encontrado el momento de preguntármelo. Aquello fue un duro golpe para mi ego, porque era difícil no aparecer como un farsante ante una persona a la que apreciaba enormemente. Me sentí un defraudador por haber estado hablando enconadamente y durante años de algo que solo conocía de oídas.

Una idea demoledora empezó a abrirse paso en mi cabeza, y el solo hecho de que estuviese planteándomela me provocaba sentimientos imposibles de digerir. ¿Verdaderamente Hitler había sabido alguna vez algo del marxismo? Me sentí desnudo. Y una revelación de tal calibre, sumada al enorme reajuste que se había iniciado en mi interior tras leer a Varoufakis, empezaba a provocarme una sensación de desasosiego insoportable. Fue como el día en el que, aprendiendo a nadar, me retiraron la tabla de corcho a la que trabajosamente me agarraba con las manos. La absoluta desprotección en la que me hundí entonces era la misma que empezaba a engullirme desde lo más hondo de mi ser, y sin las que habían sido mis certezas durante décadas la oscuridad me devoraba.

Tardé mucho en leer aquel libro y algunos capítulos tuve que mirármelos por encima, pues me sentía incapaz de comprenderlos. Según Miguel, no eran partes fundamentales del texto y no leerlos no me impediría captar la idea final.

Cuando ya estaba cerca de terminarlo, Piccolo vino a mi casa a pasar un fin de semana. Casi siempre había ido yo a verlo a él a Burgos, y era la primera ocasión en que se hacía el viaje a la inversa. Llevaba tiempo queriendo saber en qué andaba metido, ya que últimamente en las redes sociales lo esquivaba y las veces que habíamos hablado por teléfono le había contestado con evasivas. Él había tenido algunos problemas de pareja, por lo que teníamos bastantes cosas que tratar el uno con el otro.

Sin embargo, como era uno de los camaradas a quien yo consideraba más formado y le tenía absoluta confianza, aproveché la primera charla sobre asuntos políticos para lanzar el tema de Marx. De inmediato creció la tensión entre ambos y el nerviosismo fue aumentando gradualmente hasta tal punto que temí que llegáramos a las manos. De entrada, solo le había dicho que me estaba terminando de leer *El capital* de Marx y que me había llevado una enorme sorpresa. Él respondió con algún comentario despectivo sobre el marxismo, por supuesto procedente de las mismas coordenadas en las que yo lo situaba antes de leer el libro. Argumenté que aquello no tenía nada que ver con Marx, y bastó eso para que se descontrolara la situación.

Nunca había discutido con Piccolo y nuestra relación de amistad era tan sólida precisamente por el altísimo grado de entendimiento que alcanzábamos cada vez que estábamos juntos. Daba igual el tema que tratásemos, ambos sabíamos de antemano lo que pensaba y opinaba el otro. Ahora, por el simple hecho de que yo refutara lo que él atribuía a Marx, Piccolo aseguraba que yo lo defendía y no atendía a razones. Inicié aquella conversación porque necesitaba contrastar lo que había aprendido con alguien de mi entera confianza, y en cambio me encontré de golpe ante un enemigo.

«Me parece increíble que alguien como tú adopte esa postura», dijo Piccolo. «¿Qué postura? Es que es como si yo un día escribiera A y tú afirmaras que he escrito Z. Y aunque yo estuviera con mi libro en la mano y enseñándote que pone A, tú te enfadases y me acusaras de no sé qué.» No hubo manera de hablar de forma racional. Lo que más me dolió fueron los reproches venidos de alguien a quien consideraba casi un hermano.

Aquella tarde se rompió algo entre los dos. Dado que estábamos en mi casa y aún quedaba buena parte del fin de semana por delante, me esmeré en que Piccolo se sintiese lo más cómodo posible y no volvimos a hablar del tema.

Varias semanas después, Piccolo abrió una conversación en WhatsApp directamente con este mensaje: «¿Qué tal estás, marxista?». Sé que la pregunta era de broma y que Piccolo seguramente trataba de quitarle hierro a la brecha que se había abierto entre ambos, pero también que me veía con distintos ojos y como si hubiese cambiado.

Aquella fue la primera de las muchas ocasiones en las que mi nombre y el marxismo aparecieron en la misma frase.

El hundimiento del castillo de naipes

Permanecía constantemente enfrascado en reflexiones, y mi mente, de modo automático, intentaba por todos los medios hacer casar la realidad con mis conocimientos y en especial con mis sentimientos. Me acordé de nuevo de una de las cosas que dijo WOTAN88 cuando *La Voz de Galicia* publicó el reportaje lleno de falsedades sobre Resistencia Aria: «Si mienten así sobre algo tan insignificante como nosotros, imaginaos cómo lo harán sobre cosas serias de verdad». Pero ¿y si no mentían y lo que ocurría era que estaban todos equivocados? ¿Sería posible algo así?

Eran pensamientos que pasaban fugazmente por mi cabeza y contra los que reaccionaba con violencia. Atravesé distintos episodios de ira contra mí mismo, y las autoacusaciones de «traición» o «debilidad» hicieron acto de presencia otra vez, como lo llevaban haciendo desde que Samuel me había mostrado el nuevo camino.

Al final, mis principios nacionalsocialistas acabarían con mis temores y comprendería que la obra de Marx era una prueba más de la manipulación judía. ¡Cuántas veces me había advertido WOTAN88 de que el judío siempre mezcla una verdad con dos mentiras! Y yo, estúpido de mí, había caído en la trampa y me había permitido dudar. Schopenhauer, Pío Baroja, Quevedo, Shakespeare, Ezra Pound o Wagner eran solo una muestra de cómo los grandes genios europeos habían descubierto el veneno judío y lo habían denunciado en mayor o menor medida.

Me parecía inadmisible que yo, supuestamente conocedor de todas sus argucias, me hubiese dejado engañar y hubiera llegado a poner en tela de juicio mis ideas. Hasta me pasó por la cabeza que tal vez Miguel fuera judío y no pretendiese más que confundirme. Quizá había bajado la guardia con él y mi disposición a rescatar a los blancos que estaban equivocados se había convertido en una vulnerabilidad que aquellos fariseos habían aprovechado. No solo se infiltraban en las naciones, también lo hacían en las mentes.

Sin duda Yanis Varoufakis era otro judío; todo encajaba.

De nada servía no tener televisión en mi casa si luego me permitía el lujo de relacionarme con judíos y hasta de tomarme cervezas con ellos. Igual que un depredador caza por instinto, el judío miente y manipula por una cuestión genética. Bochaca había dicho en una conferencia que así como una boa constrictor no puede ser acusada de malvada por comerse a inocentes ratoncillos, el judío tampoco es malévolo, pues se comporta de acuerdo con su naturaleza.

Aquella explicación me bastó por un tiempo, pero algo seguía trabajando por dentro. Tenía una sensación parecida a la de cuando mis profesores de la escuela, los medios o mi familia me hablaban del Holocausto y la maldad nazi y mi conciencia me decía que las cosas no encajaban y debía seguir investigando. Volvía a notar una astilla clavada imposible de ignorar. De nuevo sentía la necesidad de hablar, y una vez más recurrí a los lugares de costumbre. Me metí en Stormfront, tomando la precaución de registrarme con un *nick* diferente por si las moscas. Aunque nunca entré en valoraciones personales y me ceñí a citar textualmente las frases que Marx había escrito de su puño y letra, casi la totalidad de las respuestas que recibí hacían referencia a cosas que Marx nunca había dicho o posturas que nunca había mantenido y que eran diametralmente opuestas a la suya. Asimismo, en la mayoría de las respuestas se me insultaba llamándome «progre» o «rojo», cuando no directamente «judío» y «periodista». Me pregunté si Piccolo habría reaccionado del mismo modo si no nos hubiesen unido más de diez años de amistad. No entendía nada.

A los pocos días me bloquearon y acabaron expulsándome del foro. Se me ocurrió entrar con el *nick* que usaba habitualmente, eturner, pero me di cuenta de que no era una buena idea. Probé suerte en mi perfil no oficial de Facebook, abordando la misma cuestión aunque con un poco más de tacto. Constaté que nadie había hecho esas lecturas, ni siquiera las figuras de referencia intelectual o política del movimiento, con quienes yo tenía trato directo. Algunos decían haberlo hecho, pero de ser cierto no habrían mantenido las opiniones que manifestaban. Estaba claro que solo manejaban, igual que yo antes de que Miguel me regalase el libro sobre Marx, las versiones comentadas de Bochaca y otros autores de la burbuja. Precisamente de este modo yo había desenmascarado a algunos farsantes que en las discusiones sostenían que Hitler hablaba de cámaras de gas en su libro, lo cual era absolutamente falso. Ahora sucedía lo mismo pero del revés. Y los muy pocos que reconocían no haber abierto jamás un libro así, se escudaban exactamente en la misma razón que había esgrimido yo: eran judíos, ¿qué iban a decir?

Todo estaba mal.

Lo que yo siempre había considerado marxismo no tenía ninguna relación con el verdadero concepto de marxismo. Hasta qué punto era cierta esta revelación me lo demostró la declaración de Marx, hecha en una carta a finales de 1870, con la que me topé mientras estudiaba en profundidad sus obras: «Tout ce que je sais, c'est que je ne suis pas marxiste», es decir, «Lo único que sé es que no soy marxista». En la burbuja, negar que algo fuese justamente lo que no era se tomaba como marxismo, y a mí, por hacerlo, se me consideraba marxista. Fueron más de dos los que me preguntaron por Facebook de malas maneras si me había vuelto rojo. La pregunta, de por sí ofensiva para mí, me resultaba todavía más insultante por proceder de individuos a los que jamás había visto en una manifestación o acto político.

Empecé a tener problemas de sueño, no podía dormir por las noches. No era la primera vez, ya me había sucedido años atrás, por el motivo contrario, cuando comenzaba a descubrir el sionismo internacional o el holocuento. Ahora me parecía como si mis amigos se hubieran vuelto locos y defendiesen puntos de vista que a mí se me antojaban infantiles o irreales. No podía comprender su negativa a aceptar que el marxismo del que hablaban no existía.

«Hitler era claro con la postura frente al marxismo. ¿Quién eres tú para contradecirlo?» Al final cualquier argumento se reducía a eso. Hitler era el Führer y cuanto había escrito o dicho se elevaba a la categoría de dogma irrefutable. Pasaba lo mismo que en el islam, que permitía interpretar de diferente modo la palabra de Alá pero nunca contradecirla.

En esta etapa se destruyeron amistades de años y años. Al principio conseguí mantener algunas, aunque nunca fueron igual que antes. Se habían esfumado la complicidad y la mutua admiración. Para unos pocos me convertí en un extraño y para la mayoría en un adversario.

Yo seguía sin entender la situación y oponiendo resistencia, no me daba cuenta de que había cruzado una línea invisible y no había marcha atrás. Incluso al hablar de mis temas predilectos, como la Segunda Guerra Mundial, aparecían matices distintos.

Con todo, seguía leyendo libros de la burbuja. Me compré *Supremacismo judío. El poder judío en la sombra*, de David Duke, uno de los que aplaudió el triunfo de Donald Trump en Estados Unidos. El prólogo era de Bochaca, cómo no. En el primer capítulo, el autor se centraba en la cuestión judía, y en el segundo, en explicar las bases de su supremacismo: racismo, sionismo, los *Protocolos de los sabios de Sion*, frases del Talmud... No llegué al tercer capítulo. ¿Qué era aquello? Parecía escrito por un escolar de doce años. El punto de partida era, obviamente, una conspiración mundial urdida casi desde el momento en que el planeta empezó a girar, y bajo este prisma se presentaba cada acontecimiento histórico más o menos importante.

Releí mis fanzines y libros de siempre: *Mundo NS, Bajo la tiranía* y, por supuesto, *La historia de los vencidos*, entre otros. En todos ellos me costaba pasar de las primeras páginas. Algo fallaba. Exponían argumentos ridículos, muy básicos e imposibles de defender, al nivel de quien sostiene en una conversación que la tierra es plana. Las dinámicas capitalistas están ahí, casi a la vista. No hace falta ser un genio para observar el porqué de las cosas. ¿O sí?

Fueron tiempos duros. No estaba perdiendo datos o ideas, perdía certezas. Creo que muy poca gente sabe lo que implica perder una certeza, y menos lo que significa perderlas todas. Continuaba leyendo textos de Marx y otros autores de la izquierda política de los que supuestamente conocía el discurso. De todos extraía la misma lección.

Llegó el momento en que por fin tomé conciencia de lo evidente. Al principio había encontrado el modo de justificar y excusar a los ideólogos de mi generación, hasta que leí otra vez los discursos de Hitler. Absurdo, infantil y sin sentido. Si el odio al marxismo y la amenaza que este suponía eran las principales bases del nacionalsocialismo, me había quedado sin nada en lo que apoyarme.

Mis amigos no respondían cuando los llamaba. Ni siquiera los más íntimos, aquellos con los que había jurado, de noche y brazo en alto, servir al fascismo hasta la muerte.

Dejé El Círculo. No di ninguna explicación, me limité a cortar el contacto con sus miembros. Pasé varias semanas mirando hacia atrás al caminar por la calle y dando varias vueltas a una rotonda con el coche antes de meterme en mi barrio. No les cogía el teléfono ni respondía sus mensajes. Me sentía incapaz de participar en su proyecto. Pensé que sería cuestión de tiempo que actuaran contra mí y que acabase viendo un maletero por dentro como aquel desdichado perro, pero nunca pasó nada.

Un tiro en la cabeza para salir del pozo

Pasé varios meses desconectado de todo. Ni siquiera leía. Lo único que hacía era beber sin mesura. A pesar de haber dirigido varias campañas en su contra, el alcohol siempre había estado más o menos presente en mi vida. Mientras que al tabaco lo había derrotado hacía muchos años porque lo consideraba dañino para la pureza racial, mantenía con el alcohol una de mis mayores contradicciones, y era consciente de ello. Por eso no me había tatuado al Führer en el espacio que le reservaba en mi torso.

La bebida se había convertido en el único modo de frenar a una mente que giraba por su cuenta y a toda velocidad. Al principio bebía cuando salía con los compañeros del trabajo, que eran los únicos con quienes me relacionaba; después empecé a beber solo en mi casa.

Era espantoso verme completamente aislado en una etapa de la vida en que mi margen de maniobra era bastante escaso. Si antes decía que fue terrible perder certezas, aún peor fue la soledad. Una soledad absoluta y no elegida. Llegaban los fines de semana y no tenía ganas de hacer nada. Apenas salía de casa. Y aquella era mi dinámica semana tras semana, mes tras mes. En muchos momentos deseé dar marcha atrás y recuperar mi vida anterior. Maldije a Miguel por haberme dado aquel libro. Me maldije a mí mismo por leerlo. Quería con todas mis fuerzas recuperar mis convicciones, mi creencia en la raza y en Hitler, pero no podía. Recordé conversaciones sobre la imposibilidad de retroceder al descubrir el nacionalsocialismo y la obligación de actuar en consecuencia que surgía inmediatamente después, la obligación moral de ponerse al servicio de una causa superior. Aquel convencimiento había desaparecido.

Hice un esfuerzo por salvar los muebles. Intenté conservar como pude a los amigos a los que no había perdido desde el principio. Sin embargo, la burbuja es un mundo endogámico en el que las noticias vuelan. La gente pasó de comentar que había cambiado a decir que era rojo. ¡Así, de la noche a la mañana! O con nosotros o contra nosotros.

De todos modos, no se produjo una estampida generalizada, al menos no de inmediato. La transformación fue progresiva, y hubo etapas en las que pude hacerme el tonto. Nunca mejor dicho, porque así era como me sentía cuando quería seguir el hilo de las conversaciones. Tenía que olvidar lo que sabía sobre plusvalor, la naturaleza del mercado o lo que implicaba el concepto de clase y cambiarlo por judíos, marxismo cultural y poderes en la sombra. Sin embargo, la estrategia solo funcionó un tiempo. Al final siempre acababa enfrentándome con alguien, no por diferencias de opinión, sino porque me parecía insultante o aberrante que se creyesen tamañas estupideces.

También intenté «desaprender» a Heinrich. No por cobardía, sino por instinto de supervivencia. Sentía que me moría por dentro, y la expresión no es en absoluto exagerada.

Tuve crisis. Muchas crisis. Mi mente volvía al pasado una y otra vez. A las campañas de propaganda. A los desplazamientos por toda España arengando a militantes y convenciendo a indecisos. Al trabajo para editar *La Bandera en Alto* y llevarla personalmente a la librería Europa, y al agradecimiento a Pedro Varela por venderla. A los viajes a Inglaterra para organizar la fundación de pueblos blancos y a Italia para crear una red de BALUAR-TES fascistas en España. Ahora no era nadie. Era menos que nadie. Era basura.

Encontré un poco de comprensión en Antonio Hernández, al que ya consideraba mi tutor ideológico desde mi llegada a Madrid. Le había hablado de mis descubrimientos, de mi inestabilidad y de lo difícil que me resultaba encontrar ahora mi lugar en el mundo. Antonio me respondió que me llevase adonde me llevase aquel viaje, debía ser honesto conmigo mismo. «Siempre has sido un leal camarada fiel a tus principios. Hagas lo que hagas, será lo correcto.» El problema era que mis principios se estaban cayendo a pedazos.

Continuaba discutiendo en foros o en redes sociales, y cuanto más lo hacía más me alejaba de los que habían sido mis hermanos. No me distanciaba únicamente de ellos, sino también de su discurso.

Había orientado mi vida a la militancia activa. Me había ido a Madrid dejándolo todo para luchar por mis ideas. Hasta la muerte si era preciso. Así se leía en mis tatuajes.

Cuando ya no pude salvar camaradas intenté salvar alguno de mis ideales. Algo habría que no fuese mentira. Quizá las falacias de Bochaca o Bau no lo abarcaban todo. Y no lo abarcaban todo, pero casi. Comprendía que las ideas se reconfiguraban de un modo radical y que el espacio que correspondía al marxismo genuino y a unos simples principios económicos se había vaciado para que lo ocuparan las conspiraciones judías, los masones y el negacionismo de la realidad. Esta es una de las claves sobre las que más reflexionaría en el futuro. Existen decenas de negacionismos, y el mío era uno entre tantos, no el más especial ni el más auténtico, aunque tal vez sí el que tenía mayor poder destructivo.

Sin lugar a dudas, no fueron las ideas de Marx, Lenin o cualquier otro de los autores a los que leí en aquella etapa las que provocaron el proceso en el que repentinamente me veía inmerso. Lo que lo desencadenó fue la actitud dogmática y absurda de quienes me rodeaban. ¿Cuántas veces habría actuado yo igual que ellos?

Cuantas más cosas comprendía, menos entendía la paciencia que Miguel había tenido conmigo a lo largo de los años. En aquel instante me resultaba agotador hablar de política con cualquiera de aquellos con los que hacía pocos meses me pasaba las horas debatiendo. ¿Cómo había conseguido él soportar mis constantes muestras de orgullosa ignorancia? Muchas de mis «ideas» no eran otra cosa que comodines con los que tapar los inmensos agujeros que se abrían en mi conocimiento, junto a un discurso compuesto como antídoto para una enfermedad imaginaria.

Me encontraba en la más fría intemperie y me vi abocado a una imparable caída. Nada podía amortiguar el sentimiento de abandono y desengaño que sentía. Llegó un momento en que hasta la barrera que representaba mi horario laboral desapareció frente a mi deseo de beber para no tener que pensar. Apenas descansaba y comía poco y mal, solo bebía y bebía. Empecé a sufrir crisis de ansiedad muy intensas que, entre otros efectos, me generaron dificultades para tragar al comer y pánico a conducir. En cuanto me ponía al volante me entraban sudores fríos y taquicardias y me inundaba una sensación de enorme peligro. Hoy casi agradezco aquellos síntomas porque rara era la ocasión en que cogía el coche sin estar bebido.

El proceso que estoy resumiendo en unos pocos párrafos fue una horrible pesadilla que duró tres años. Pasé 26.280 horas de sufrimiento atroz y permanente, provocado, por inverosímil que parezca, por un simple libro. Quise echar a Miguel de mi vida. Me había convertido en una persona destructiva, y una noche, poseído por el alcohol, el vacío y una tristeza insondable, decidí que no quería vivir más.

Había empezado a sufrir ataques de pánico, muy distintos a los de ansiedad. Siempre había pensado que los suicidas eran unos débiles y unos cobardes. Esta percepción cambió el día que tuve el primero de dichos ataques. Solo duró dos segundos, pero fue el peor momento de mi vida. Soy incapaz de describirlo. El día que decidí que no aguantaba más acababa de padecer otro de cuatro segundos. Un ataque de esta clase que durase diez segundos probablemente quebraría la salud mental de cualquiera. Aun ahora, que han transcurrido años, no puedo evitar sentir un gran desasosiego al recordarlo. No conseguiría expresar con palabras lo que se siente, que es algo imposible de resistir, con independencia de la fortaleza física o mental. Espero sinceramente que nadie que lea esto tenga que pasar por algo parecido. En mi caso, los ataques de pánico fueron la señal de que había tocado fondo.

Me gustan las armas de fuego y tengo licencia para poseer una. Hacía semanas que había barajado la posibilidad de buscar alguna excusa para pedirle a un compañero que me la guardara por un tiempo, hasta sentirme más estable. Ese día me alegré de haberla conservado en casa. Con el corazón todavía acelerado, empapado de sudor y lágrimas, completamente borracho, la cargué y me introduje el cañón en la boca. No había escrito ninguna despedida, lo único que quería era dejar de sufrir.

Cerré los ojos. Apenas recuerdo lo que se me pasó por la cabeza, pero sé que pensé en Hitler, lo cual ahora me parece una ironía. Ojalá pudiera decir que dediqué mis pensamientos a mis padres o a un presente utópico donde yo llevaba una vida diferente. Ni siquiera en aquel dramático momento fue capaz mi mente de abandonar por completo la burbuja.

Un largo camino hacia la luz

Dado que este libro no ha salido a la venta a título póstumo, es evidente que no apreté el gatillo. Aparté el arma de mi boca y rompí a llorar. Pocas veces he llorado tanto. Al fin me quedé dormido con el arma cargada en la mano. Al día siguiente me despertaron los besos de mi perra Sury. No me he referido a ella en ningún momento y sin embargo fue la única que me acompañó en todo este proceso. Con la mente en blanco, decidí hablar con alguien desconocido. Elegía a una chica a la que había empezado a seguir en Facebook hacía varios meses. Fue Miguel quien me había sugerido que tomara contacto con personas ajenas a la burbuja. Hasta entonces todas mis amistades en esa plataforma eran nacionalsocialistas o fascistas, como suele pasar en estos ambientes tan herméticos. Así, fui empezando a agregar a mi perfil a personas de todo tipo y tendencia. Incluso me hice seguidor de las cuentas oficiales de Ciudadanos, PSOE, Podemos, PP y hasta Bildu.

Esta táctica tenía una doble intención. Por un lado, lo más urgente: romper el sesgo informativo e intelectual en el que me encontraba. Por el otro, volver a ser capaz de reflexionar sobre ideas con las que chocase de entrada. Este ejercicio aparentemente sencillo ha resultado ser muy valioso y efectivo. Con todo, hoy sigo arrastrando una dificultad enorme para relacionarme con gente que no sea extremista, y sé que mis años de militancia son un lastre que condicionará para siempre mis relaciones futuras.

En las redes sociales al principio no me enteraba de nada, hasta tal punto que incluso me tomaron por un trol. Era imposible que alguien desconociese las cuestiones políticas o sociales que yo ignoraba. Fue entonces cuando empecé a ver al movimiento como una burbuja de verdad, una burbuja que superaba toda dimensión metafórica. Ciertamente acababa de salir de una cueva.

La chica de Facebook se llamaba Beatriz y por su perfil quedaba claro que era de izquierdas. Le mandé un mensaje directo: «Perdona, no me conoces. ¿Podemos hablar? Estoy muy mal». Fue un intento a la desesperada y no contaba con que me respondiese. Sin embargo, por suerte para mí, lo hizo. Comenzamos a hablar y me abrí totalmente. Le hablé de mi situación. Le conté quién era yo, lo que estaba pasando y el punto en el que me encontraba. De desconocido a desconocido, sin tener que preocuparme por sus juicios u opiniones. Resultó ser una persona muy comprensiva, cabal y cargada de buenos consejos. Es increíble lo que puede conseguirse con un poco de amabilidad. Para ella, según me aseguró más tarde, fue un gesto sin importancia; para mí fue un auténtico salvavidas.

Beatriz me aconsejó poner por escrito mis emociones. Así podría ordenar mis ideas y analizarlas con cierta distancia. Fue un consejo magnífico. Varios días después, cuando conseguí aclarar un poco mis pensamientos, me puse manos a la obra. Sin apenas darme cuenta escribí cincuenta páginas, una especie de visita al pasado, una crónica a grandes trazos de lo que había sido mi vida. A Miguel le pareció una idea brillante y más tarde me ayudó aportando su punto de vista al relato de los hechos ocurridos desde que me había conocido.

Mi relación con él no atravesaba el mejor momento después de que en mi proceso destructivo yo estuviera a punto de acabar con nuestra amistad. Le pedí perdón por mi ingrato comportamiento cuando él únicamente había tratado de ayudarme y acompañarme. Este gesto me supuso un enorme esfuerzo, ya que en los ambientes en que me había movido, como el Taller Espartano o SCVTVM, entendíamos que el hombre viril jamás debe mirar atrás y mucho menos arrepentirse de sus actos. Su condición para retomar el contacto fue que pidiese ayuda psicológica, algo a lo que yo siempre me había negado porque Freud era judío y, por tanto, el psicoanálisis y la psicología en general eran por extensión herramientas del judaísmo. Accedí.

Beatriz hacía psicoterapia desde hacía muchos años y me aseguró que no me arrepentiría de haber dado el paso. Mi terapeuta, a quien llamaré Sara, se convirtió casi desde el principio en la pieza clave del proceso de recuperación, y lo sigue siendo hoy en día. Un psicólogo es para la mente lo que un fisioterapeuta es para el cuerpo. Aunque no tengamos una lesión grave y puntal que tratarnos, sería muy beneficioso para todos que acudiéramos una vez al mes a un fisioterapeuta para liberar contracturas o relajar tensiones. Del mismo modo, el psicólogo nos ayudaría a estar mejor.

Con Sara tuve la suerte de conectar muy bien desde el principio. Además de que era una gran profesional, la buena química entre terapeuta y paciente permitió que progresara con mayor facilidad. Me explicó que racionalizando las ideas, poniéndolas sobre la mesa y hablando de ellas la mente volvía real y tangible algo que hasta entonces era inconsciente pero ejercía una considerable influencia en nosotros y nuestros actos. Al principio me expresaba con timidez, pero con el tiempo y sesión tras sesión empecé a hablar sin parar, analizando y dimensionando cada aspecto del mundo en el que había pasado casi toda mi vida. Gracias a ella he descubierto efectos y secuelas de mis veinte años de militancia que jamás habría sido capaz de vislumbrar por mí mismo. En su consulta también se me han ido revelando situaciones y sentimientos muy antiguos, cuya existencia ni siquiera sospechaba, que sin duda contribuyeron a ponerme en la línea de salida hacia el radicalismo.

Poco a poco empecé a estabilizarme emocionalmente. Cuando uno está mal, las mejoras no se perciben hasta mucho después. Conseguí dejar de beber de manera radical, que era la única forma posible para mí. La soledad seguía sumiéndome en largos periodos de tristeza, pero lo que llevaba peor era una situación absolutamente nueva: la ausencia de objetivos políticos a corto plazo. Hasta entonces mi vida había consistido en fijarme metas y perseguirlas hasta conquistarlas, siempre bajo el amparo del nazismo. Ahora no tenía otro fin que sobrevivir. Tuve que reconstruir mi mente desde cero. Al principio lo había intentado partiendo de alguna base, pero a medida que creaba estructuras nuevas desechaba las anteriores. Fue un proceso exasperantemente lento, cuyos resultados no se vieron hasta pasados varios años.

Relatar mi batalla contra el alcohol requeriría otro libro, pero aquí puedo decir que unos meses después de dejar de beber empecé a conciliar el sueño de nuevo. A medida que comía mejor me iba sintiendo más fuerte, y cuando recuperé la actividad deportiva volvieron el optimismo y hasta cierto sentido del humor.

El diario que había empezado a escribir por sugerencia de Beatriz se iba haciendo más y más voluminoso. Aunque escrito desordenadamente, empezaba a adquirir estructura de relato con diferentes capítulos que narraban episodios sucedidos en distintos momentos. Ver los hechos en el papel me ayudaba de alguna manera a conformar una visión de conjunto. Mis sesiones con Sara se centraron a menudo en el contenido y el sentido de aquellas páginas. Ella no dejaba de señalarme la importancia de la información recogida en ellas. «Nadie sale de esos mundos y mucho menos evidencia la voluntad de contarlo», me dijo en una sesión. De ese modo tan fortuito comencé a dibujar un nuevo horizonte al que dirigirme.

Todo cuanto había hecho en mi vida me había llevado a un punto de ruptura en el que tenía dos opciones: volarme la cabeza o construir algo útil con lo que tenía en mi interior. La providencia que siempre había pensado que me guiaba hacia la conquista del poder político guardaba en realidad un sentido que jamás habría imaginado. «Voy a escribir un libro», le anuncié con decisión un día a Sara. Fue a ella a quien le esbocé mis planes partiendo del diario. El libro sería simplemente el medio con el que conseguir un propósito más ambicioso: dar charlas en los colegios a chavales de la edad que tenía yo cuando entré en el mundo del radicalismo.

Los primeros pasos fueron difíciles, pues empecé a escribir estando en pleno proceso transformador y lo que escribía en un momento dado no me parecía válido tras madurarlo meses después. Conservo las diferentes versiones que redacté a lo largo de los años y son en sí mismas un documento valiosísimo del proceso de cambio que experimenté.

Los resultados iban haciéndose visibles. Miguel y mi propia familia empezaron a decirme que apenas me parecía a mi yo anterior. Miguel incluso aseguraba que mi rostro había cambiado y tenía una expresión diferente. Yo había notado que estaba mucho menos irascible. En ocasiones retrocedía y la cólera y el carácter resurgían de manera repentina, pero estos episodios se fueron espaciando cada vez más en el tiempo hasta casi desaparecer por completo. Ya no sentía un nudo en el estómago cada vez que ponía las noticias o abría algún periódico. Analizaba los acontecimientos en un marco diferente y extraía conclusiones a partir de la realidad que tenía ante mí.

Entré en una fase de comprensión, en la que mi máximo interés radicaba en encontrar los mecanismos que me habían hecho ser como era. Como aún mantenía cierto contacto con algunas de mis anteriores amistades traté de que otras personas iniciaran la transformación inversa que yo estaba viviendo. Los intentos iniciales fueron todos un fracaso, y lo cierto es que apenas empezaba a dilucidar las dinámicas que me habían mantenido encadenado durante más de dos décadas. ¿Hasta dónde habría llegado de no ser por Miguel? ¿Podría en el futuro frenar la radicalización en otros como yo? ¿Había sido el mío un caso excepcional?

Estas eran las nuevas preguntas que me hacía, y sabía que tardaría años en responderlas. Lo que no dudaba era que el hecho de haber llegado a este punto se lo debía a Miguel, a quien deseo dedicar este capítulo.

Gracias, Miguel.

11

Desde la distancia, desde la experiencia

En los pocos años que llevo saliendo de la ultraderecha me he dado cuenta de que ese movimiento solo es una burbuja más de las muchas que existen en nuestro mundo. Cristianos radicales, judíos ultraortodoxos, yihadistas, terraplanistas, negacionistas de la covid-19... Sea cual sea el grupo, el comportamiento de sus miembros responde siempre a patrones comunes que me resultan muy familiares: todos dicen enfrentarse a una gran conspiración; todos se creen poseedores de la verdad absoluta, aunque todavía haya veces en que no lo consiga del todo. Lo que sí pienso es que quizá mi terrible pasado me permita señalar aspectos que puedan resultar interesantes para el lector. Con esta humilde pretensión voy a exponer algunas reflexiones sobre asuntos y organizaciones, relacionados o no con la extrema derecha, que están de rabiosa actualidad.

Vox: un terremoto en la burbuja

La entrada de Vox en el Parlamento andaluz y su vertiginoso crecimiento electoral rompió, como ya dije, muchas de las fronteras existentes en la burbuja. Por aquel entonces yo ya tenía un pie y medio fuera de ese mundo, pero seguía observando los chats y en las redes sociales la casi totalidad de mis contactos continuaban siendo de la ultraderecha. Por eso vi cómo, al calor del triunfo y de las expectativas de influencia y poder, prácticamente toda la militancia, buena parte de los dirigentes y no pocos ideólogos de la burbuja se integraron —o intentaron hacerlo— en la formación que lidera Santiago Abascal. Organizaciones como Falange, Alianza Nacional, Hogar Social Madrid o Democracia Nacional sufrieron una importante fuga de militantes hacia el partido emergente. Me consta que incluso un alto porcentaje de ultras del fútbol dirigió su volátil lealtad hacia Vox. El resultado final fue un partido con una mayoría de políticos y simpatizantes provenientes del Partido Popular a la que se sumaron aquellos que llegaban de otras formaciones más escoradas a la derecha.

Observando los acontecimientos a distancia, me sorprendió que un «historiador» negacionista del Holocausto, que impartió charlas a las que yo asistí en Alianza Nacional, Fernando Paz, fuera presentado como número uno de Vox por Albacete. Paz era un ideólogo admirado por todos nosotros debido a sus planteamientos antiLGTBI y revisionistas. Sus radicales mensajes, en los que llegaba a comparar la convivencia entre dos personas del mismo sexo con la relación «entre un hombre y una cabra», los lanzaba no solo en sus charlas, sino en los medios de comunicación ultras con los que colaboraba. Su designación, por tanto, no fue casual ni fruto de ningún error. Todo el mundo sabía quién era y lo que pensaba. Sin embargo, cuando se conoció la noticia y se armó el lógico escándalo, la dirección de Vox lo invitó a abandonar la candidatura. Asimismo, en un nivel de responsabilidad menor, J.I.V.P., componente de uno de mis grupos musicales fascistas favoritos, Klan, se convirtió en un militante destacado de Vox en Toledo. La noticia me impactó mucho. El alias de Peinado era Toro, y su breve carrera política terminó también cuando la prensa descubrió no solo las letras de sus canciones, sino un pasado violento que incluía una condena por pegar una brutal paliza a un profesor universitario.

Aunque Vox haya tomado medidas en casos tan flagrantes como los de Paz o Peinado, buena parte de su ADN original sigue proviniendo de la ultraderecha no democrática. Su propio líder no solo no condena la dictadura franquista, sino que ha llegado a afirmar en la tribuna del Congreso de los Diputados que los gobiernos de Franco fueron mejores que el ejecutivo presidido por Pedro Sánchez.

Vox, por tanto, es un cóctel en el que se mezclan discursos y posturas de todas las líneas ideológicas ultraderechistas que durante décadas estuvieron muy diferenciadas dentro de la burbuja. Por un lado, vemos la defensa nacional de España enfocada del mismo modo que podría hacerlo Falange, hablando siempre de la herencia católica como oposición al islam y a la inmigración musulmana. Esa impronta falangista se percibe en muchos de los dirigentes locales, regionales y nacionales. Son casos como el de Javier Ortega Smith, que no duda en expresar públicamente su admiración por José Antonio Primo de Rivera; el de Jorge Buxadé, líder del partido en el Parlamento Europeo, que se enorgullece ante los periodistas de haber formado parte de Falange Española y de las JONS y que, por el contrario, dice que le avergüenza haber militado en el Partido Popular, y el de Juan Ernesto Pflüger, responsable nacional de prensa, que en una charla en la sede de Falange afirmó que su primera camisa azul se la había comprado treinta años atrás y que todavía se la planchaba su mujer. Pflüger escribía mensajes muy duros en las redes sociales. Mensajes contra los gais: «¿Por qué los homosexuales celebran tanto San Valentín, si lo suyo no es amor, es vicio?». Contra las feministas: «Progres y feminazis pueden enfadarse cuanto quieran, pero son feas. #UnPocoDeHigiene». Contra los inmigrantes: «Estos moros son la leche. Hasta que se les expulse no estaremos seguros». Y a favor de José Antonio Primo de Rivera y de Franco, cuya dictadura según él recuperó «la grandeza del pasado imperial de los españoles. Ese imperio cristiano que forjamos resucitó y se volvió a construir una España grande que creó el más moderno Estado del bienestar y nos convirtió en la novena potencia industrial del planeta».

El discurso de Pflüger a la hora de hablar del franquismo es un reflejo del relato histórico que se maneja en Vox. Es la versión hispana del revisionismo de David Irving o

Joaquín Bochaca. En este caso no se trata de negar el Holocausto, aunque algunos también lo hagan en privado, sino de justificar los crímenes del franquismo y, en definitiva, de legitimar la dictadura. No es nada nuevo, sino un movimiento que surgió el día después de la muerte de Franco y que se ha revitalizado como reacción, primero, a la Ley de Memoria Histórica de 2007 y, después, a las políticas memorialistas del Gobierno de coalición formado por PSOE y Unidas Podemos. Sin embargo, la mayoría de los máximos exponentes del revisionismo español, como el «investigador histórico» Pío Moa, se mueven desde 2018 en la órbita de Vox.

Es esta línea de la ultraderecha heredera del franquismo la que más peso tiene en el partido. No obstante, también encontramos en la formación de Abascal mensajes típicos del nazismo puro y duro. Entre ellos destacan los lanzados por la diputada nacional Rocío de Meer, en los que, por ejemplo, llamaba «estercoleros multiculturales» a determinados barrios de Madrid. Es la misma denominación con la que oí mil veces a Pedro Pablo Peña referirse a estos lugares, y que yo mismo usaba. La diputada De Meer compartió en sus redes sociales un vídeo de un grupo fascista polaco con mensajes xenófobos acompañado de un elocuente texto: «Hay una Europa fiel a sus raíces. Que no se arrodilla ante la dictadura progre». Las distintas agrupaciones regionales y locales del partido aún se expresan con menor contención. Vox Pontevedra llegó a defender que sus seguidores en Twitter usaran esvásticas porque, según argumentaron, ese símbolo tiene orígenes hindúes y significa «bienestar». Ningún miembro de la dirección regional o nacional desautorizó estos tuits. Lo que evidencian los ejemplos mencionados y lo que constato por mi propia experiencia no es ni mucho menos que Vox sea nazi, sino que buena parte de los nazis españoles están ahora en la esfera de Vox.

Entre estos mensajes no del todo coincidentes, más nacionalsocialistas o más nacionalcatólicos, existe un rosario de propuestas y relatos con los que comulgan todas las líneas ideológicas que confluyen en Vox. Un rosario en el que destacan cinco puntos fundamentales: defensa visceral, y si es necesario violenta, de la unidad de España; lucha contra la inmigración; homofobia encubierta bajo la excusa de proteger la familia tradicional; hostilidad hacia el feminismo, y victimización frente a cualquier ley o avance social que provenga de la izquierda. Por lo mucho que conozco el mundillo, creo que estos cinco pilares comunes permitirán garantizar la cohesión del partido mientras se mantengan las expectativas de tocar poder. Asimismo, pienso que se acentuarán las discrepancias y se agrietará la formación cuando se estanquen o, especialmente, disminuyan sus apoyos electorales. En cualquier caso, ahora me resulta muy llamativo comprobar que mientras estuve dentro de la burbuja no fui consciente de la base ultraespañolista, machista y racista que impregna numerosos sectores sociales de nuestro país. El ambiente victimista y conspiranoico en que nos movíamos actuaba irremediablemente en nuestra contra, impidiéndonos percatarnos de que teníamos muchas más posibilidades de éxito de las que creíamos.

Esta es una de las razones por las que los dirigentes del

resto de los partidos ultraderechistas que decidieron no abandonar sus respectivos barcos adoptan un tono muy crítico con Vox. En medio de su propio naufragio se siguen presentando como la ultraderecha real y acusan a los de Abascal de ser otro partido más del sistema. Estoy convencido de que, más allá de las diferencias que puedan tener en cuanto al programa o al discurso, la auténtica fuente del odio ultra hacia Vox es la envidia. Un profundo resentimiento surgido al comprobar que un partido salido casi de la nada, con un planteamiento muy similar al suyo, en unos pocos años ha conseguido alcanzar lo que la burbuja se limitó a soñar durante décadas. Aun así, todos estos grupos continúan adelante con su actividad porque creen que pronto puede llegarles el momento. ¿Tienen motivos para pensarlo? Yo creo que sí.

«¿Te das cuenta? Vox está diciendo en el Parlamento o en los ayuntamientos lo que nosotros solo nos atrevíamos a decir en el interior de nuestros bares y en voz baja.» Este comentario me lo hizo un antiguo camarada y se me quedó grabado porque simboliza uno de los efectos que ha provocado el partido de Abascal. Vox ha normalizado un discurso que antes nunca había traspasado la cubierta de la burbuja. El enemigo desarrolla una conspiración mundial para controlar el poder e instaurar una dictadura progre. Es cierto que Abascal no sitúa a los «judíos» en la supuesta trama, pero sí señala a George Soros, magnate judío, como uno de los cabecillas de la misma. Vox ha sacado de la marginalidad términos como «invasión» o «plaga» para referirse a la inmigración, además de «reconquista», «feminazis» o *lobby* LGTBI», entre muchos otros. Esta estrategia está abonando el terreno para que en el futuro pueda cumplirse el sueño que yo perseguí durante veinte años: el surgimiento, ya por escisión de Vox ya por reagrupamiento bajo otras siglas, del Amanecer Dorado español.

La Tierra no es redonda

El día que me senté delante del televisor para visionar el documental de Netflix *La Tierra es plana* (*Behind the curve*) no podía imaginar que me sentiría plenamente reflejado en él. Durante hora y media los autores dan voz a algunos de los líderes del movimiento terraplanista. Son ellos los que explican sus teorías descabelladas y muestran las «pruebas» de que nuestro planeta no es redondo. Son muy pocos los minutos en los que se recogen las opiniones y los demoledores argumentos de científicos y astronautas. No hace falta más. Los miembros del grupo conspiranoico se descalifican a sí mismos y a su movimiento con cada una de las sandeces que sale de su boca.

De un modo indirecto, considero este documental un buen punto de partida para conocer la realidad en la que viven los militantes de la burbuja y de cualquier radicalismo. No porque existan relaciones entre ellos y los terraplanistas, aunque a veces coincidan en foros y protestas callejeras, sino por las similitudes que percibí en la forma de pensar, de plantearse las cuestiones y de situarse respecto al mundo que los rodea de ambos grupos. El eje directriz de todo cuanto albergaba mi mente no era otra cosa que una enorme conspiración judía desde la cual se estructuraban los demás elementos propios de este discurso. Era lo que daba sentido a una serie de conceptos que sin ella caían por su propio peso. Por su parte, los terraplanistas también ponen una gran conspiración en el centro de todo que sirve de excusa para eludir aquellos argumentos imposibles de rebatir. Las conclusiones a las que llegan los científicos, astronautas o psicólogos caen en el mismo saco roto al que iban a parar en mi burbuja historiadores, estadistas o economistas. Actitud que se resume en una frase acuñada por el escritor Tim Urban: «Yo quiero creer esto, y si no encaja con la realidad, no cambio mi visión, cambio la realidad».

El comportamiento de los protagonistas del documental es muy esclarecedor. Mark Sargent, uno de los fundadores del movimiento, aprovecha una supuesta inexactitud de los científicos para insinuar: «Si se equivocan en esto, ¿qué más habría que replantearse?». Cuando lo escuché, pensé que Sargent estaba parafraseando a WOTAN88 cuando decía aquello de «Si mienten así sobre algo tan insignificante como nosotros, imaginaos cómo lo harán sobre cosas serias de verdad». Otro de los líderes del terraplanismo, a la pregunta de por qué ningún científico de prestigio avala sus tesis, contesta lo siguiente: «Aun siendo catedrático titular, si declaras algo así te pueden echar inmediatamente». Argumento idéntico al que utilizaban Pedro Varela y los demás negacionistas del Holocausto para explicar las razones por las que el 99,99 por ciento de los historiadores rechazaban categóricamente sus teorías. O eran parte del sistema o temían perder su estatus y su empleo. Otra de las frases que salen de la boca de Sargent la pronuncié yo mismo en infinidad de situaciones para explicar la dificultad que tenemos para hacer despertar al pueblo: «Nadie quiere admitir que ha sido engañado».

Según avanzaba el documental, yo iba reconociendo más síntomas y actitudes. El psicólogo Per Espen Stoknes ponía el dedo en la llaga al describir el comportamiento de las burbujas: «Cuando llegas a un determinado punto de autosugestión, únicamente te servirán ejemplos que lo confirmen y únicamente te rodearás de personas que piensen como tú». Un análisis que confirma, con otro lenguaje, Mark Sargent: «Cuando la gente se hace terraplanista ya solo quiere quedar con terraplanistas porque es un gran cambio de paradigma». Tampoco hay diferencias al hablar de los enemigos. Si los nuestros eran «judíos» o «vendidos al poder», los suyos son los «poderes ocultos» y los «abducidos por la NASA». En cuanto al dogma que el sistema nos imponía para esclavizarnos, nosotros decíamos que era el Holocausto y ellos, la tierra esférica.

No pude evitar reírme cuando el documental abordó la división que existía dentro del terraplanismo. Las discrepancias no son solo características de las burbujas, pero lo que vi cuadraba con lo ocurrido en mi mundo. Diferentes corrientes, varias plataformas, distintos líderes enfrentados entre sí... Uno de ellos, Matt Boylan, acusa a Sargent de ser un producto del sistema a sueldo de la Warner. Ante las cámaras, Sargent reconoce que todas las diferencias y disputas responden a un único motivo: competir para acaparar el protagonismo. Aunque se trate de una cuestión menos clara y sobre la que no se puede generalizar, me identifiqué también con varios terraplanistas que reconocían no encajar en este mundo. Sentían que algo no acababa de funcionar y que, hasta incorporarse al movimiento, estaban alejados de todo. Mark Sargent remataba el tema afirmando que si decidiera abandonar, o bien habría miembros de la comunidad que se lo impedirían, o bien se convertiría en un marginado. Era la historia de mi vida y la de otros camaradas a los que conocí.

Son tantas las coincidencias que me costaría elegir una como la madre de todas ellas. Si no me quedara otro remedio que hacerlo, mencionaría la reflexión que lanza la astrofísica Hannalore Gerling-Dunsmore: «No se puede creer en el terraplanismo sin creer que existe una enorme conspiración». Tal cual. Siempre la conspiración. Lo sorprendente, o no, es que cuando se les pregunta quiénes lideran la conspiración, los protagonistas del documental señalan al Vaticano y a los masones, pero también a los judíos y a las familias Rothschild y Rockefeller, así como al omnipresente George Soros.

Soros es seguramente la figura a la que más recurren estos grupos para personalizar el sistema y de este modo reducir algo complejo a un concepto simple y fácil de asimilar para quienes carecen de las herramientas necesarias. Da igual que hablemos de terraplanistas, negacionistas de la covid-19 o ultraderechistas. Soros está detrás de todo, moviendo los hilos que guían el comportamiento de empresarios, políticos, científicos, operadores de 5G y hasta astronautas. Estoy convencido de que, cuando este libro vea la luz, muchos de mis excamaradas sospecharán que es la mano del magnate la que ha escrito estas líneas. De hecho, Soros no ejerce más influencia de la que puedan tener el resto de los multimillonarios que hay en el planeta, pero el hecho de ser judío lo convierte en un blanco perfecto para los conspiranoicos y en especial para los neofascistas. Soros estuvo presente desde el principio en los chats en que pasaba las horas muertas y en cualquier conversación, versara sobre el tema que versara, año tras año. Curiosamente nunca oí ni una sola palabra sobre las grandes cantidades de dinero que el magnate dona a organizaciones palestinas. Una actitud que le ha granjeado un odio visceral entre las autoridades israelíes. Este pequeño detalle se oculta en las diferentes burbujas porque no encaja en la realidad que ellas mismas han fabricado.

QAnon y la conspiración pederasta

Durante los cuatro años que duró la presidencia de Donald Trump en Estados Unidos se formó y creció enormemente un grupo conspiranoico bautizado con el nombre de QAnon, con destacada presencia en el asalto al Capitolio de enero de 2021. La base de su ideario es, salvando las distancias, un calco de las teorías que yo mantuve durante veinte años. Todo gira en torno a la existencia de un «Estado profundo» dirigido por las élites mundiales que controla el planeta. Este poder maneja los hilos de los diferentes gobiernos, demostrando que el funcionamiento democrático de nuestro mundo es una farsa. El relato se completa culpando a sus líderes de ser adoradores de Satán y de organizar una red mundial de tráfico de menores y pedofilia.

En los foros y redes sociales por los que se mueven los miembros de QAnon se explica dónde retienen a los menores víctimas de los pedófilos. Unas veces se dice que están encerrados en cuevas recónditas de las que solo los sacan para violarlos. Otras veces se habla de empresas concretas que se usan como tapadera para las actividades de la red pedófila. Se dan los nombres, incluso, de quienes están detrás del Estado profundo: Bill Gates, Barack Obama, el papa Francisco, Tom Hanks, Joe Biden, el Dalai Lama, Oprah Winfrey, Hillary Clinton o, cómo no, George Soros.

Cuando siendo aún muy joven salía con WOTAN88 ya manejábamos el argumento de la pederastia contra nuestros enemigos. La web *Nuevorden.net*, de la que tanto he hablado en esta obra, estaba repleta de textos con títulos del tipo: «Los judíos y la pederastia», «La trata de blancas y los judíos» o «Los judíos controlan la pornografía». No deja de ser el mismo discurso con el que Hitler señalaba al pueblo hebreo como destructor de la moral y a la postre de la humanidad entera: «La Naturaleza eterna venga inexorablemente la transgresión de sus preceptos. Por eso creo ahora actuar conforme a la voluntad del todopoderoso: al defenderme del judío, lucho por la obra del Supremo Creador».

Buceando en los canales de comunicación que usan los seguidores de QAnon pude comprobar que en dicho movimiento se repite el *modus operandi* de mi burbuja.

Tras señalar al gran y oscuro enemigo, se aportan supuestas pruebas irrefutables para avalar cada una de las teorías. Aparecen informes secretos que han llegado a sus manos milagrosamente, testimonios de cómplices arrepentidos del Estado profundo o documentos que demuestran las conexiones entre los líderes de la conspiración. Todavía más impactantes son las imágenes que presentan. Se trata de fotografías o vídeos de hechos que sucedieron en otro lugar y en otro momento, pero que aparecen etiquetados como operaciones de rescate de algunos de los niños cautivos con los que trafican los pederastas.

El baluarte contra los conspiradores, según QAnon, no es otro que Donald Trump. Él ha sido el primer gran líder en hacer frente al Estado profundo. Los miembros del grupo analizaban con lupa cada uno de los discursos del que fuera presidente de Estados Unidos para encontrar supuestos mensajes encriptados dirigidos a ellos. Un día destacaban que Trump había dibujado una Q con las manos mientras hablaba. Otro se vanagloriaban de que el presidente los había apoyado al repetir cuatro veces en un mismo discurso, y sin venir mucho a cuento, el número 17, que se corresponde con la letra Q del alfabeto: «Es probable que hubiera estado en Washington en toda mi vida diecisiete veces. Es cierto, diecisiete veces», dijo Trump en un mitin celebrado en Tampa el 1 de agosto de 2020. Resulta paradójico que los miembros de QAnon se dediquen a buscar este tipo de frases supuestamente cifradas cuando Trump jamás ha escondido su simpatía por el movimiento: «No sé mucho de ellos, pero he oído que son personas que aman este país [...]. Tengo entendido que les gusto, lo cual aprecio mucho». En noviembre de 2020, una miembro de QAnon, seguidora de Trump y militante del Partido Republicano, ganó las elecciones en el estado de Georgia y se convirtió en congresista. Era el reflejo más evidente de que los servicios de seguridad no se equivocaban al cuantificar en «millones» el número de ciudadanos estadounidenses que asumen por completo o en parte las creencias de QAnon. Sus tentáculos ya se extienden por Europa y Latinoamérica mientras el FBI alerta sobre sus intenciones al considerarlo «una potencial amenaza terrorista nacional».

Desde fuera sus teorías pueden parecer tan increíbles como que alguien niegue la existencia del Holocausto o crea en ovnis nazis. Desde dentro todo cuadra perfectamente y empuja al odio y hasta a la violencia. Si están violando a miles de niños, ¿cómo voy a quedarme cruzado de brazos? Lo mismo que yo pensé en su día, aunque por otras motivaciones, llevó a Edgar Welch a tirotear una pizzería de Washington D.C. El agresor había leído en Facebook que el local era una tapadera de Hillary Clinton para traficar con niños y trató de poner fin a tan perversa trama, denunciada por la teoría conspirativa bautizada como Pizzagate, precursora del ideario de QAnon. Afortunadamente su acción terminó sin víctimas mortales. No hubo tanta suerte en Alemania. A comienzos de 2020, Tobias R. entró fuertemente armado en dos bares de la localidad de Hanau y asesinó a diez personas. Las víctimas eran en su mayoría de origen turco. Tanto en el manifiesto como en el vídeo que publicó antes del atentado, Tobias hablaba de los miles de «niños maltratados y asesinados en instalaciones militares subterráneas en Estados Unidos». El asesino explicaba además las justificaciones racistas de su acción, justificaciones que había ido asumiendo en foros de supremacistas blancos y de otro tipo de grupos ultraderechistas.

Lo mismo que yo pensé en su día, aunque por otras motivaciones, es también lo que llevó a miles de seguidores de QAnon a participar en la intentona golpista del 6 de enero de 2021, asaltando el Capitolio de Estados Unidos. Las cuentas en redes sociales como Telegram y WhatsApp controladas por este grupo llevaban dos meses acusando al Estado profundo de haber adulterado los resultados de las elecciones presidenciales. En estos foros se daba como justo ganador a su oráculo, Donald Trump, y se acusaba a las élites de haber fabricado millones de votos falsos para entregar la presidencia al candidato demócrata, Joe Biden. Aunque QAnon solo era una pequeña parte del enorme movimiento liderado por el todavía presidente para no reconocer su derrota, sus simpatizantes fueron unos de los discrepantes más activos y también más violentos.

La frase «Asaltar el Capitolio» se mencionó más de cien mil veces en estos foros durante los días previos al ataque. En la red social Gab, en la que ha encontrado refugio la ultraderecha mundial, los seguidores del grupo conspiranoico intercambiaron información sobre las medidas de seguridad del edificio, montaron colectas para alquilar autobuses en los que desplazarse a Washington y detallaron parte del armamento que pensaban transportar hasta allí. «En directo por televisión le meteré una bala en la cabeza a Nancy Pelosi», publicó Cleveland Meredith Jr. Se trata de un simpatizante de QAnon que afortunadamente llegó tarde al asalto porque se averió el coche en el que viajaba con numerosas armas y 2.500 cartuchos de munición. Decenas de camaradas suyos sí lograron penetrar en el templo de la democracia estadounidense. De la mayoría de ellos no conocemos sus nombres, pero los vimos con camisetas, gorras o banderas con la Q estampada, recorriendo los pasillos del Capitolio a la caza de congresistas demócratas o «republicanos traidores». Otros protagonizaron las imágenes más icónicas de ese histórico día. Jacob Anthony Chansley, alias Jake Angeli, subió a la tribuna del Congreso con la cara pintada, el pecho descubierto, un gorro de piel y unos cuernos. Ashli Babbitt, veterana de las guerras de Irak y Afganistán, recibió delante de las cámaras un balazo que acabó con su vida. Rosanne Boyland pereció aplastada por la multitud con la que había entrado en el complejo del Capitolio. Ninguno de los tres estaba loco. Tampoco lo estaban los otros seguidores de QAnon que trataron de localizar a Pelosi o al vicepresidente Pence para ahorcarlos. Creían que estaban salvando a su país de las garras de un poder pedófilo y satanista que pretendía mantener sometidos a los estadounidenses.

Resulta evidente que QAnon es una organización muy vinculada a la burbuja en la que tanto tiempo estuve sumergido, la ultraderecha. Si de algo me he dado cuenta durante el proceso de desconexión de este mundo es que hay demasiadas burbujas que, además de compartir esquemas, acaban confluyendo en el mismo punto. Son muchos los terraplanistas que compran las teorías de QAnon. Unos y otros se apuntan a su vez a la negación del cambio climático. Y todas han desempeñado un importante papel, junto a la burbuja ultraderechista, en la campaña de negación de la pandemia de covid-19. La teoría de la «plandemia» es más de lo mismo. Un gran poder, por supuesto de izquierdas, que se inventa una enfermedad para imponer sus oscuros intereses. Un compendio de patrones idénticos a los descritos en relación con el resto de las burbujas. Una serie de creencias absurdas para quienes lo vemos desde fuera. Una evidente realidad y una oportunidad de ganar nuevos adeptos para quienes están dentro.

Epílogo

Después de casi cuatro años de escritura, al fin llega el momento de abrir este capítulo.

Ha sido un proceso largo y agotador del que nunca supe si saldría algo verdaderamente útil.

Fueron innumerables las ocasiones en que, de hecho, estuve a punto de arrojar la toalla y renunciar a este proyecto personal. Pero Miguel siempre volvía para darme fuerzas. «Imagina que en el futuro un chaval te escribe para decirte que gracias a ti pudo rectificar a tiempo y darse cuenta de dónde se estaba metiendo, piensa en el orgullo que sentirás», me decía.

Cada vez que debía volver a mis experiencias dentro de la burbuja, el recuerdo de todo lo sentido entonces emergía desde lo más profundo de mi interior.

Tardé mucho en comprender que nuestra mente es incapaz de distinguir entre las emociones y el recuerdo de esas emociones. En una de las sesiones con mi psicóloga salió a relucir la comparación de ese proceso con la realidad virtual, un sistema diseñado para que la mente sea incapaz de advertir que se encuentra en un entorno irreal, propiciando que vivamos con todos los matices las mismas emociones que experimentaríamos en la realidad. Así, todo aquel odio ilimitado, o incluso el sentimiento de ser un imperdonable traidor, volvía constantemente a embargarme de alguna manera.

El tener que hacer semanalmente varias de estas reconexiones, durante meses, llegó a colocarme al borde del colapso. Son justamente las emociones, esa parte del yo imposible de manipular a voluntad, las que de verdad anuncian una evolución humana hacia otro estado del ser.

«¿Quién eres, más allá de tus ideas?», me había preguntado Bea en una ocasión.

Tardé mucho en dar con la respuesta y, como no podía ser de otro modo, cuando llegó no me gustó nada.

Nadie.

El nacionalsocialismo y mi devoción por la figura de Adolf Hitler habían absorbido y neutralizado cualquier rasgo o sentimiento que mostrara el menor atisbo de independencia. Todo lo que no estuviese íntimamente relacionado con estos aspectos pertenecía para mí al sistema. Pensar constantemente en clave política, buscando sin cesar la huella de la conspiración en todo cuanto me rodeaba, me había incapacitado no ya para disfrutar de los pequeños placeres de la vida, sino sobre todo para saber dónde estaban. Aparté a mi familia de mi lado y purgué todas mis relaciones sentimentales por considerar que me alejaban de mis objetivos políticos.

Me obsesionaba tanto esa lucha contra el sistema, que, aun siendo el único que la veía, estaba dispuesto a llevarla hasta las últimas consecuencias. Esta es la cuestión fundamental. Da igual cuáles fueran los castillos que mis camaradas o yo construyéramos en el aire. Eran exactamente los mismos que erigieron los militantes de Amanecer Dorado antes de convertirse en tercera fuerza política en Grecia, o los que, vistiendo camisas pardas, se hicieron con el control de Alemania. Da igual la época o el contexto, los procesos y motivaciones son siempre los mismos.

Debemos otorgarles la misma importancia, independientemente de si caen o no en saco roto. Aunque no arrastren consigo a cientos de miles de fervientes seguidores, pueden desencadenar y desencadenarán atentados indiscriminados. Con ellos deberán cargar las conciencias de quienes ridiculizan a la extrema derecha desde un lado o la blanquean desde el otro.

Pero si el radicalismo, sea del signo que sea, no es una ideología, ¿qué es entonces?

Los tiempos del covid-19 me han traído con claridad la respuesta. Negacionismo. Nada más que eso. Con orgullo, siempre me consideré a mí mismo un negacionista del Holocausto capaz, además, de detectar el embuste del que el judaísmo se había servido para esclavizar al mundo.

De esta última idea es fácil extrapolar el funcionamiento de absolutamente todos los demás negacionismos. Se trata de señalar una gran mentira, el poder oculto que la sostiene y la superioridad intrínseca de quien la descubre. Hay infinidad de negacionismos, unos más violentos que otros, pero que funcionan exactamente igual. En la era precovid, el mío se movía en ámbitos marginales y delimitados por las paredes de la burbuja, pero ahora todo ha cambiado.

Si sustituimos Holocausto/Holocuento por Pandemia/Plandemia, podemos obtener el ejemplo más evidente de este fenómeno. En España cada vez son más los adeptos que, ciegamente, sostienen postulados negacionistas. Bastan una serie de simples clics para que todos los que hablan de una conspiración de los gobiernos compren el elaborado discurso de la burbuja. En Alemania, sin ir más lejos, nazis y negacionistas del covid-19 intentaron acceder al parlamento alemán a finales de abril de 2020.

Es el motivo por el que incluí en mi relato la cuestión de los ovnis nazis y la de las bases antárticas repletas de alemanes. Una vez roto el vínculo con la realidad y abandonados la reflexión y el análisis, cualquier teoría es posible. No lo menciono en el libro, pero dentro de Alianza Nacional éramos muchos los que defendíamos el «mito» de la tierra hueca. WOTAN88 fue el primero al que le escuché hablar sobre ello y con el paso del tiempo me lo encontré en prácticamente todos los grupos o partidos en los que milité. Nosotros sabíamos que era algo enormemente extendido dentro de la Alemania nazi, como lo estaba una gran cantidad de teorías ocultistas de las que el mismo Hitler era seguidor. La hermana de Pedro Varela era una firme defensora de la teoría antivacunas y Víctor, quien me ayudó a elaborar el relato sobre la violación de Tesa, me confesó que en Democracia Nacional no eran pocos los que creían de verdad que el gran desarrollo tecnológico de los nazis se debía a una alianza secreta con una civilización extraterrestre.

Yo rechazaba algunas de estas teorías por extravagantes y al mismo tiempo estaba firmemente convencido de la falsedad del Holocausto y de la existencia de una trama judía orquestada con la única pretensión de controlar el mundo. El negacionismo, antesala del radicalismo, es, en definitiva, un cáncer que se extiende por nuestra mente, acaparando para sí cualquier pensamiento, idea o emoción. Es muy exacta la descripción que un nazi hacía del fascismo como de unas lentes que permiten ver cosas que nadie más ve. Las mismas con las que mira cualquier negacionista dentro de su burbuja. ¿Cuál es la diferencia entre nosotros y un negacionista del cambio climático? Que los segundos no pondrán una bomba en una sinagoga.

Y entonces llegó la etapa que he llamado «ruptura». Fue algo casual, tal como he explicado, y que de ninguna manera depende de la voluntad personal. No se trata de sustituir una ideología por otra; quienes sostienen algo así no han empezado a asomarse mínimamente a la verdadera naturaleza del problema. Identidad y radicalismo son la misma cosa y en estas páginas he descrito cómo se consuma este proceso desde la nada.

Desactivar el extremismo

Constantemente veo cómo en los medios se habla de Alemania como ejemplo al tratar el tema del radicalismo de extrema derecha. ¿Ha acabado esa determinación alemana con el problema? Como mucho, lo ha retrasado.

Ahora suelo bromear diciendo que si Miguel no me hubiese ofrecido nunca el libro sobre el capital, en unos años sería ministro, tal y como van las cosas. A pesar de todas las leyes antinazis, la represión, las multas y los millones en propaganda, Europa se asoma de nuevo al resurgir del fascismo.

Se obvia que no es una cuestión racional, sino sobre todo emocional. Lógicamente, toda idea radical, ya sea nazi o negacionista, contiene en su discurso puntos fuertes y verdades que se deben señalar para neutralizarlos.

Ahora sé que WOTAN88 proyectaba sus propios pensamientos cuando acusaba al sistema de mezclar siempre dos mentiras con una verdad. Era justamente esa la base de todo mi razonamiento dentro de la burbuja. Desde el momento en que las fuerzas democráticas niegan o ignoran esos puntos de verdad, el extremismo echa raíces por todas partes.

Doy algunos ejemplos:

En el segundo capítulo hablo de una doble vara de medir a la hora de tratar los crímenes soviéticos y aliados frente a los cometidos por los nazis. Efectivamente, he leído obras condenatorias de las atrocidades de Hiroshima o Nagasaki, pero sigue resultándome fácil detectar la incomodidad de la mayoría de los autores y periodistas al hablar del bombardeo de la ciudad alemana de Dresde. Siempre me parece verlos haciendo piruetas o restando importancia a un crimen de guerra tan brutal como innecesario, razón por la que miles de nazis se concentran en esa ciudad cada año. La afluencia a esas conmemoraciones no deja de ir en aumento.

Otro. El líder de Vox, Santiago Abascal, declaraba el 13 de enero de 2019: «Este inicio de año el cien por cien de los asesinos y violadores son extranjeros». Dejando a un lado la constante utilización de bulos y *fake news* como parte de la estrategia de comunicación de Vox y de toda la extrema derecha, lo cierto es que, según el Instituto Nacional de Estadística, los extranjeros no cometen más delitos en cifras absolutas pero sí en cifras relativas, esto es, teniendo en cuenta que solamente conforman el 10 por ciento de la población en España.

La diferencia constatable en peso mediático que, por ejemplo, se dio a La Manada de los Sanfermines, cuyos cinco condenados son españoles, frente a La Manada de Manresa, cuyos protagonistas eran todos marroquíes, se esgrimió como ejemplo de la conspiración antiblanca de los medios de comunicación. En el mismo saco se metía, por supuesto, la cuestión del islamismo, y yo mismo he dado charlas sobre cómo la izquierda enseguida habla de islamofobia cuando se critica esta religión, incluso si es desde sectores feministas, mientras que se trata de un modo totalmente diferente al credo cristiano, tema explotado por Vox, no sin cierta razón, siempre que tiene la oportunidad.

Todo esto se presenta como parte de una agenda global, y habría que sentarse a hablar sobre cuánto entra en juego ese pánico social a ser considerados racistas, que puede llevar a sostener posiciones que no hacen sino apuntalar el radicalismo.

Según recogieron en su día medios tan dispares como *ABC*, *El Confidencial* o *El País*, entre los años 1997 y

2013, unas 1.400 niñas inglesas fueron violadas de manera reiterada por una red formada íntegramente por hombres de origen paquistaní. Aunque los servicios sociales lo denunciaron en varias ocasiones, las autoridades locales se negaron a actuar, según informes independientes, por miedo a ser acusados de racistas ante el compacto origen étnico de todos los agresores.

En mis numerosísimos debates con gente contraria a mis ideas mientras estuve dentro de la burbuja, únicamente coleccionaba insultos y acusaciones de racismo (que recibía con bastante agrado) cuando hacía este tipo de observaciones. Exactamente el mismo efecto que provoca Abascal en cada ocasión que hace comentarios de este tipo en sus redes sociales, para regocijo de su creciente número de seguidores. Fue hablando de este tema cuando Miguel me plantó cara desde el principio de nuestra amistad. Igual que Yanis Varoufakis, que no rehuía el debate ante cuestiones elementales para la extrema derecha, Miguel aceptó el desafío y me dio argumentos contundentes que anulaban todas aquellas concepciones que, en el lugar de la reflexión y el análisis, hacían primar el discurso de la conspiración y el negacionismo.

Un tercer ejemplo importantísimo es el abandono, por parte de la izquierda, de grandes ámbitos del discurso que han quedado en manos de la derecha y extrema derecha. Me refiero a la épica, las leyendas, el pasado histórico de España, la idea de patria, el Ejército o la bandera. De hecho, dentro de la burbuja es una de las cosas que se observa con mayor nitidez y se explica, como es lógico, desde la perspectiva del odio al propio pueblo y la sumisión a poderes apátridas y mundialistas. «Nosotros» sí defendemos a nuestra gente, nuestra cultura y nuestras tradiciones, tal y como he explicado en estas páginas. He hablado de cómo ese primer Podemos provocó un terremoto de enormes proporciones en relación con cómo se perciben la izquierda y la democracia en general desde la extrema derecha. De la noche a la mañana, numerosos pilares de nuestras ideas quedaron fuera de combate. De no ser porque ese discurso terminó hundiéndose en un marco de luchas internas y escisiones, probablemente la burbuja no se habría visto tan fortalecida. Decía Íñigo Errejón en una entrevista publicada en *CTXT* en 2017:

> Es verdad que los símbolos nacionales todavía quedan asociados con el bando que ganó la Guerra Civil. Porque el bando que ganó la Guerra Civil cambió el himno, cambió la bandera y se apropió de la idea de España. Y la Transición a la democracia no resolvió eso. La mayoría de las fuerzas democráticas que habían luchado y derrotado a la dictadura siguieron sin sentir como propios los mitos nacionales, la bandera y el himno, la propia idea de España.

He mencionado algunos de los fenómenos que de algún modo contribuyen a reforzar el sesgo, la cultura de la conspiración o el negacionismo nazi (y de Vox). Más que porque los planteamientos de la extrema derecha sean los correctos, por la negativa de las fuerzas progresistas a combatirlos y disputarlos.

Con todas estas cuestiones en mente, el futuro se me

antoja desalentador. No veo que este statu quo, que durante décadas ha favorecido el radicalismo, vaya a cambiar de aquí en adelante. Únicamente puede empeorar, después de que Vox y su normalización del discurso fascista hayan rebajado el escalón en el que los grupos nazis más radicales se encontraban a la hora de acercarse a la sociedad.

Más allá de las ideas

En el último año de redacción del libro, viví una anécdota muy significativa que explica cómo se enraízan estas ideas y son a menudo imposibles de detectar. Desconozco cómo opera la dependencia de mis acciones conscientes e inconscientes de estas estructuras de pensamiento aún camufladas en mi interior.

En la etapa final de escritura de este libro he contado con la ayuda de un escritor e historiador. Sin su colaboración nadie tendría en sus manos esta obra, al menos no con el nivel de calidad que creo ha logrado. Experto en la cuestión concentracionaria, en un momento dado le envié el capítulo en el que hablo de la cuestión revisionista para conocer sus impresiones.

Siempre me dio infinidad de valiosos consejos y al final de todo el proceso me dijo algo que me resquebrajó por dentro. «David, es que, por lo que escribes, me da la impresión que sigues creyendo que en Alemania no hubo cámaras de gas.» En un principio no supe cómo responder.

Mi respuesta inmediata debió de ser algo parecido a un «coño, pues claro que lo creo», dado que para mí aquello era una evidencia que todo el mundo sabía.

Lo que vino a continuación me sumió en una profunda crisis que a punto estuvo de dar al traste con mi intención de publicar este libro. ¿Cómo iba yo a dar lecciones sobre el neonazismo cuando aún hoy compraba su discurso? ¿Cuánto más de este se hallaba todavía agazapado en mí, dirigiendo o influyendo desde las sombras en mi sentido de la lógica?

Me enzarcé en un debate al respecto y todos los argumentos que esgrimí en él eran nazis, y aun así habían sobrevivido a mi proceso de reconstrucción mental. Esto es posible, porque, llegado un punto y como ya he explicado, la ideología deja de ser tal cosa y adquiere forma de normalidad y sentido común.

Exactamente esto es lo que se vive cuando nos fanatizamos. Nos volvemos incapaces de diferenciar la ideología de lo que no lo es. Y así es como ha seguido viva de algún modo hasta nuestros días, contra toda ley antinazi y contra todos los procesos de desnazificación. Ese es su mecanismo de supervivencia tanto individual como social.

Al final, tras debatirlo con Miguel, con mi psicóloga, con el citado colaborador y, sobre todo, conmigo mismo, llegué a la conclusión de que, lejos de ser un hándicap o una debilidad, era una fortaleza. Una muestra viviente de cómo estas ideas penetran hasta el interior de uno mismo y, desde ese búnker, actúan de modo definitivo sobre nuestra voluntad.

La desactivación del radicalismo es una guerra de trincheras mentales y estoy seguro de que, en todos los años que me restan de vida, seguiré encontrándome más de estas estructuras que durante veinte años dieron cuerda a aquel David.

A esas profundas raíces del extremismo hay que sumar las inercias o hábitos que fui adquiriendo durante dos décadas. Tengo una dificultad manifiesta para enfrentarme a planteamientos contrarios a mis convicciones, o simplemente para encajar que alguien no me dé la razón. Antes lo zanjaba todo aludiendo a conspiraciones o cerebros lavados por el sistema. Ahora he de forzarme a reflexionar y a deponer mi actitud cuando no tengo razón.

Sigue costándome romper el sesgo de información a pesar de todos mis esfuerzos por leer y por escuchar puntos de vista diametralmente opuestos a los míos. Noto perfectamente cómo se activa cierta cerrazón mental cuando algo me choca demasiado. Todos estos mecanismos funcionaban bien en el mundo en el que me encontraba, pues actuaban como auténticos diques de contención, separándome de la realidad, pero ahora torpedean sin cesar mis intentos de establecer relaciones «normales», aun habiendo pasado ya varios años.

Las sesiones con mi psicóloga a menudo me dejan exhausto. Son ahora mismo tan importantes para mi mente como lo es el oxígeno para los pulmones. Me será imposible localizar todas las estructuras mentales que fabriqué en mi proceso de radicalización, por lo que he de centrarme en las que tienen mayor impacto en mi modo de interactuar con el mundo que me rodea. No han sido pocas las sesiones en las que me he echado a llorar desconsolado, descubriendo dolorosísimas realidades de mi vida que de alguna forma había ocultado en mi interior y que, sin duda, jugaron su papel para que yo sintiera la atracción de la esvástica.

Por fortuna, aunque ojalá fuese un proceso más rápido, poco a poco voy sumando personas maravillosas a mi vida. Gente que enriquece poderosamente mi forma de ver el mundo y de verme a mí mismo. Como un músculo que nunca se había usado, aprendo a pensar de verdad, analizando todos los aspectos de un problema, incluidos aquellos que no me gustan o que una parte de mí aún se esfuerza por obviar.

Quisiera poder guiar algún día a otras personas en este proceso que he sido de los primeros en transitar. Vuelvo mi vista atrás y me enorgullezco del camino recorrido. No sabía hacia dónde me dirigía y en algunos momentos de oscuridad solo me empujaba el más primitivo y elemental instinto de supervivencia. Haré todo cuanto esté en mi mano por que mis experiencias lleguen a la mayor cantidad posible de gente. Conozco el problema y tengo el discurso; únicamente me falta moverlo.

Quiero cerrar con una cita que descubrí en los momentos iniciales de mi nueva vida fuera del odio y que, aún cuando la leo hoy, continúa provocándome sentimientos profundos. Su autor es Friedrich Nietzsche, uno de los filósofos de Hitler, tal y como nosotros lo entendíamos: «Todo el que alguna vez ha construido un nuevo cielo, encontró antes el poder para ello en su propio infierno».

Agradecimientos

A Miguel, por ser luz eterna e inamovible guía en este camino al que llamamos vida. A Bea, por ser el salvavidas que evitó que me ahogase justo cuando más lo necesitaba. A D. Ignacio Navarro García Gutiérrez, por sus fundamentales indicaciones y consejos sobre el mundo de la edición en un tiempo en que mi ignorancia era mayúscula en ese campo. A Pablo, por las puntualizaciones que me han permitido en algunos tramos concretar un relato acorde con la realidad. A *Jazz*, por salvarme la vida aquella noche inmortalizada en el relato. A Tania, por aguantar mis audios cansinos llenos de dudas y quejas casi siempre infundadas. A Víctor, por la vastísima información sobre partidos y plataformas para mí desconocidas y sin la que me hubiera sido imposible avanzar en muchas partes del relato. A D. Arturo López Guerrero, por sus correcciones, paciencia y consejos sobre el editor de textos. Al abogado D. Mariano Casado por aconsejarme y atenderme siempre que lo he necesitado. A Yolanda Cespedosa y a todo el equipo de Ediciones B por vuestra paciencia y comprensión durante mis bajones y vaivenes emocionales atravesando este duro camino. A mi psicóloga, que se ha convertido en una parte fundamental de mi vida. A Jekyll, por aparecer de un modo casi mágico en mi vida y ponerme en contacto con las personas apropiadas que han hecho posible este trabajo; por tus consejos y tu respaldo a la hora de convertir mi libro en uno mucho mejor. A todos los que en algún momento me brindasteis unas palabras o un empujoncito con los que sobreponerme a mis innumerables temores.

Humanos aparte, creo que el ser que más me ha ayudado con su sola presencia es mi amada perra Sury. Has sido la única testigo de absolutamente todo el proceso antes, durante y después de lo que en el libro llamo ruptura. Me acompañó en los momentos más duros atravesando esas invisibles barreras del fanatismo y enfrentándome a lo que supone una pérdida total de la identidad. Vivió junto a mí mis primeros y tímidos pasos en libertad y finalmente pudo ver cómo todo se materializaba en un libro que espero sirva de guía a miles de personas por todo el mundo. Aunque todo el amor que te he dado no es nada comparado con el que he recibido, sirva esto como mi especial tributo a este mi ángel particular.

Si quieres contactar conmigo para cualquier comentario o sugerencia, puedes hacerlo en la siguiente dirección:

saavedra@davidsaav.com